人们不可把自己灵魂的居所只当作私自的占有品。人们要把它当作一个世间的奇瑰的创造。上帝造成宇宙，人们也造着宇宙，为他的灵魂之所居。

——王逊

王逊年谱

王逊像

王遜年譜

1927年摄于济南

王逊
年譜

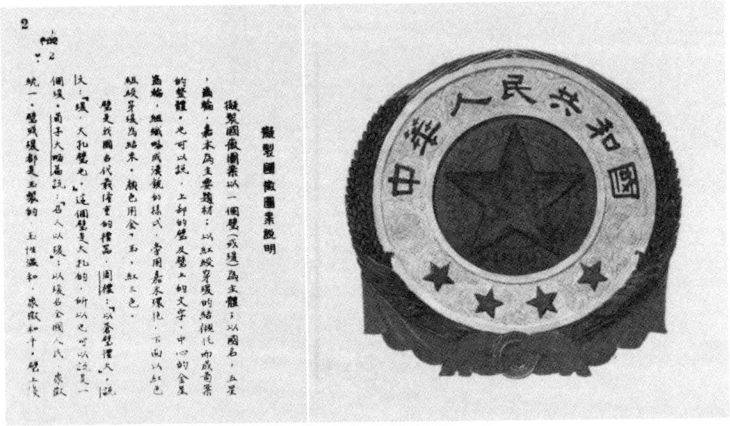

2

擬製國徽圖案說明

擬製國徽圖案以一個璧(或瑗)為主體；以國名，五星，齒輪，嘉禾為主要題材；以紅綬穿瑗的結襯托而成圖案的整體。也可以說，上部的璧及璧上的文字，中心的金星齒輪，組織略成漢鏡的樣式，旁用嘉禾環抱，下面以紅色組綬穿瑗為結束。顏色用金，玉，紅三色。

璧是我國古代最貴重的禮器，周禮：「以蒼璧禮天」，說文：「瑗，大孔璧也」，這個璧是大孔的，所以也可以說是一個瑗，荀子大略篇說：「召人以瑗」；以瑗召全國人民，象徵統一，璧或瑗都是玉製的，玉性溫和，象徵和平，璧上浅

清华大学集体设计的国徽图案初稿及由王逊执笔的《拟制国徽图案说明》，原件现存全国政协档案馆。

王逊年譜

王逊（中）和他指导的捷克留学生海兹拉尔

（左，国际著名汉学家）、薄松年（右，著名美术史家）。

1955年，王逊（中）陪同江丰（左二）会见印度文化代表团。

王逊 年譜

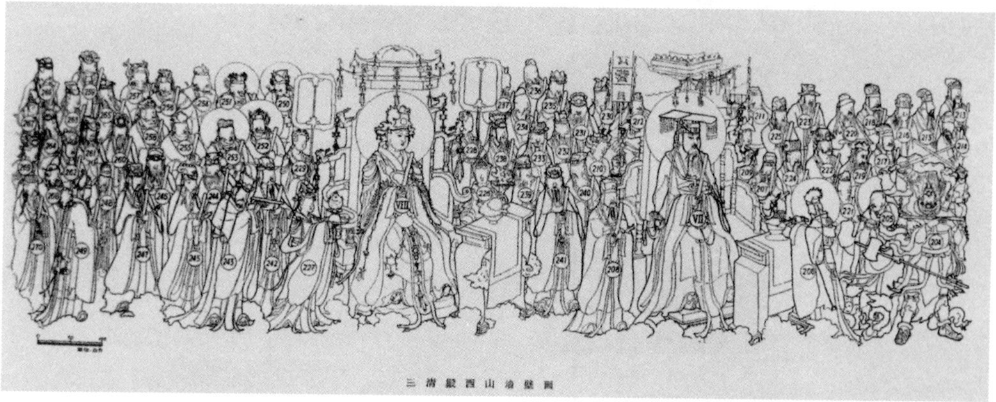

1963年王逊考订永乐宫三清殿壁画时绘制的示意图

王逊著《中国美术史》1956年由中央美术学院和故宫博物院分别以《中国美术史讲义》《中国美术史讲稿》为名内部印行，此后各地不断翻印，至今仍是中国美术史经典著作。

1915—1969

王逊年譜

A Chronicle of Wang Xun

王涵／著

中国青年出版社

图书在版编目（CIP）数据

王逊年谱／王涵著 .——北京：
中国青年出版社，2015.11
ISBN 978—7—5153—3953—5
Ⅰ . ①王… Ⅱ . ①王… Ⅲ . ①王逊（1915~1969）
—年谱 Ⅳ . ① K825.72

中国版本图书馆 CIP 数据核字 (2015) 第 270041 号

责任编辑：彭明榜
书籍设计：孙初 + 林业

中国青年出版社 出版 发行
社址：北京东四 12 条 21 号
邮政编码：100708
网址：www.cyp.com.cn
编辑部电话：（010）57350506
门市部电话：（010）57350370
北京科信印刷有限公司印刷　新华书店经销

710mm × 1000mm　1 ／ 16　25 印张　291 千字
2015 年 12 月北京第 1 版　2015 年 12 月北京第 1 次印刷
定价：58.00 元

序

王逊先生对我而言一直“灵魂般”存在于中央美术学院。老美院美术史系已经过世的名人诸如许幸之、张安治、常任侠、佟景韩、常又明等先生，我都见过。但王逊先生是我非常想拜见又不能见到的人，他于1969年就去世了，时值文化大革命。当时他只有54岁。

我1982年毕业于北京大学历史系考古专业，1984年来到中央美术学院美术史系攻读“中国美术史与古代书画鉴定”的研究生，当时推荐我来中央美院美术史系读书的是宿白和俞伟超教授。1987年我已经是中央美术学院美术史系的教师，因为工作的关系，拟聘请宿白教授做佛教美术硕士论文的答辩委员，到他北大的寓所拜访。席间聊起他的老友王逊先生，宿先生对我说：“王逊是个大学者。最早我是研究古建筑的，他是研究石窟艺术的。”当时听了很震动。尔后开始搜求王逊的论著。拜读过他的《永乐宫三清殿壁画题材试探》（《文物》，1963年8期），读后非常佩服，直到今天仍是一部力作!

1985年，上海人民美术出版社出版了王逊的《中国美术史》，这是在他1956年《中国美术史讲义》（内部铅印本）的基础上由薄松年、陈少丰两位先生修订增补而成，代表了上个世纪50年代中国美术史教材的最高水平。

实际上，王逊先生是中国第一个美术史系的创设人，始于1957年。由于他具备多方面的学养，哲学、美学、文学、中国建筑史、中国绘画史、中国工艺美术史、中国宗教史，这些彼此关联又相互助益的领域构成了他的学术格局，同时也成为中国美术史学的格局。他的中国美术史框架更具有学术的现代性，彻底地脱化和超越了传统的“画学”体系，并置在中国哲学史、中国文学史、中国通史的现代学术的系统中。客观地说，郑午昌、俞剑华等前辈的中国绘画史的系统还在传统“画学”的轨道中，但已经有了新因素或新概念。王逊先生的学养源于群星灿烂的清华大学和西南联大的现代学术背景，金岳霖、冯友兰、邓以蛰、汤用彤、陈寅恪、朱自清、钱穆、闻一多、吴宓、郑天挺、梁思成等前辈对王逊都有重要影响。

我一直期待有《王逊传》的出版，纪念这位重要的美术史家和美术理论家。值得庆幸的是，最近王涵非常用心地编成了这部《王逊年谱》，丰富而又翔实，同时征引了大量的史料来佐证年谱的相关内容。细细读去，犹如一本生动的传记。我相信，王逊先生这位在1957年被划为“右派”、在1966年被定为“反动学术权威”、在1969年英年早逝的学者，这位几乎被历史的尘埃遮蔽和遗忘的先驱，借助他的系列著述的出版，他的精神会重返人间。我希望他不再是一个传说中的“灵魂”，而是我们当代学术的“心灵”。

2015年11月30日

后学 尹吉男

于中央美术学院人文学院

（作者为中央美术学院人文学院院长）

目录

1915年　乙卯　民国四年

6月5日

先生生于北京，祖籍山东莱阳。故居旧址在北京西城文昌胡同（今北京西城区复兴门内大街“国家开发银行”所在地）。乳名“京立”，字颉陆（**《师大附中1933级同学录》，1989年**），早年曾用室名“寄庐”（**《谢了的紫丁香·题记》，商务印书馆1936年**）。

先生生于一个具有近代民主开放思想的官僚家庭。幼年时期，曾先后在北京、济南（1919年～1923年）等地生活和学习，在接受系统严格的中国传统文化教育的同时，更受到“五四”新文化运动的熏染和洗礼，“五四”运动倡导的“民主”“科学”精神，对他一生的思想观念和学术道路，都有着重要影响。

祖先是历史上著名的“簪缨不替”世家——琅琊王氏。本族先贤中有东晋时杰出的书法家王羲之，先生曾撰有《王羲之父兄考》（**收入《周叔弢先生六十生日纪念文集》，香港龙门书店1950年**）考其源流。据《莱阳王氏族谱》记，“祖先系琅琊旧族，住青州府（益都）东关戟儿巷，明初洪武二年（1369年），二世祖子真公迁至莱阳城东北鹤山”；明末，本支十世祖起凤迁居到莱阳县西乡产芝村（今山东青岛莱西市水集街道产芝村）。因先生祖父清末光绪年间考取进士，当地又称产芝村为“进士村”，村中现仍保存有“进士故居”。依《族谱》记载，本支传至先生为十九世。

先生祖父一辈堂兄弟共9人，祖父为长房长子。

祖父王丕煦（1871～1943），字葵若，一字揆尧，号楸园，晚号弢谷。清光绪辛卯科（1891年）山东解元（乡试第一），光绪癸卯科（1903年癸卯补行辛丑、壬寅恩正并科）进士，钦点内阁中书。早年参加“公车上书”，力主变法维新，清末公派日本留学，东京法政大学优等毕业，其间任山东留日学生总会干事长，与孙中山等在东京秘密筹组同盟会，发动山东学子赴日留学并积极组织立宪运动。辛亥革命后，历任烟台山东都督府民政长、山东省布政使、黑龙江省财政厅长等职，是山东统一共和党领袖，民国初期北京约法会议、政治会议议员，当选中华民国临时参议院议员。后在金融界、法律界供职，历任哈尔滨商业银行行长、四川中国银行行长、汉口兴业银行协理、山东省政府参议等职，1943年病逝于济南。著有《莱阳县志》《弢谷诗存》《楚泽吟草》等。

祖母于氏，山东莱阳人。有二子二女：长子王兆咸，次子王兆颐（字谷辰，清华学堂肄业，创办济南合众蜂业公司并任董事长），长女王如珍，次女王如璧（字葆廉，北京女子师范大学国文系毕业，民初著名女权运动家，参与五四新文化运动，后任山东省立第一女子师范学校校长）。

父王兆咸（1897～1953），字鲁池，毕业于山东省立高等商业专门学校，早年留学德国，抗战时期任国民政府资源委员会资政、战时平桂矿务局营运处处长等职。

先生父亲一辈堂兄弟共10人，父亲为长子，有弟1人、姊妹4人。

母韩佩秋（1895～1980），山东即墨人。

先生一辈堂兄弟共7人，堂姊妹3人。先生为长子，有弟3人：

二弟王述（1917～1935），在北京师大附中学习期间加入中国共产党，1935年考入清华大学历史系，与先生同为30年代《清华周刊》特约撰述人，不久因染脑膜炎早逝。

三弟王迁（1920～ ），著名电真空专家，中国真空电子工业主要开拓者。国立西南联大电机系（1939～1943）电讯专业毕业，在国民政府资源委员会从事技术工作。1955年派赴苏联学习，1956年起任国营774厂（北京电子管厂）总工程师，兼清华大学电子工程系教授，全国人大代表。著有《真空技术在电子器件中的应用》等。

四弟王迺（1927～ ），北京大学工学院（1947～1951）毕业，留校任教，50年代派赴苏联留学，回国后历任北京石油学院讲师、系主任，中国驻英使馆教育处负责人、中央引进国外智力领导办公室主任、国家外国专家局局长、欧美同学会常务副会长、中国国际人才交流协会副主席等职。

关于儿时生活和家世，先生早期散文中有过一些片断回忆——

“我不是生于济南的，我也不是长于济南的，而且我的祖籍也不是济南。可是我觉得济南是我的故乡。——从四岁到八岁之间我住在济南。那以前，那以后，我都是北京人。济南在我住了北京十年以后，那许多景象渐渐忘了。只是我还记得我们的旧宅第，以外，有一条河和一片湖。”（**《我的故乡》**）

“新近从家乡来了一封信，说家里一个老仆人死了。这信唤起我许多怅念来。这老仆人是当初祖父跟前的四个听差中的一个。这四个人随着祖父南跑北跑的四十多年。祖父卸职不再作官以后，就把这四个人都送回家乡去。叫他们住在乡下的田庄里，帮忙料理收租一类事。那已经是十年以前的事了。那时候他们已经很有些老，比祖父还要老，白发和皱纹都比祖父多，后来我们全家也从济南搬到北京来，在我们住在北京的第三年，我们接到他们中间第一个离开这世界的信。而现在第四个也过去了，在这第十年的今日。这最后死的是他们四个中间最年轻，也是最短寿的一个，谁能想到那穿黑衣服的在吹熄了他的三个同伴的生命的灯火以后，也这样无情的吹熄了他的呢；并且是这样快。他死了，祖父的旧人一个都不存了，是的，这是十年。

十年前犹是家中最繁盛的日子。现在则已日日的没落了。小时候的事，现在已经很难全都记忆起来，只记得很少。而最清楚的一部分就是这四个老人。那时候，他们已经很老了，不能再随着祖父的轿子后面出去跑；每天抽着烟袋坐在门房里，我还不过十岁，就和他们在一起，他们会带我到趵突泉去玩，有时候就对我讲祖父年轻的时候的故事，许多古怪而神奇的故事。例如某次出差遇着下雨夜间宿在庙里而听见鬼哭，或行路穿过山林而和一群侠义的绿林英雄一起舞刀饮酒之类，他们把祖父描写的很英武，正像任何小说里的文武双全的公子一样，他们都相信祖父能作宰相的，可是年头变了，他们大概也颇不愿意祖父的退休的。他们中间有一个是从祖父最初任知县起就跟着祖父作长班，当然，他知道的故事最多，他的相信也最深虔，——并且他是四个人中第一个死去的。”（**《十年流水》**）

本年

北京政府接受日本提出的丧权辱国的“二十一条”，全国各界抵制反对。

袁世凯称中华帝国大皇帝。

陈独秀创办《青年杂志》。

1927年　丁卯　民国十六年　12岁

1月

广州国民政府迁至武汉。

7月

南京国民政府宣告废除中外不平等条约。

蒋介石任南京国民政府主席。

9月

先生考入国立北京师范大学附属中学。上世纪20年代的师大附中是一个自由、民主、活跃的新天地。当时附中主任（校长）是近代著名教育家林砺儒先生，他思想进步，提倡教学民主，主张实施“全人格教育”。先生在这里接受了“五四”新文化运动带来的新思想、新观点、新文艺，逐渐对文学、美术产生了浓厚兴趣，也由此奠定了他一生的事业取向。中学时代，先生就开始在北平等地报刊发表文学作品（诗歌、小说、散文为主），并使用黎舒里、王孙未、王孙等笔名。**（徐迺翔编：《中国现代文学作者笔名录》，湖南文艺出版社1988年）**

“（当时师大附中）主任是林砺儒，他是一个思想进步、勇于改革的教育家，解放后曾任教育部副部长。曾任教育部长和高等法院院长的杨秀峰，也在母校教过西洋史，他讲课技能及教学内容的思想性，都受到学生们的热烈欢迎。教高中国文的董鲁安老师，曾兼任燕京大学教授，讲得很好。后来改名'于力'到解放区工作了。另外像学识渊博、教学方法好的程春台、傅种荪老师，他们都是师大数学系的教授。化学老师王仲超，国文老师夏宇众、石评梅、黄庐隐等老师学识造诣深，讲课极受欢迎。”**（周昀：《太阳永远照着母校》，《在附中的日子》，北京师范大学附属中学校友会编，2001年）**

“王逊很喜爱美术绘画，后来成为著名的美术史专家。当时学校有个校友会美术部，他们都是其中成员。学校每年都举行一两次画展，由著名画家王君异老师指导，王逊的作品经常得到展示的机会，激发了他对艺术的兴趣。”**（李德伦：《对附中的眷恋》，《在附中的日子》，北京师范大学附属中学校友会编，2001年）**

王君异（1895～1959），四川宣汉人。著名画家、美术教育家，早年师承王梦白、齐白石，1923年毕业于国立北平美专，任北京师范大学附中美术教员、国立北平美术学院国画系教授。1924年创办京华美专并任校长、国画系主任。擅长花鸟、山水、人物和漫画，其花鸟画能吸收西方绘画优长，为花鸟画开辟新途径，是当时享誉画坛的进步画家。

11月

蔡元培任教育部大学院院长，积极推行“以美育代宗教”的教育主张，在上海主持召开大学院艺术教育委员会第一次会议，决定举办全国美术展览。

本年

先生四弟王逌出生。

1928年　戊辰　民国十七年　13岁

3月

在蔡元培等推动下，大学院古物保管委员会成立。张继为主任委员，委员有蔡元培、傅斯年、张静江、马衡、易培基、胡适、陈寅恪、李济、朱家骅、顾颉刚、刘半农、袁复礼。会址设在上海，翌年迁入北海团城办公。

6月

国民革命军抵达北平，奉系退出关外，皇姑屯事件爆发，北洋政府时代结束。

8月

“清华学校”正式更名为“国立清华大学”。

10月

国民政府颁布《故宫博物院组织法》。

先生中学时代就常去故宫游览参观，对古代绘画艺术和历代美术工艺怀有浓厚兴趣。出于对美术的兴趣，他还大量购买和收藏故宫博物院编辑出版的各种画册供自己临摹学习。

“国立故宫博物院的成立，是在民国十四年（1925年）的双十节……民国十七年到二十年（1928～1931），四年之间，可以说是本院的极盛时期，以文物的展出而论，除了把各宫殿的原有陈设保存原状，开放参观外，新布置的专门陈列室，如宋元画陈列室、明画陈列室、清画陈列室、玉器陈列室、铜器陈列室等，就达37所之多。出版方面，影印字画、图书、文献达二百余种，定期刊物也有七八种之多。”**（《中国文物图说——国立故宫中央博物院手册》，台北故宫博物院，1965年）**

1929年　己巳　民国十八年　14岁

4月10日～30日

教育部第一次全国美术展览在上海举行。美展分书画、金石、西画、雕塑、建筑、美术工艺（图案、织绣、乐器、磁器、漆器、竹木器、牙器、金玉器、玻璃器、制版及文具等）、摄影、参考品（古代书画、近人遗作、国外绘画雕塑）八部分，入选作品1200件，特约作品1328件，中外观众近10万人。这是中国历史上第一次举办的全国性美展，盛况空前，对先生后来从事美术教育事业也产生了重要影响。

本年

郭沫若译《美术考古学发现史》出版。此书是德国考古学家米海里斯（A.Michaelis）1908年所作，郭译书名系据日本考古学家浜田耕作的日译本《美術考古發見史》**（岩波书店1927年）**，这是“美术考古学”这一概念首次引入中国学术界。

1930年　庚午　民国十九年　15岁

6月

国民政府颁行《古物保存法》。

本年

先生在北京师范大学附属中学初中毕业。升入本校高中二部，称“庚午级”。“庚午级”师大附中同学（含1930年初中毕业）共计167人，其中不少都在不同领域取得了非凡成就，如林家翘（物理学家）、杨联陞（历史学家）、齐良骥（哲学家）、薛观涛（经济学家）、陈阅增（生物学家）、林亮（革命家）、郑天翔（政治家）、赵荣琛（京剧艺术家）、颜一烟（作家）等。**（《北京师范大学附属中学庚午班毕业纪念册》，1930年）**

1931年　辛未　民国二十年　16岁

9月

“九·一八”事变爆发，日军占领沈阳，东北三省相继沦陷。

国难之际，面对山河破碎的惨痛现实，先生开始创作以抗日救亡为主要题材的新诗，并积极参加救亡宣传。后来收入先生诗集《谢了的紫丁香》中的一些早期诗歌，如《九·一八夜望月》《古城》《胡笳歌》《壮士心》等，应是这一时期的创作。

展眼望一望那旧日的山河，
黑水白山头处处堆累着战士的脑颅！
月光照在涨满血沫的鸭绿江，
鸭绿江上漂浮着一片寂寞的月色！
……

（《九·一八夜望月》）

从长白山头吹过来一阵阵故国的消息，
在鸭绿江的血沫里钩起几串酸的胡笳，
阴沉的浓雾笼罩住了这破碎的古城，
破碎的古城里蕴含了多少破碎的心！！

（《古城》）

“1931年‘九·一八’事变爆发后，北平各大中学的校园里都弥漫着愤懑的气氛。郑天翔当时在师大附中念高中一年级，语文老师夏承畴给他们讲岳飞的‘怒发冲冠’，杜甫的‘国破山河在，城春草木深’，又给他们介绍朝鲜遗民金调元所作的诗‘到底春归人未归，故乡风景是耶非？覆巢燕子凄凉甚，更傍谁家门巷飞。’夏老师一边讲课，一边流泪，有时失声痛哭。同学们默默听讲，满座凄然。”**（苏峰：《从救亡走向革命——记郑天翔与几位一二·九时期的清华同学》，《百年潮》2011年第10期）**

10月14日

梅贻琦任国立清华大学校长。

1933年　癸酉　民国二十二年　18岁

1月

日军第八师团铃木旅团攻占山海关，揭开长城抗战的序幕。

2月

华北危机，故宫博物院理事会决定将故宫文物分批运往上海。本月至5月，共运走文物5批，计13427箱又64包。

3月

日军占领热河。国民革命军二十九路军奉命开往长城前线抗战，其间喜峰口战役胜利，极大鼓舞了全国军民抗敌斗争的决心。先生所在的师大附中组织学生参加抗日民众集会、为前线将士捐献钢盔，还邀请著名爱国将领秦德纯、吴佩孚来校演讲，激发起同学们的爱国热情。

吴佩孚、秦德纯都是山东籍将领，与先生一家有通家之好：吴佩孚是先生祖父好友，秦德纯是先生父亲一辈的挚友，他们坚持抗战、誓死不当亡国奴的爱国立场和民族气节，都影响和感染着先生。

“‘九·一八’事变后，大家抗日情绪高涨，有一天听说天安门开民众抗日大会，许多同学都打好绑腿，扛起‘教育枪’（军训用的假枪）就要去参加，……1933年日军由东北进入热河，不久又进窥华北。二十九路军在喜峰口大胜日军的消息，大大地鼓舞了我们的敌忾心，全校掀起了'捐钢盔'的热潮，二十九路军总指挥（总参议，编者注）秦德纯来校讲演，介绍了长城各战役的情况。不久蛰居北京的老军阀吴佩孚也来学校做了一次演讲，并把他著的两册书赠给学校。"**（章惠中：《在附中的那几年》，《在附中的日子》，北京师范大学附属中学校友会编，2001年）**

5月

中日签订《塘沽协定》。冯玉祥在张家口就任察哈尔民众抗日同盟军总司令。

中德文化协会（Institut f ü rdeutsche Kultur）在北平成立，其创办宗旨是"纯以研究中德两国之学术，沟通两国之文化，增进两国学术之合作，促进两国人士对两国固有文化与学术的彼此深刻了解"。

7月

先生在北平师大附中高中毕业。

8月

参加国立清华大学入学考试，以优异成绩被录取。本届学生是自1925年清华设立"大学部"以来招收的第九届本科生，称"清华九级"，应于1937年毕业。"清华九级"入学时，正是"华北危急，平津危急，中华民族危急"之际，他们是"一二·九"爱国学生运动的发动者和主力军，毕业时，恰逢"卢沟桥事变"爆发，他们积极投身抗战的洪流，成为抗战建国的中坚。清华大学文学院院长朱自清先生曾为他们写下《清华九级级歌》以示勖勉——

"莽莽平原，漠漠长天，举眼破碎河山。同学少年，同学少年，来挽既倒狂澜。去向民间，去向民间，国家元气在民间。莫怕艰难，莫怕熬煎，戮力同心全在咱。”

“清华九级”有不少杰出人物，如林家翘（物理系）、丁则良（历史系）、杨联陞（历史系）、徐高阮（历史系）等，先生也是其中佼佼者。

“我在清华园是可以说最普通的一个学生，但我认识的都是精英。正因为我是迟来者，同级级友往来不多，相反我的许多好朋友也是我钦佩的清华园的精英，大多是比我高一级（九级），还有十一级、十二级。这三个级是清华后期人才辈出的年级。印象很深的有九级的历史系和其他系的人物，其中有物理学系林家翘，历史系丁则良、徐高阮，哲学系王逊等。杨振宁的父亲杨武之是清华大学数学系教授，他给杨振宁找一个家庭教师就是丁则良，是清华历史系教授雷海宗推荐的，丁则良那时候还只读一年级，但是他的旧学根底很好。但我从来没有听杨振宁提过这个老师，因为丁则良在‘反右’的时候自杀了。杨振宁讲过老师，但是没有讲是某某人，我想他不会忘记吧。丁则良也是我的同乡，从英国留学回来。”**（鲲西：《清华故知》，陈朝华主编：《最后的文化贵族（第二辑）》，南方日报出版社2008年）**

本年清华入学考试，国文试题是朱自清先生所拟。作文题目是从《苦热》《晓行》《灯》《路》《夜》五题中任选一题，文言、语体不限。全部阅毕北平、上海2000余份试卷，朱先生发现南北两地学生作文内容，表达的都是“恨富怜穷”的“时代潮流”思想。**（朱自清：《高中毕业生国文程度的一斑》，《独立评论》1933年第65号）**正如胡适所说，当时中国知识界正经历着“一切价值重新估定”的阶段，“欧战以后，苏俄的共产党革命震动了全世界人的视听；最近十年中苏俄建设的成绩更引起了全世界人的注意。于是马克思列宁一派的思想就成了世间最新鲜动人的思潮……个人主义的光芒远不如社会主义的光耀动人了。”**（胡适：《建国问题引论》，《独立评论》第77号，1933年**

11月19日）

据统计，从1929年春至1933年夏，当时在北方的左翼文学刊物，计有《星星》《夜莺》《鏖尔》《转换》《前哨》《我们周报》《南中学生》《北方文艺》《大众文化》《尖锐》《北平文化》《天津文化》《北方文化》《科学新闻》《冰流》《开拓》《北国》《在前哨》《朝晖》《曙前》《破晓》《子夜》《亚分野》等数十种，对于先生这些青年学生来说，形成了一股激荡心扉的思想洪流。

9月

自本年秋季开学，清华大学规定大一新生不再分系。先生原想进入土木工程系学习建筑，但在入学不久就发现当时的土木工程系并无建筑可学，又因国文成绩优异，在“大一国文”课上受到老师闻一多先生、林庚先生（本年毕业留校，任中文系主任朱自清助教，并为闻一多先生的国文课批改学生作业）的器重和鼓励，于是在大二分系时入国文系学习。

闻一多（1899～1946），湖北浠水人，现代著名诗人、学者和民主战士。1912年考入清华学校，任《清华周刊》《清华学报》负责人，1921年与梁实秋等发起成立清华文学社。毕业后赴美留学，研习美术和文学。回国后历任北京艺术专科学校、武汉大学、青岛大学等校教授。1932年任清华大学国文系教授，北平沦陷后随校南迁，任西南联大文科研究所教授。1944年加入中国民主同盟，当选民盟中央执行委员、云南支部宣传委员兼《民主周刊》社社长，1946年7月15日在昆明遇刺身亡。

林庚（1910～2006），原籍福建闽侯，生于北京。现代著名诗人、文学史家。哲学家林宰平之子，1928年北平师大附中毕业，1933年清华大学国文系毕业，“清华四剑客”之一，历任厦门大学、燕京大学、北京大学教授。

先生对专业的选择，是出于他对当时国情和中国文化复兴的思考。他在这方面的见解，见于1935年发表的《学术机关？职业学校？》一文——

“今日的中国是一个很不健全的结构。

当商业资本尚未完全发达仍不能作为社会经济结构中的主导部分的时候，中国整个仍是自然经济的状态。这种自然经济的状态是一直维持了二千年以上的长时期的。在这期间因一些勃起的原因而至于突破了现状的时机也有。但近三十年来的大的突破是前所未有的。

以中国二千年以上的长时期的经验的积累，中国社会在其自然进展中是行着最平滑的路，社会的整个组织都是一致的而能相呼应。这种谐调是在三十年以前，近代的资本主义闯入中国的时候才给打得粉碎的。

近代的资本主义不是只带了经济的意味，并且是政治与文化的。它能以最敦厚的力量震撼着整个社会，不论是物质上，或者观念上。

至今中国一切旧有的东西都被扬弃到角落。代之而兴的是一切新的，能够适应于新的经济基础的东西，现在中国的改造应该是社会全般的，而不是特异的，部分的改造。——至少，在旧的铁钉没有重新锻冶以前，是不能钉到这块新的木头上去的。

在中国最早发觉中国是不能继续保守着旧的技术与旧的态度的当是李鸿章与张之洞辈，他们所倡的口号是‘中学为体，西学为用’。在这种妥协的两层色调的笼罩下，他们开始了他们的革新运动。但这两句口号的信用是被中日之战所击破了，遂有康梁的变法。然而这件事情并不是本身便必然的会失败的，只是因旧势力的回光返照，而不得不暂时敛迹。一直到民国以来的二十年中，无一时不仍是那代表了旧的经济势力与适应旧的经济势力的意识形态，对新兴的力量的挣扎。

在五四的时候，仍旧是承袭了戊戌的旧风。社会改革重心的偏坠，虽不是政治经济，而是文哲。所以在复兴期的中国始终仍不能强固的立住它的脚跟。

这种社会改革重心的偏坠实在是未能完全明了社会结构的原理所致。其结果，最为人所诟病，而能亲切的感觉到的，便是人才过剩与失业问题。说人才过剩的意义有两个：（一）粗制滥造，人才的普遍的平庸化，因为其中常常混杂有若干具有倾向相反的天才的。（二）社会一般学业的不发达，只有文哲法的人才唱独角戏。

其实如果我们考虑到中国的失业问题，有一件事是最能使我们注意到的，就是‘滥竽充数’。因为有很多很多的‘文哲法’的人才者，常常是一些并非对专门的学识曾经研究过的。例如从变乱的农村里跑到城市里的知识分子，这一类人，在封建的科举时代，至少可以捞个把秀才，在当地作为学问与政治与经济的重心的人物，这种人跑到都市里常常以较丰多的人生经验从青年手中抢去了位置。

于是鉴于五四以来的这种过剩的恐慌，最近一二年，社会上忽然又高唱起提倡理工教育的口号来。的确，我们得承认，那最初第一个发觉了这一方面的人是很聪明的。因为这是适应现实的最重要的一种觉悟。但是这种觉悟是有充分的被认识的现实为基础的，而非全然的盲目的行径。然而现在一班舆论竟走错了路，其结果则使今日的理工教育的提倡，一如若干年以前的鼓吹文法一样势必陷入半身不遂症的情形。

我们在提倡理工之前，至少应该有这样一种认识，就是今日的中国所缺少者实在是真正能够在复兴期的中国尽一部责任的人才。所以缺乏的不只是物质建设一方面的人才，而同时在文化建设方面的人才也是一样——假如我们现在肯睁开眼睛仔细去观察一下现实的社会，你可以看见现在的‘为人民服务’的是些许多什么人，是前清的旧吏，从农村中觉出幻灭的地主阶级，和一些毫无学识只以混饭吃为目的的官僚。真正具有现代头脑的人有几个！难道那些人在中国的复兴运动中不应该给替换下去的吗？所以今日的中国是需要能充实它的社会结构的任何一种人才的！”

“大一英语”是清华大学必修课，此外，清华哲学系还规定学生必修“大一德语”，以培养学生阅读哲学原著的能力。先生的德语教师是由当时北京大学德语系主任杨丙辰教授兼任。杨丙辰先生是中国德语学科创始人，北大、清华第一代中国籍德语教授，北大德语系第一任系主任、中德学会中方创始人。中国现代德语文学界的大家，如冯至、季羡林、李长之等，都出自他的门下。

先生开始学习德语时，适值中德文化协会（后改称“中德学会”）刚在北平成立，杨丙辰先生被推为协会中方常务干事，主持会务。中德学会设有阅览室，每周两次接待清华等校学生咨询，这为先生学习德语、了解德国文化和西方学术新动态提供了便利条件。在此期间，他还结识了邓以蛰、滕固、宗白华等著名学者，他们对先生学术成长均有提携之功。中德学会的活动，为他日后选择从事哲学、美学、美术史等方面的研究，奠定了重要基础。此外，先生还通过杨丙辰先生介绍，参加了蔡一木先生发起的“黄流文艺社”，他的第一部诗集《谢了的紫丁香》列入“黄流文艺丛书第一辑”，1936年由商务印书馆出版。

近代以来，西方哲学、美学、美术史研究最早主要集中在三个德语国家：德国、奥地利、瑞士。中国最早一批研究哲学、美学的学者，大都具有留德背景。提倡“美育代宗教”的蔡元培先生，曾三度赴德学习，“我向来是研究哲学的，后来到德国留学，觉得哲学的范围太广，想把研究的范围缩小一点，乃专攻实验心理学。我看那些德国人所著的美学书，也非常喜欢。因此，我就研究美学。但美学的理论，人各一说，尚无定论，欲于美学得一彻底的了解，还须从美术史的研究下手，要研究美术史，须从未开化的民族的美术考察起……”**（蔡元培：《民族学之进化观》）**先生师长一辈学人中，如陈寅恪、杨丙辰、邓以蛰、滕固、宗白华、冯至、金岳霖、贺麟，也都是从留学德国时起，开始学习研究哲学、美学、美术史，回国后领风气之先，成为开宗立派的一代学术大师。

先生精通英语、德语、法语，他的外语基础，主要是这一时期打下的。

本年

滕固著《唐宋绘画史》由神州国光社出版，这是中国第一部运用西方现代研究方法写作的中国美术史著作。

美国传教士福开森将平生收藏的千余件中国文物全部捐赠金陵大学，其中包括王齐翰《勘书图》、青铜小克鼎等珍贵国宝级文物。这批文物先由北平古物陈列所在故宫文华殿专设“福氏古物馆”公开展览，后于1949年运至南京，现存南京大学博物馆。先生大学期间多次到故宫参观“福氏古物馆”，对福开森和他的收藏，先生后来在《评福开森氏〈中国艺术综览〉》一文中曾予介绍。

这时期，先生还与陈忠经、蓝铁年（蓝公武之子）、林亮、邓友全、齐良骥、薛观涛等师大附中同学组织读书会，每周六下午聚集到位于北平西城区北沟沿的爱国民主人士蓝公武先生家里，一起研读《资本论》，并一度自命为马克思主义者。

蓝公武（1887～1957），字志先，江苏吴江人。1904年加入光复会，早年留学日本、德国，辛亥革命后任《时事新报》总编辑、《国民公报》社长，五四运动后开始接触马克思主义，1923年起任教于北京大学、中国大学，讲授马克思《资本论》。抗日战争时期，因宣传抗日遭日本宪兵司令部逮捕，受到严刑拷打。1945年到晋察冀解放区，1948年任华北人民政府副主席兼民政部部长。新中

国成立后，蓝公武出任最高人民检察署副检察长。译有康德《纯粹理性批判》。

“我还联想起中央美术学院已故教授王逊等人与蓝公武有关的轶事。在1933年左右，原北师大附中的一些进步学生陈忠经、蓝铁年（蓝公武之子）、林亮、邓友全、王逊、齐良骥、薛观涛等人办了一个刊物叫《火星》（1936年4月1日创刊，编者注），还办了一个火星社，发表了一些激进的文章，国民党以为是共产党的刊物，于1934年逮捕了蓝铁年、林亮等人，押到南京并判了刑。由于蓝公武写信给陈立夫，得到释放。其时王逊与薛观涛事先闻讯逃开，未被捕。

此后，这些人相当长时间，每逢星期六下午都聚集到蓝公武家中，一起读《资本论》，并自命为马克思主义者。其中一些人在建国后担任了重要的领导职务，王逊则成为著名的美术史家。

蓝公武为‘徐悲鸿故友’，1948年通过宋步云对徐悲鸿做工作，影响徐悲鸿去留之事，过去很少被道及，此事可补史阙。”**（李松：《宋公行止考补》，郑工编：《宋步云诞辰100周年纪念文集》，文化艺术出版社2010年）**

1934年　甲戌　民国二十三年　19岁

1月

伪满洲国溥仪“称帝”。

4月

先生加入清华左翼组织“现代座谈会”。“现代座谈会”是中共清华园支部组建的外围组织，通过举办报告会、开展时事分析、读书活动等，扩大进步思想的传播。

5月7日

散文《四月》刊于《清华周刊》第41卷第7期，署名“王孙”。

6月

胡适到清华大学作毕业演讲。

7月

中央古物保管委员会成立，傅汝霖为主席，滕固、李济、叶恭绰、蒋复璁为常务委员。原大学院古物保管委员会更名为“北平古物保管委员会”，会址仍在北海团城。

9月

入清华大学国文系学习。当时清华国文系主任是朱自清先生，教授有朱自清、杨树达、闻一多、刘文典、俞平伯、陈寅恪（与历史系合聘）、王力。根据教授会通过的《中国文学系改定必修选修科目案》，系里除沿续以往的新文学及外文方面的课程，更侧重古典文学的研究，增设了《国学要籍》系列课程，课程分中国文学、中国语言文字两类，以培养古典文学研究人才和语言文字学研究人才。

10月

中国工农红军开始长征。

清华"现代座谈会"邀请冯友兰先生以《在苏联所得的印象》为题向同学演讲，介绍他出国考察苏联的见闻。

随笔《说闲暇》刊于《清华副刊》第42卷第2期。

11月12日

《清华周刊》第42卷第3、4期出版"尊孔与复古特辑"。

11月

随笔《疯狂了的热情》刊于《清华副刊》第42卷第10期。

评论《儿童游戏的教育意义》刊于《兴华周刊》第31卷第40期。文章对比东西方教育在对待儿童游戏方面的不同态度，希望教育家多提倡儿童游戏，以使"中国最近将来的儿童，都能和外国儿童一样的活泼健全"。

《清华周刊》主编、中共清华大学支部书记、中共北平市工作委员会宣传部长牛佩琮因北平党组织遭破坏离开北平。

12月17日

《清华周刊》第42卷第8期出版“现代思潮特辑”。

本年

先生在清华加入中共外围组织反帝大同盟、社会科学联盟。

与“九叶诗人”之一的王辛笛（1935年清华大学外文系毕业）住隔壁宿舍。先生去世后，王辛笛作《忆王逊》一首追述当年友情——

邻窗灯火共谁挑，
云忆鳞鳞水点篙。
满眼故人多半去，
蓬蒿和我一般高。

（作者注：在清华时王逊和我比邻而居。）

一九七六年秋

清华大学扩建校舍、调整院系设置，发展成为包括文、法、理、工4个学院16个系的综合性大学。

《清华中国文学会月刊》创刊。

冯友兰《中国哲学史》（上、下）出版。

美学家邓以蛰自欧美游学回国，任清华大学哲学系美学教授。

沈从文到北平，开始编辑《大公报·文艺副刊》，成为“京派”代表作家之一。

1935年　乙亥　民国二十四年　20岁

1月1日

先生评论《学术机关？职业学校？》、散文《从幼年到成年》刊于《清华副刊》第42卷“新年号”，署名“王孙”。

《学术机关？职业学校？》对1934年清华调整后文、法、理、工四学院的设置提出批评。文章从物质生活和精神生活、中国今日的文化建设与物质建设、理论人才与实际人才三方面探讨了清华的办学方向，认为清华设立工学院，并将工学院与文、理、法三学院并立，是迎合社会上“提倡理工教育”的潮流和秉承政府旨意的结果，这种“退缩的，没有出息的变为职业学校的路，当是任何一个爱护清华的人都不肯考虑的”。先生认为，清华是因为长期坚持实事求是的精神、提倡自由探究的学风以及高水平的办学质量而发展成为“中国学术机关中间的一个权威与重镇”，“清华三十余年的优秀的历史是须要我们延续下去的，这三十余年的历史不仅使清华在国内成为一个可称许的大学，即在世界上也自有其令誉。如果清华现在毅然变成一个职业学校，实在是一条自甘没落的路！”文章最后建议，清华工学院应独立办成一所清华大学附属的工科专门学校，而不是作为大学学院，这样才能将清华“从浅薄、庸俗的风气里拯救出来”。

“工科与文、理、法科中间的区别是因职业教育的意义而划分的。工与理同是今日所倡的负有物质建设的重大任务，但在这两科中间仍有很深的界限。——以这种区别我们可以说明职业学校与学术机关的关系。

理科是偏重于探讨的，搜索的，学理的；而工科是应用的，操作的，实际的。这道理就是职业学校所学习的其本身便是一种职业，例如学制造电池，则制造电池便是一种职业；学织染，织染也是一种职业。而在纯学理的立场上所学的东西就不然，如学习流体化学，流体化学本身不能成为一种职业，最多他能以流体化学教授学生，那这种职业是教书；又如研究中国文学流变史，这种研究不能成为职业，除非著书（著作家），教课（教员），才能被认为是职业的。

总之职业教育的主要目的是教学习者如何去‘作’，而学术机关是教学习者如何去‘知’。

这只是根本的两类教育目的不同，所以在教育方式上也是相歧异的。

工科教育，其着重点是在横的；文、法、理科的教育却偏于纵的。因为工科教育是在传授许多法则，和以经验为基础的如何运用这法则，并不根究这法则所涉及的浩繁原理的。并且，因为工科教育是以实行为目的，它的注意力是广泛的，关注的是更错综与更多的事物，这都与理论研究的专一与深入不同。

而更有很显著的一例——工科严格主义的问题，在训练实践人才上毋宁说是黄金律，虽然在学理研究的立场上是最可怕的紧箍咒。这是均齐完整同专一精研的分别。

由于目的与方式的不同，职业学校与学术机关中间划出了鸿沟。

所以仲怀君在四期副刊上提出‘清华大学是职业学校吗？’的问题是值得我们重视的。”（**《学术机关？职业学校？》**）

1月10日

诗歌《秋天》刊于《清华周刊》第42卷第11、12期，署名“王孙”。

1月

清华接连发生两次军警逮捕进步学生事件，中共地下党员、社联成员、现代座谈会成员30余人先后被捕，清华爱国学生运动陷入低潮。据先生同学、历史学家赵俪生回忆，先生在清华曾因参加“反帝大同盟”被捕，或即在此时。

蒋南翔接任《清华周刊》总编辑。姚依林任副刊编辑、杨述任文艺栏编辑、蒋弗华任社会科学栏编辑、吕风章任自然科学栏编辑、孙兰任书报评介栏编辑，吴承明任总发行。先生任特约撰述人。

“30年代，中共北平党组织曾遭严重破坏。在困难的情况下，清华地下党组织一直在坚持斗争。党组织通过‘左联’、‘社联’、‘语联’、‘现代座谈会’等群众团体，组织进步力量。……1935年初，进步学生掌握了校内重要的宣传工具——《清华周刊》，地下党员蒋南翔当选为《清华周刊》总编辑。《清华周刊》刊载的爱国进步文章吸引着广大学生。”**（王向田：《百年清华记忆：战斗在“一二·九”运动的前列》，“清华大学百年校庆”2011年4月）**

“当时左派同学没有能参加学生自治会的领导班子，却从1934年起掌握了《清华周刊》编辑部，由当时的中共支部书记牛佩琮任总编辑，把它办成了一个进步文化的论坛。这年秋，牛佩琮受国民党特务跟踪，不得不离校；（蒋）南翔膺选为周刊总编辑，姚依林为单独出版的副刊编辑。这一届的《清华周刊》社，人才济济，佳作如流，还出版了几期扩大篇幅的学科专号，声誉日隆。我就从中学习了不少社会科学的理论知识。《清华周刊》还有一个颇具规模的发行网，有一百多个户头，遍及各省市以至海外。时我任总发行，一些当时不能公开投邮的抗日救亡文件也是用《清华周刊》的封套，经这个发行网发出。”**（吴承明：《忆蒋南翔同志在清华园的几件事》，《蒋南翔纪念文集》，清华大学出版社1990年）**

3月

先生参加的清华左翼进步组织“现代座谈会”遭当局解散。

4月13日～15日

中国哲学会第一届年会在北京大学举行。冯友兰、金岳霖、贺麟任常务理事。冯友兰致开幕词说：“中国之有哲学年会，以此次为第一次。”先生不久被吸收为会员，直至1949年该学会解散。

4月

小说《童养媳》刊于《黄流》第1卷第2期。

中共秘密外围组织“北平民族自卫会”正式成立，清华大学设立分会，成员有蒋南翔、牛荫冠、姚依林、韦毓梅、吴承明、黄诚等。

5月

中德文化协会更名为“中德学会”，德语学者冯至继任中方常务干事。

6月

诗歌《叶》《黑衣僧》《五月小唱》刊于《清华周刊》第43卷第5期，署名“王孙”。

蒋南翔当选清华暑期学生会主席。

7月

诗歌《山》刊于《清华周刊》第43卷第9期，署名“王孙”。

中日议定“何梅协定”。日军为在政治上制造分裂，策动河北、山西、山东、察哈尔、绥远等华北五省“防共自治运动”。

8月27日

散文《病赞》刊于《清华周刊》第43卷第11期，署名“王孙”。

9月

先生二弟王述考入清华大学，进入历史系学习。

先生在大三美学课上受到邓以蛰先生影响，对美学产生浓厚兴趣，追随邓先生转入清华大学哲学系继续学业。邓先生每隔一周就带他到故宫观摩古代绘画作品，先生由此开始了美学、美术史系统研究。

邓以蛰（1892～1973），著名美学家，中国现代史上运用西方哲学美学研究方法开拓中国美学和美学史学科的第一人。字叔存，安徽怀宁人。清代著名书法篆刻家邓石如五世孙。早年赴日、美留学，攻读哲学、美学。1923年回国任北京大学哲学系教授。1933～1934年游学欧洲考察艺术，1934年起任清华大学哲学系教授。邓以蛰对青年后学循循善诱、诲人不倦，他先后培养的学生王逊、刘纲纪等，都是美术史、美学研究领域卓有成就的学者。**（郎绍君：《邓以蛰传》，《中国大百科全书·美术卷》，中国大百科全书出版社1990年）**

“父亲（邓以蛰）一生主要在清华大学任教，新中国成立后，1952年高校院系调整去北京大学任教授，他一生讲授美学和美术史。学术界称父亲是五四运动以来中国著名的美学和美术史家，和朱光潜、宗白华并列为中国现代美学的奠基者，还有‘南宗北邓’

之称。但父亲一生淡泊名利，从不以权威自居。

父亲为人正直真诚，谦和朴实，性格温和宁静，专心学问，多年深入书画领域进行研究工作，为中国书画艺术理论的建设，贡献了毕生的心血。在鉴赏中国古字画方面被社会公认为专家。他耐心细致地指导学生分辨鉴赏古字画真迹，指出其特点，不怕麻烦地将家中藏画悬挂起来，一一指给学生看，并作详尽的讲解。

……

我对父亲的专业了解甚少，但父亲的人生追求，对教学的严肃认真，待人的真诚，生活的朴素，特别是他那强烈的爱国心和民族自豪感，深深地影响着我。他那严于律己，宽容待人的性格，给我留下了难忘的印象。他和他的同时代人，在学术上相互切磋，国难当头彼此关心帮助的情景，使我感受到中国知识分子肩负着国家强盛、民族振兴的重任。”**（邓稼先：《回忆父亲邓以蛰》，1999年5月，《永远的清华园》，北京大学出版社2013年）**

“当时邓（以蛰）先生正潜心研究中国书画美学，王逊侍列门墙，自然受益匪浅。闻（一多）、邓（以蛰）二位先生对王逊的业务成长和治学方法影响颇深，后来他常对人谈起从这些前辈师长身上受到的教益，特别是当有人对他的博学才识表示敬仰时，王逊总是用对闻、邓二位先生的景仰以表示自己的学识和治学之道还不成熟，念念不忘师长对他的培养，仰慕感铭之情溢于言表。”**（陈少丰、薄松年：《辛勤耕耘 风雨不辍——怀念著名美术史论家王逊先生》，《美术》1994年第12期）**

“一次我去看王逊老师，提到研究方法。他说：‘故宫一定要常去，要看原作，这是很重要的。我在清华大学向邓以蛰先生学中国美术史的时候，他为了引导我直接研究原作，每隔一周就领我来一次故宫看历代名作。他给我打票，看后请我吃饭。邓先生早年在西方学习哲学与美学，但是他回国后致力于通过研究中国美术史而开拓中国美学和美学史学科。他有很多见解是精辟的，比如对中国书法的意境问题研究的很深。什么时候我带你去找他请教。’在老师的引导下，我们的认识又提高了一步，大家进一步领悟到：我国古代的一些美术史家，不是在文献中游弋，就是凭一己之好恶从事并不科学的鉴赏。直到近现代才出现了前无古人的文史哲大家，刷新了治学方法，要在美术史论这块处女地上开垦，确实应从中吸收经验。”**（薛永年：《在第一个美术史系学习》，《美术研究》1985年第1期）**

“在‘反右’之前王逊先生当时还处于不到40岁的中年时期，但在学术上却渊博而精深。他在幼年即对文学艺术有浓厚兴趣，后来考入清华大学土木工程系，由于对文学的兴趣和造诣特别得到闻一多先生的赏识器重又转入国文系学习。最终受到美学家邓以蛰先生的影响，进入哲学系研修哲学和美术史，成为邓以蛰先生的得意弟子。邓、闻二位先生的治学方法和态度对他有很深影响，并始终不忘老师的培养，王逊先生曾多次和我谈及邓先生潇洒热情的为人，回忆起当年师生二人到故宫观摩古代绘画的情景。1956年国务院制定十二年科学发展规划，王逊先生受命为美术口的召集人，我随他到北大朗润园邀请邓先生参加会议，在老师面前仍是像学生一样的毕恭毕敬，给我以很深的印象。”**（薄松年：《王逊先生二三事》，《艺术》2009年第12期）**

上世纪30年代中期的清华大学哲学系，正处于学术发展的鼎盛时期，以冯友兰、金岳霖、邓以蛰、张申府、张荫麟、沈有鼎等为代表的一批精通中西哲学的学术大师，正在雄心勃勃致力于建设“一个东方的剑桥派”。新实在论和逻辑实证主义这两种哲学派别在清华哲学系形成一个鲜明特色，在国内外学术界产生了相当的影响。清华哲学系首先是实在论学派，主要来源是西方分析哲学，又与中国理性主义传统相结合，其中包含唯物论因素，冯友兰、张申府、张岱年、金岳霖著述中都有唯物论倾向。相比五四时期流行的胡适的实用主义和梁漱溟的直觉主义，清华学派是新兴哲学流派。清华哲学系特别注重概念分析，重视平面的逻辑结构的论证与剖析，故又被称为“清华逻辑学派”。先生在与这些学术大师的朝夕晤对切磋问学中，学术思想、治学方法也深受他们影响。

“本系于民国十七年（1928年）始正式成立，初时仅有教授三人，学生二人，嗣后教授学生日渐增加，设备亦日见充实。现有教授五人，助教二人，本科学生十五人，研究部学生四人。

本系课程，可分为初级、中级、高级三种。逻辑、哲学概论、中国哲学史、西洋哲学史，为初级课程。其目的在于使学生先通思考之方法，先知哲学内容之大概，及历史上诸大哲学系统之内容。伦理学、美学、知识论、形上学，为中级课程。其目的在于使学生就哲学中之部分，作较深的研究。哲学专题或专家研究，为高级课程。其目的在于使学生就某种哲学问题或某哲学系统，作详细的研究。初级及中级课程，专供本科学生选习；高级课程，本科三四年级学生及研究部学生，均可选习。

哲学与各种科学，皆有密切关系。除本系必修课外，本系鼓励学生就其兴趣及其所研究哲学问题之所近，选修他系课程。学生对于他系课程，如作有系统之选习，本系并可认其所选课程之系为辅系。于学生毕业时，请学校证明。

本系同人认为哲学乃写出或说出之道理。一家哲学之结论及其所以支持此结论之论证，同属重要。因鉴于中国原有之哲学，多重结论而忽论证；故于讲授一家哲学时，对于其中论证之部分，特别注重。使学生不独能知一哲学家之结论，并能了解其论证，运用其方法。又鉴于逻辑在哲学中之重要及在中国原有哲学中之不发达；故亦拟多设关于此方面之课程，以资补救。

因此之故，本校哲学在外间有‘逻辑派’之称。学派之名，其实尚愧未符。但本系所努力之方向，则于此可见一斑焉。

主任：冯友兰

教授：张崧年 金岳霖 邓以蛰

专任讲师：张荫麟 沈有鼎

助教：李濂 王维诚”（**冯友兰：《清华哲学系》，《清华周刊》“向导专号”1936年6月27日**）

那时全系学生不过八或九人，专任教授不过三四人。但每次开会，学生并不比教授到得整齐，而教授几乎每次都全到。我记得几次讨论会，都是从小问题分析，逐渐到大问题、最根本的问题。有一位教授，推崇了孔德的思想进化三阶段论：从宗教到形而上学，最后到科学。于是大家立刻就从科学、分析的意义开始讨论。当场在座的师生，大半都可说是实在论者，都相信科学、分析等至上。说明白点，即都相信理性主义。

……

30年代前后的清华大学哲学系，教师人数并不多，学生人数更是少得惊人；平时除上课和偶尔开会外，师生们都各自埋头努力。然而事隔半世纪之后，回想起来，却令人无限怀念。”（**周辅成：《忆金岳霖先生》，《哲学研究》1990年第5期；《周辅成文集》，北京大学出版社2011年**）

“哲学系培养了很多著名学者，如王宪钧、周辅成、孙道升、任华、李长植（李长之）、张遂五、吴恩裕、佟贵廷、梁德舆、任继愈、王逊、沈有鼎、王浩、冯契、殷福生（海光）、赵俪生等。”（**王向田：《大师云集硕果累累的清华大学哲学系》，“清华大学百年校庆”2011年3月**）

10月

小说《鬻儿》刊于《黄流》杂志第1卷第5期10月号。

红军长征到达陕北。

蒋南翔接任中共清华支部书记。

11月1日

《平津十校学生自治会为抗日救国争自由宣言》发表，提出“北京大学学生组织‘帝国主义研究会’，清华大学学生组织‘现代座谈会’，此乃约法所许之权利，而政府则解散之，逮捕之。著作乃人民之自由，而北平一隅，民国二十三年焚毁书籍竟达千余种以上。……吁请政府，其尊重约法精神，开放言论、集会、结社自由，禁止非法逮捕学生。诚以国势如斯，凡属国民，分应共肩责任，奋起救存；桎梏一日早去，吾民即能早尽一分责任也。”**（“中国现代史资料丛刊”《一二·九运动》，人民出版社1954年）**

11月18日

北平市大中学校联合会（简称“北平学联”）成立，清华学生姚依林当选秘书长。

11月27日

清华学生自治会召开全体学生大会，会上就是否请愿问题发生激烈争执，无果而散。因清华学生自治会无意领导请愿运动，清华学生另选举产生“清华救国委员会”，主席周嘉祺，副主席黄诚、陈元。

12月3日

清华学生自治会和清华救国委员会联合召开全体学生大会，经过激烈辩论，最终表决通过《通电全国，反对一切伪组织、伪自治，联合北平各大中学校进行游行请愿的决议》，并决定接受北平学联决议，参加全市统一请愿。

12月6日

清华等北平15所大中学校学生组织发表宣言："吾民誓死反对断送领土及主权之自治行动以及任何变相之独立阴谋，以其纯为暴敌所一手造成者也。凡有倡言自治之人均为汉奸，民族之蟊贼，人人皆得而诛之"，"今日而欲求生路，唯有动员全国抵抗之一途。"

12月7日

北平学联在清华大学召开各校代表大会，正式作出本月9日举行学生大请愿的决定。

12月9日

北平学生为反对"华北自治"举行游行请愿，"一二·九"爱国学生运动爆发，先生积极参加了这一爱国运动。蒋南翔起草《清华大学救国会告全国民众书》指出："华北之大，已经安放不得一张平静的书桌了！""为了民族，我们愿暂时丢开书本，尽力之所及，为国家民族做一点实际工作。我们要高振血喉，向全国民众大声疾呼：中国是全国民众的中国，全国民众，人人都应负起保卫中国民族的责任！"

12月16日

北平学生为反对成立"冀察政务委员会"，再次举行"一二·一六"示威大游行。清华大学率领的城外大队，拂晓出发，受阻于正阳门，转至宣武门，亦受阻。女同学陆璀，平贴地面，从城门与地面的缝隙中爬入城内，打开城门，游行大队冲入城内。各路队伍在天桥会师，人数达2万人，举行了市民大会。

12月

诗歌《战争》刊于《黄流》杂志第2卷第1期12月号。

“乱石的夹缝里/横陈着战士们的白骨/不，那是自救的警钟啊！/夜间/胡笳吹动了阵角/呻吟振破了尘氛/一个少年的英雄/牺牲在战场上了/沉寂，凄凉/充满了这星月如洗的夜/一个，一个，一个/一排，一排，一排/志士们的头颅堆积成王侯们的华宴！！/战士们的鲜血换来了酒楼上的欢欣！！”

本年

中英两国政府决定共同举办伦敦中国艺术展览。这是中国古艺术品第一次大规模海外展出，引起世界关注。

“一二·九”运动前后，在抗日救国思想的激荡下，先生在清华先后参加了“反帝大同盟”、“社会科学联盟”、北方左联（清华园左联小组）、“现代座谈会”等进步团体。

清华园左联小组对外称“国防文学社”，后在此基础上发展为“清华文学会”，活动时间是在1935～1936两年中。先生与赵德尊（外文系）、陈国良（陈落，国文系）、赵俪生（哲学系）、杨戊生(魏东明，外文系）、王瑶（国文系）、郑庭翔（郑天翔，哲学系）、冯契（冯宝麟，哲学系）、魏蓁一（韦君宜，哲学系）、孔祥瑛（国文系）、李秉忱（外文系）、蒋震东（外文系）、张卓华（外文系）为主要发起人。1936年加入的新生还有查良铮（穆旦，外文系）。清华左联编辑出版有《国防文学》（2期）、《新地》（2期）等期刊。**（韦庆媛：《盈满书香的校园生活》，《新清华》第1789期，2010年3月5日）**

“王逊是早几年反帝大同盟的成员，曾被捕过。王逊，山东莱阳人，笔名黎舒里，哲学系高年级生，跟邓以蛰教授学美学，后来是中央美院的教授。他当年高装发式，必加发油，穿古铜色长袍。有一次在工字厅开会，会员问哪个是王逊，我说穿古铜色绸袍的，他喊着说：‘我抗议。我穿的不是绸子，是缎子！’有一年我在《清华副刊》上发起一个‘我的故乡’的特辑，他们都写了极好的文章，魏东明的题目是《我家在满洲》，郑庭祥写的是黄沙和每年到五台朝山的骆驼队，冯宝麟写的是江南的梅雨天气，王逊写的是济南小青河边草地上晒的衣服和人们小窗口上的指甲草。这些印象历四十七八年，仍极鲜明亲切。”**（赵俪生：《记清华园“左联”小组和“清华文学会”》，《新文学史料》1983年第3期）**

“具体引导我参加到革命外围的，是赵德尊。他是辽宁人，小矮胖子，从来不发脾气，是外语系比我高一班的学生，喜欢写一些短文章，笔名罗白。此人后来成了高岗的秘书长，中共黑龙江省委书记……他在1935年组建‘左翼作家联盟’清华园小组，成员有王瑶、郑庭祥（即郑天翔）、我、冯宝麟（即冯契）、邵森棣（女）。王逊因为参加过‘反帝大同盟’被捕，这次似乎没有参加。此外，还有赵德尊的同年级同学李秉忱、蒋震东、张卓华。邵景渊（女）参加了没有，我记不清楚了。仿佛还有王作民（女）。我们这一伙，平时都喜欢舞点文弄点墨的，组织到一起了。这是秘密组织，还需要有个公开的名目，于是又组织了‘国防文艺社’，又扩大改组成为‘清华文学会’。这是一个以‘左联’为核心的统一战线群众团体，我被推为主席。

当时我们各自发挥所长。王瑶喜欢搞文艺理论，爱读普列汉诺夫和卢那察尔斯基的书，爱写书评和文学评论与论战的文章，我们叫他‘小胡风’。郑庭祥和我爱搞翻译，特别爱翻苏联和俄罗斯的短、中篇小说。冯宝麟和邵森棣爱写诗。王逊是哲学系跟邓以蛰（叔存）搞美学的，有时写写散文和散文诗。此外还有一位叫杨戍生，笔名魏东明，原籍浙江，出生在东北，在组织上他是北平市‘左联’的成员，在写作方面他已经在国内大杂志如《光明》《中流》等上面发表文章，有一次他说‘你们都是园内作家，我已经是园外作家了’。他的报告文学（当时，报告文学这个品种才刚刚创立不久）《丰台的马》在当时挺出名。我们办过两期《国防文学》、两期《新地》，还邀请过朱光潜、沈从文等文学名人到工字厅作报告。总之，我们在清华园左翼运动中承担起了文艺的这一翼，倒也还弄得热热乎乎的。后来入校的新生中，有不少参加我们的会，如诗人查良铮（穆旦）就是一例。一位天津的女作者也给我们投稿，她叫张秀亚，后来在台湾很出名。”**（赵俪生：《赵俪生高昭一夫妇回忆录》，山西人民出版社2010年）**

先生二弟王述病逝。

1936年　丙子　民国二十五年　21岁

1月1日

诗歌《雪》刊于《黄流》第2卷第2期。

1月16日

共青团北平市委在燕京大学召开全体团员大会，成立“中国青年救亡先锋团”，不久改名“中华民族解放先锋队”（简称“民先”）。

2月20日

清华大学教授会讨论补行上学期考试及复课问题，受到部分学生围攻，全校74位教授中有68位联名发表辞职宣言，学生中也开始出现分化，出现了相互对立的“救国会派”和“同方部派”。

“‘一二·一六’大示威后，清华学生内部发生分裂。主流是救国会派，控制学生代表会干事会，对外代表全体。反主流是同方部派，人数号称三百，实只百余，对外限于个人活动。”（**《清华大学十级毕业50周年纪念特刊》，台北，1988年**）

2月29日

上午，400多名国民党军警进入清华园大搜捕，包围4座男生宿舍。

先生因发表左倾言论，被列入抓捕黑名单，因事先得到消息，避入清华园钟楼得以幸免。一批清华学生与军警搏斗，被称为“暴动”，当晚5000多名军警开进清华园，逮捕21名学生，清华大学哲学系教授张申府也在城里家中被捕。

3月

清华学生复课。自“一二·九”运动爆发以来，学生罢课2个月。

先生加入原师大附中同学、燕京大学蓝铁年等组织的“一二·九文艺社”，共同筹备“一二·九”运动中第一种文艺刊物《火星》杂志。

4月1日

由北平燕京大学“一二·九文艺社”主编的《火星》半月刊出版，至本年6月14日休刊。先生在《火星》上发表有文艺评论、诗歌等。

“我们这些人，是集合在共同观念的认识下，意欲在创作实践的活动中，向现实大路做艰苦的进军，那样坚定企图的文学同志。我们——于是齐集在一起，在群的结合中；我们更把握着观念的中心，现在我们便以这样的姿态出现了。

我们承认，在个人与广大的外界不能失却联系的现实下，一个人的生活，意识之成立及生长，必为其客观环境所决定并推动之；在文学这一部门上，要求作者世界观正确的把握及与现实生活的实践的两方面的联合，也证明了这样学说的统一。

所以，在满为黑暗的不良质素腐蚀之今日中国，我们要执起火炬，以大众的动向与指南针那样把坚决的信仰组成起来，而且实践起来。燃亮起火炬，做领路人的任责吧，让我们！

学习柏洛美沙士的盗火到人间去，那是我们的职志；握住时代的铁流并描绘之，那也是我们的职志。虽然他的光芒是太弱小了，然而他愿意接近太阳。他愿意在一种严肃的短小精悍的内容及形式统一的形成下，以新颖的姿态，面向目下黑暗的氛围做第一线的突击。

火星之诞生，所以，不是偶然的吧。让他光亮起来，让他显现在天上有如恒星。

火星所照耀的，将是广阔的，悠远的，自由的大路。”**（玲君：《火星之诞生》，《火星》“创刊号”1936年4月1日）**

“《火星》半月刊是‘一二·九文艺社’最先出版的刊物，于1936年4月1日面世，横排，16开本，文字简短，篇幅很小，每期有8～10页，最后一期有16页。所载文章和诗文，充满了革命热情。该刊由王维明负责，白汝瑗（玲君）为本刊写了发刊词《火星的诞生》。

《火星》半月刊从1936年4月1日出版至6月14日休刊，仅发行两个多月，时间虽然短暂，但编辑和作者们把文艺当做民族解放斗争的武器，紧密结合当时的抗日救国运动，喊出了亿万民众心里被压抑了很久的呼声，表达了北平人民抗日救国的强烈愿望。

‘一二·九’运动时期，‘国防文学’的口号提得很响，文学界对此讨论也是非常热烈，《火星》半月刊也发表了理论性的作品，如署名丹昉的《国防文学与社会主义的写实主义》、葛力（力野）的《国防文学论》、丹昉的《现阶段下文学的内容与形式》。在文艺理论介绍与评论方面有丹昉的《我们的认识和态度》《大众文艺大众语和新文学》《五月里的文学时代》《从巴黎文艺界的宣言说起》《戏剧在当前的任务》。提出‘文艺应当正确地、批判地反映现实’，‘为了生存，就要斗争的必然大路，指示给大众，并且实践地参加到大众的队伍里，把群众底意识组织起来，来反抗我们共同的敌人，来和帝国主义、民族罪人、封建余孽作殊死的斗争’。”**（张宝生：《读〈火星〉半月刊与〈青年作家〉》，《北京大学校报》，2013年9月10日第1325期）**

4月4日～6日

中国哲学会第二届年会在北京大学举行，胡适致开幕词。本届年会决定正式成立中国哲学会，冯友兰、金岳霖、祝百英、宗白华、汤用彤当选常务理事，决议编辑出版《哲学评论》月刊。

4月5日

为建立抗日民族统一战线，清华“国防文艺社”吸收部分右翼同学，改组成立“清华文学会”。

“现在，在这革命的前夜，时代暴风的吹动，和现实的丑恶的狞视之下，所有过去闭目冥想清华的爱好文学的同学们，都清醒过来了，于是，他们一起的放弃了他们过去‘个人自我讴歌和冥想’的态度，他们丢掉‘文坛登龙’的捷径，要求着切实的‘共同研究’，努力的练习创作，不怕走迂缓的路，真想配合时代，做一点点的事，尽一点点的力。目的，说来虽属平凡，但是我们不忍铺张一些不平凡不兑现的名贵的文句。

也许，正因为这点点的平凡吧，我们在从五月到六月这一月的光景里，已经有过了小小的成绩。在会务方面，开过了一次大会，有很精彩的校内文学先进教授们的讲演。在研究方面，已举行过一次‘文艺座谈’，题目是‘创作与经验’，到会同学多半争着发言，情绪非常热烈；同时《流通图书目》，已由研究股干事编好，揭示在‘文学会会所’里面；出版刊物，首先定名《处女地》，其后改作《新地》，早已付印，各大报纸上都有介绍。此外，第二次‘文艺座谈’和第二次大会，也日内就要举行了。总之文学会里一切事务，早已非常坚实的在轨道上走。”**（赵德尊：《清华文学会》，《清华周刊》“向导专号”1936年6月27日）**

“从《清华周刊》第45卷封底的‘清华周刊社职员表’来看，

排序倒并非以姓氏笔画或拼音字母为序。同列‘特约撰述人’的还包括赵德尊、赵文璧、王逊、何炳棣、周班侯、赵蛀（俪生）、蒋南翔、杨联陞、荣干祥（荣高棠），等等。编辑部由王瑶任总编辑，书评栏、哲学栏和文艺栏的负责人分别为郑庭祥、魏蓁一（韦君宜）和孔祥英。”**（易彬：《穆旦评传》，南京大学出版社2012年）**

4月

中共北方局决定取消共青团北平市组织，原有团员一律转为党员，团龄算作党龄，团支部转为党支部。

5月

先生的美学论文《美的理想性——美的性质的孤立的考察》发表于《清华周刊》第44卷第7期，署名“黎舒里”。这篇论文被认为是中国美学史上最早探索审美理想的文章。

“我们姑且不论黎舒里（王逊）对美的本质的具体阐述如何，仅凭他从人类理想的角度探索美的本质，就已在方法论上领先于同时代一些就事论事对美的本质下定义的人了。这种方法是到他为止的中国美学史上最具合规律性的探讨美的本质的方法。”**（陈伟：《中国现代美学思想史纲》，上海人民出版社1993年）**

由清华大学“清华文学会”、燕京大学“一二·九文艺社”等团体共同发起的“北方文学会”在清华大学西山农场成立。先生与魏东明、蒋弗华作为清华文学会代表与会，燕京大学“一二·九文艺社”代表有程应镠等。

“‘一二·九文艺社’和清华文学会常常在一起活动，有时请名人演讲，有时开座谈会。清华文学会是‘一二·九’运动之后清华大学学生组织的文艺团体。有一次座谈会在燕京大学穆楼（现北京大学外文系）举行，参加的除燕京、清华学生之外，还有从校外请来的高滔、王余杞和孙席珍。高滔、王余杞当时是小说作家，孙席珍是研究文学理论的，在北京一个学院教书。座谈会总的论题是‘当前文艺界主要问题’，涉及作品公式化和什么是国防文学。沈从文发表的《反对差不多》的文章，引起热烈的争议。”

“燕京大学的‘左联’成员，和校外联系较多，筹备组织北方文学会，天蓝和我就曾与清华大学的魏东明联系过。我们相识，以至彼此非常熟悉，就是由于北方文学会的筹备工作。几年前，他在《人民日报》副刊回忆‘左联’活动，曾提到我们相会的地点、时间，商量什么事，他却没有说。酝酿成立北方文学会，在一九三六年春夏之交。我代表‘一二·九文艺社’和大学艺文社。成立会是在西山清华大学农场召开的。清华大学与会的，除魏东明之外，还有蒋弗华和王逊。蒋弗华抗日战争开始后即无消息，他议论纵横，很有激情。王逊后来成为美术史专家，担任中央美术学院教授，一九五七年错划为右派，郁郁以终，也逾十年了。北方文学会的任务，是团结一切抗日的文艺力量。‘左联’宣布解散，好像就在这时候。”**（程应镠：《“一二·九”文学回忆》，赵荣声、周游编：《一二·九在未名湖畔》，北京出版社1985年）**

清华文学会邀请沈从文来校讲“创作与经验”。

6月

论文《再论美的理想性——人格之实现》发表于《清华周刊》第44卷第9期。本文指出“美”从心理上讲是一种人格的实现，对美的本质和美感的产生进行了深入探讨和阐释。

6月18日

高尔基逝世。不久，北方文学会、清华文学会在燕京大学举办追悼活动，请曹靖华先生作报告。

6月28日

清华大学决定开除清华救国会陈元、黄诚、吴承明、刘毓珩等4人学籍，清华哲学系教授张申府亦遭解聘。

7月3日

清华文学会召开座谈会，出席者有罗白、竹林、王孙（王逊）、鲁特、提曼、契嘉（冯契）、落生、魏东明、昭琛（王瑶）、莫蓝、乃天。“座谈记录”以《非常时期与国防文学》为题发表于《清华周刊》第44卷第11、12期出版的“救亡专号”。

先生在座谈会上发言内容如下——

“关于现阶段的客观情势是这样，就全世界说来，资本主义已经到了最后时期，一天天地在没落了。统治群为巩固他们的特殊利权起见，法西斯的倾向便日渐高涨。同时也就急骤地加紧对于殖民地的压迫和剥削。人民大众为了生存和自由，自然要起着巨大的反抗。近年来各资本主义国家内的反法西斯斗争，和各殖民地的反帝运动，都有很迅速的展开。在这种情势下，全世界的每个角落都起了深的骚动。中国是一个半殖民地的国家，现在正遭遇着空前的民族危机，所需要的斗争自然也特别地强烈；但正因为它是半殖民地，所以它一定兼有反帝和反法西斯蒂的双重任务，并且也都有它的特殊形式。我以为所谓非常时期就是针对着中国的这一种现实而言的。国防文学的主要任务自然也在反映和推动这种发展。”

“从政治的观点来解释现阶段文学的背景和内容，我觉得昭琛君已经说得很够了。不过在《文学丛报》第三期胡风的那篇《人民大众向文学要求什么》里有句话我有点怀疑，他说‘民族革命战争的大众文学所依据的是动的现实主义的方法……然而同时这个口号里面还含有积极的浪漫主义的一面，因为在民族革命战争运动里面蕴含有无限的英雄的奇迹和宏大的幻想。'我记得关于现实主义的文学，前两年已经讨论得很多了，现实本身就包含着浪漫，只要能够依照现实主义的方法来表现客观现实就已经很够了，不必再强调来表现浪漫的一面。"

7月22日

《清华周刊》第44卷第11、12期出版"救亡专号"，报道清华哲学系学生召开"哲学与救亡的关系"座谈会，讨论题目是"在民族救亡途程中，中国需要何种哲学？""在民族救亡途程中，中国哲学家负担何种任务？"哲学系主任冯友兰以《对于哲学的一点意见》为题作了书面发言，先生参加了本次座谈会。

7月

朱光潜《文艺心理学》由开明书店出版。此后不久，清华文学会邀请时任北京大学西语系教授的朱光潜在清华工字厅讲"诗与散文"。

"请朱光潜教授讲诗与散文，是在清华大学工字厅。那时，《文艺心理学》已经出版。在爱好文学的大学生中间，这是本畅销书。讲演会举行的次数似较多，朱自清教授、郭绍虞教授都给我们讲过。"**（程应镠：《"一二·九"文学回忆》，赵荣声、周游编：《一二·九在未名湖畔》，北京出版社1985年）**

7月～11月

先生感染肺病，在家休学半年。

8月

先生第一部诗集《谢了的紫丁香》列为"黄流文艺社丛书之一"，由商务印书馆出版。诗集收新诗50首，主题是"九·一八"事变后，面对国土沦丧、人民颠沛流离的苦难现实倾诉一腔悲愤之情。诗集“开场”篇中写道：“这不是风花雪月的吟哦，这不是娇艳淫丽的诗句，明说吧！这是作者的血，和几千万苦难同胞的泪的交响曲。”

“（《谢了的紫丁香》）是一九三六年诗谱名著之一，以迥异他人的风格，以坚拔豪放的音调，把国家社会作对象，用作者天才的技巧，描绘出来的一部伟大的诗歌……”**（《青年诗人王逊的诗集——〈谢了的紫丁香〉》，《黄流》第3卷第1期，1936年10月）**

“以1936年为例，在这个被称为中国新诗发展的‘黄金年’中，《新诗纪事》共收录66位诗人的71部诗集，……8月份有王逊的《谢了的紫丁香》。……按照上述材料的统计，在全年出版的71部诗集中，在各种中国现代文学史和中国新诗史上经常被提到的只有10部左右。……面对这些陌生的诗人和诗集，新诗研究者应该感到惶恐和不安。这些被主流和经典放逐到边缘的作品，恰恰是形成中国新诗丰富生动的历史场景的最有力的证明。”**（刘福春：《新诗纪事》，学苑出版社2004年）**

10月1日

小说《壮士归》刊于《黄流》杂志第3卷第1期。

评论《看了冰心的〈南归〉后》刊于《文艺月报》第4卷第1期。

散文《十年流水》刊于《清华副刊》第44卷第10期，署名“王孙”。

10月19日

左翼文化运动的领导者鲁迅先生病逝。10月24日清华文学会在同方部举行“鲁迅先生追悼大会”，闻一多、朱自清先生参加并发表演讲。11月1日出版的《清华周刊》《清华副刊》刊登了清华文学会王瑶、孔祥瑛、韦君宜等悼念鲁迅的文章。先生因休学未能参加这些纪念活动，在家作散文《重阳病愈初起》表达对鲁迅先生的深切缅怀——

“三天以前，当我还是躺在家里檐下的时候，报上载着说一个永远年轻的老人死了，我记不清在那一刻我想的是些什么了，我只能回忆起，有一次风沙之日，我碰见一队殡仪，人们抬了一张空空的椅子。那叫人感到悲戚。那上面以前一定坐过人的，但是现在没有了，那人是那样去了呢，躺在永久的遗忘中了吗，那个老人，我以前见过他的相片，他有一双愁苦多忧虑的眼睛，他像一个受了气的大孩子一样的披着已经有了胡须的嘴，我知道他那不是哭。他不过说他过了五十岁还要多的年头，只看见了苦难着的人类的生活，没有拯救的苦难着的生活。而他现在死了。死了很冷的，他生的多寂寞，死了也多寂寞呵，我们将永见不着他了，那一张空空的椅多么嘲笑的告诉了我们这可怕呵。那老人，倔强的过了一生；今日睡倒了，永远睡倒了，睡倒在死的足下。”（**《重阳病愈初起》，《清华周刊》1936年11月8日**）

10月

清华学生蒋弗华、徐高阮主编的《学生与国家》（半月刊）创刊，同年12月停刊。蒋、徐二人是先生在清华的同学、好友，早期中共清华支部负责人、北平“一二·九”爱国学生运动领导者，被称作“元老派”（蒋南翔等被称作“少壮派”），后因公开发表不同意见被开除出党。这是清华“一二·九”运动中左翼力量分化的开始。

“记得‘一二·九’时期大批左派学生在斗争中分化。当时把冲劲大、愿打愿拼的一伙人称为‘少壮派’；会讲马克思主义，主张行动稳健的老资格们被称为‘元老派’。开起会来，两派经常争吵。按其资格，蒋南翔似乎与徐高阮等一齐成为元老派，起先我也迷迷糊糊以为如此。但是后来，元老派徐高阮等把他们的主张在报纸上亮出来，又在自办刊物《学生与国家》中主张，要搞抗日民族统一战线就应该主动取消自己的左派抗日组织，取消民先队，要和国民党的抗日组织统一，这才叫突破老思想框框的新的抗日民族统一战线。蒋南翔这时跟党站在一起，坚决反对他们，而且马上自办刊物《北方青年》，组织一篇篇文章反驳他们。我这才明白谁是什么派，不是按资格老少，而是按政治主张分的。我当时还对老蒋提出：'唉，都是老朋友了，干嘛不将就一点？'老蒋给我分析为什么必须坚持原则割袍断义的道理。”**（韦君宜：《思痛录》，十月文艺出版社1998年）**

11月1日

论文《什么是民族文学和怎样写民族文学》发表于《文艺月报》第4卷第2期。

11月22日

散文《明日的园子》刊于《清华周刊》，署名“黎舒里”。1932年，陈寅恪曾为清华入学考试拟定作文题目《梦游清华园记》，旨在考察学生“诗情”“史笔”和“议论”综合运用的能力。先生这篇散文，从内容题材到表达方式，似乎都是按照陈寅恪先生的命题要求写作的。此时北平即将沦陷于日本侵略者的铁蹄之下，先生感慨“最后的命运”即将到来，清华“明日的园子里”或许会有“蛮人在这里牧马”，不意一语成谶，一年后日军占据清华园，竟然真在清华校园里养起马来。因为这个缘故，随校南迁途中，先生的同学们戏称他是“预言家”。

“……一辆巨大的坦克车，冲上我们的大礼堂，而把那天蓝色的圆穹压下来，能不哀伤愤恼呢。

那样的日子是终究要来的，是一定要来的。一个病患者永远怕秋天。秋天是要来的，只消一阵风，从西北吹来，带来了隔山的寒冷，遮盖了整个园林以浓重的雾，木叶就要摇落了。多黄叶的榛树像缀了璎珞一样的垂了头，可是没有那样的繁华，只如一个沦入匪贼巢中的多珍宝的薄命女。在将来，也许什么都是像这样无助的。日前随着风送来枪声和炮声，我就念到，我们的最后的命运将要来了。但是，我已经觉得不可怕了。真的，毋宁盼它快来。它不来我们是焦灼的，我们是忍耐的，我们已经很勇敢了，因为我们还很年轻的缘故。

我曾拾起过一小片黑色陶片，在路途中。我不知道我为什么要捡起它的，因为它刚好碰上我的足？这一片陶片也许是属于很久远很久远的一个时代的，也许它有个很繁盛的好日子。但是它是不会说的。等千载之下，我们的生命献给历史，我们的住居毁于铁蹄金戈，会再有人走过这同一的道路，也拾起一片我们所遗的，而感怀他自己的命运么？”（**《明日的园子》**）

11月

先生复学，因休学半年，延迟一年毕业。

参与发起成立北平文艺青年协会（**《北平文艺青年协会成立宣言》，上海《诗歌杂志》1937年5月第3期**）。北平文艺青年协会是北平学联领导下的左翼文艺组织，后扩大为北平文艺青年救国会，最多时有会员130余人。

散文《我的故乡》刊于《清华副刊》第44卷第11期，署名“王孙”。

中共中央作出《关于青年工作的决定》，将中国共产主义青年团组织进行根本改造，使共青团变为广大青年群众的组织，并吸收大批共青团员加入中国共产党，清华大学不少参加“一二·九”运动的学生于此时入党。

12月1日

论文《国防文学的文学意识》刊于《文艺月报》第4卷第3期。

12月6日

散文《黑色的行列》《一切都静止了的时候》《白菜、青豆，和冬笋》刊于《清华周刊》，署名“黎舒里”。

“我有一个幻想，幻想创立那样一种宗教，凡我的信徒都要有不食任何食粮，而只嚼食清水中的熟的白菜叶子为生的虔诚，白菜是白的，食用白菜久了的人一定能如大理石一样白，玉一样润泽，赤红的血管潜藏在透明的皮肤下，琥珀一样明亮，人的手臂，腿脚，都生长得如白菜叶中的筋脉一样坚韧，那将创造人类中的一支新的种族。——都有极良善的心，可尊敬的永恒的生命，植物性的食品不仅改变了人的身体，而且改造了人的灵魂。

植物性的生命是自立的，是庄严的孤独，既不侵害他人，也不把自己作为任何不合理的牺牲，人间的烦恼充满了否定自己的意义，世界上繁殖着这样多的人，有血有肉的人，悲剧的继续着惨痛的苦难的生活，而大家为什么不向那一些安静的植物们学习呢。他们也是有生命的，然而很显然的，植物的生命是和虫豸，飞禽，畜兽，人类的生命是不同，而且是高贵的。真的，没有一棵白杨不崇高，没有一株蔷薇不妩媚，令人心悦。这不是很奇怪么，从古到今日，人世有过这样众多的智者，而没有一个指着一棵树对人说道，而更没有一个说这样一句话：‘不吃肉食是幸福的。’”（**《白菜、青豆，和冬笋》**）

12月8日

燕京大学“一二·九文艺社”主办的《青年作家》创刊。

12月12日

“西安事变”爆发。张学良、杨虎城为事变发表通电“东北沦亡，时逾五载，国权凌夷、疆土日蹙，《淞沪协定》屈辱于前，《塘沽协定》《何梅协定》继之于后。凡属国人，无不痛心”，迫使蒋介石“停止内战，联共抗日”。

12月15日

清华8位教授倡议在工字厅召开教授会临时会议，讨论“西安事变”问题。朱自清、冯友兰、闻一多、张奚若、吴有训、陈岱孙、萧公权等7人代表教授会起草《清华大学教授会为张学良叛变事宣言》——

“此次西安变乱，事出意外，薄海震惊。同人等服务学校，对于政治素无党派之见，日夕所期望者，厥为国家之兴盛，民族之康乐，以为苟有能使中国民族达于自由平等之域者，凡我国人皆应拥护。又以为现在对外之斗争，须全国一致，在政府整个计划之下，同心协力，方能奏功。若分崩离析，而侈言抗战，徒为敌人所窃笑。近数月来，统一甫成，而国际观感已有改变，外侮防御，已著功效，方期国家命运渐可挽回，民族危机渐可避免。乃变乱突起，举国复有陷于混乱之虞，长敌国外患之势，寒前线将士之心，事之可痛，无逾于此。夫统一之局，成之甚难，而毁之甚易，辛亥迄今二十余年，始有今日之局。此局一坏，恐世界大势断不容我再有统一之机会。同人等认张学良此次之叛变，假抗日之美名，召亡国之实祸，破坏统一，罪恶昭著，凡我国人应共弃之。除电请国民政府迅予讨伐外，尚望全国人士一致主张，国家幸甚。”**（《清华大学校刊》12月16日第799号）**

12月

随笔《十一月语录二则：上帝和他的子/灵魂的居所》刊于《清华

副刊》第45卷第3期，署名“黎舒里”。

“一个伟大的人格给旁人以更大的欣愉和满足，那是他的小屋子的格外丰丽、炫目的缘故。从那里人们扱取自己的装饰，回去描在自己的墙壁上。因为，他相信，他自己的小屋子也有一日是会灿烂的，成为他的众多的邻居之间最美丽的一个。

人们不可把自己灵魂的居所只当作私自的占有品。人们要把它当作一个世间的奇瑰的创造。上帝造成宇宙。人们也造着宇宙，为他的灵魂之所居。”（**《灵魂的居所》**）

先生经冯友兰先生介绍，加入中国哲学会。

冯友兰（1895～1990），河南唐河人，现代著名哲学家。1915年入北京大学文科中国哲学门，1919年赴美留学获哲学博士学位，历任中州大学、中山大学、燕京大学、清华大学教授。抗战期间任西南联大哲学系教授兼文学院院长，以程朱理学结合新实在论，构建“新理学”体系。1947年任清华大学校务会议主席，1952年任北京大学哲学系教授，中科院哲学社会科学学部委员。

本年

先生担任《清华周刊》第45卷编委、特约撰稿人，并为该卷设计封面。

诗《春蚕曲》发表于《风化》1936年“创刊号”，署名“王孙”。

译文 *Opportunity*（中英对照）发表于《英语周刊》1936年第198期。

1937年　丁丑　民国二十六年　22岁

1月1日

论文《调查民族文学阵容刍议》发表于《黄流》第3卷第3期。

1月24日～27日

中国哲学会第三届年会在南京中央大学举行，先生参加本届年会。

1月30日

诗《出动》刊于《文艺月报》第4卷第4号。

1月

蒋弗华主编的《书人》月刊在上海创刊，至3月终刊，共出版3期，撰稿人主要是朱光潜、沈从文、老舍、曹禺、常风等“京派”作家，先生在该刊发表介绍《中国陶瓷史》的文章。

《书人》创刊号以“中国文化界最近两个宣言”为题，刊发了蒋弗华的《青年思想独立宣言》和沈从文（署名“炯之”）的《作家间需要一种运动》，对“一二·九”运动中政党操控、偶像崇拜等问题表示不满和批评，要求“停止一切制造名词，搬弄观念，歌颂偶像的工作，也停止一切足以诱发青年浅薄的感情，汩没青年的理性与自我的说教。”

2月

国民党五届三中全会在南京举行。中共中央电贺“西安事变”和平解决和即将开始的国共合作。

3月

先生论文《现代音乐的反抗》发表于《今日评论》1937年第1卷第3期，署名“黎舒里”。文章从“结构”和“气质”两方面阐释20世纪音乐对古典音乐美学的反叛，“他们钻入一切音乐的角落里搜寻新的质料以和自己固有的教养混合”，“也许在他们脑子里，什么是音乐这问题的回答，一点也没有，然而他们日日在谱出了新的声音使我们得到新的满足。”

4月1日～23日

教育部第二次全国美术展览会在南京国立美术陈列馆举行，展出作品2339件，包括书画、雕塑、摄影、建筑图型、美术工艺、金石篆刻、善本图书等七部分。此外还配合展览举行了学术讲演、话剧演出和音乐演奏等活动，观众达10万人。

美展期间，滕固主编的《教育部第二次全国美术展览会专刊》由美展筹备委员会印行。专刊收录邓以蛰、滕固、马衡、宗白华、秦宣夫、吕凤子、唐兰、葛康俞、卞僧慧、蒋吟秋、董作宾、袁同礼、蒋复璁、黄文弼、徐中舒、邓懿等艺术史界一流学者的论文18篇，先生的论文《玉在中国文化上的价值》亦收入其中。当时先生年仅21岁，是最年轻的一位作者。此书1938年更名为《中国艺术论丛》，由商务印书馆正式出版。

《玉在中国文化上的价值》是学术界最早对玉文化、玉美学进行探索的论著。文章指出，玉在中国文化上之所以具有宗教、政治和道德的意义，主要是因为它独特的美学价值。玉的“纯粹的美感”是中国人对它“好之不倦”的心理根据。玉的美感成分包括色泽美和光润美：玉的色泽“代表一种最复杂、最不能描写、最不能确定的”自然美，这种神秘的色泽使玉成为人们心目中蓄含了天地自然法则的崇高的美的对象；玉的光润是由人们“敏锐的触觉”体验出的快感，通过联想和记忆，形成中国人独有的美感体验和美感观念，这种美感观念进而深刻地影响着中国所有的艺术门类，诸如绘画、书法、陶瓷、丝绸、漆器、铜器，成为中国独特的美学价值标准。在这篇文章最后，先生创造性地提出了一个十分精辟的美学见解：“在中国，一切艺术趋向美玉。”这是对中国传统艺术、中国艺术精神的高度概括。

滕固（1901～1941），号若渠，著名美术史家，中国近代美术史研究先驱。1931～1932年入德国柏林大学哲学系攻读美术史，获哲学博士学位，接受西方现代考古学、风格学研究方法并运用到中国美术史研究上。回国后历任中山、金陵、中央等大学教授，江苏省党部委员、国际劳工会议代表顾问、教育部学术审查委员会委员及国立艺专校长，发起组建中国艺术史学会，著有《中国美术小史》《唐宋绘画史》《唐宋画论》等。

“4月中旬，教育部举办第二次全国美术展览会。为宣扬本国艺术之特征与价值，传布与展品有关之知识，用以提高社会一般的鉴赏能力，滕固参与主持专家演讲会和发行专刊，分别请徐中舒、邓以蛰、余绍宋、梁思永主讲关于铜器艺术、中国美感探源、国画气韵问题、殷墟发掘品诸问题。在他编辑的《教育部第二次全国美术展览会专刊》一书中，刊登了中国哲学、历史学、考古学、文字学和美学方面的一流学者的文章，冲破了狭隘的学科界限，把美术史研究带进新领域。”**（沈宁：《滕固先生艺术活动年表》，《滕固美术史论著三种》，商务印书馆2011年）**

“历来研究玉美学的学者极少，少的可怜。已故美学家、美术史家、美术理论家王逊先生在其青年时代的1937年发表的《玉在中国文化上的价值》一文，被收入滕固先生主编的《教育部第二次全国美术展览会会刊》中，后编入商务印书馆出版的《中国艺术丛编》一书中。王逊先生提出玉之‘色泽美’、‘光润美’以及‘单纯美’的玉美学的三个论点，发展了和田玉固有的质地和色泽之美及其玉美学观。玉美学是玉之美的升华，是儒家对意义深邃的玉文化的美学阐述。这些阐述为玉美学打下了牢固的基础。”**（杨伯达：《简述中国玉文化——玉学的界定和玉文化的基因论与序列论》，《玉石学国际学术研讨会论文集》，地质出版社2011年）**

“王逊在美术史、美学研究上英才早发，他在大学时期写成的论文《玉在中国文化上的价值》曾被滕固收入《中国艺术论丛》一书中。在论文中他从文献及考古资料论述了从石器到玉器工艺的历史发展，广征博引地阐述了古代社会生活中玉器的政治及道德上的特殊意义和美感，论述之严密精当，很难使人想到系出自一位刚刚二十出头的青年学子之手。”**（陈少丰、薄松年：《辛勤耕耘 风雨不辍——怀念著名美术史论家王逊先生》，《美术》1994年第12期）**

“《玉在中国文化上的价值》是王逊先生青年时代撰写的论文，刊于1938年的《中国艺术论丛》。笔者在1988年主编《中国玉器全集》、遍查有关玉器的资料时发现了此文，读后觉得其角度、观点、结论均异常新颖，但与玉器的研究虽有关联，却无可用的资料，值得以后认真研究，故将其复印本收于柜中，一收便是20年。当笔者由玉器迈进玉文化研究时便想起此文，但因隔年过久，遍寻不得，几经周折，终于于今年找到该文。重新拜读之后，深感王逊先生对玉之美的论述非常深刻，尤其在结语中与柏德‘一切艺术趋归音乐’的名句相对应，提出‘若在中国则可云一切艺术趋向美玉’极其富有哲理的美学观点，对我们研究玉文化的人来说，也是颇有启迪意义的，对艺术史论研究家则更为重要：有无必要将研究的立足点转移到‘美玉’也就是‘玉之美’的角度重新思考，我国古老艺术洪流之美的源头是否在于‘美玉’，我个人的力量有限，史学、美学的底蕴不足，虽无力闯入‘一切艺术趋向美玉’的学术渊薮，但是愿意将《玉文》的复印本赠送给玉界富有哲理思想和美学功底的年富力强的研究人员，请其关注并参考此文。”**（杨伯达：《读〈玉在中国文化上的价值〉有感》，《艺术》2009年第12期）**

4月19日

教育部第二次全国美术展览会期间，中华全国美术研究会成立。

5月2日～14日

中共清华支部书记杨学诚和北平市委书记黄敬等随刘少奇、彭真赴延安参加全国党代表会议。杨学诚等在会上反映了北方学生的思想情绪和疑问，毛泽东在《为争取千百万群众进入抗日民族统一战线而奋斗》**（1937年5月8日，《毛泽东选集》第一卷）**中，解答了他们提出的问题。

5月4日

北平新、旧学联在北平师范大学举行的五四纪念扩大会议上发生流血冲突，进而引发北平文化界纷争，不久因国共两党开始合作而平息。

5月18日

中国艺术史学会在南京中央大学成立，马衡、朱希祖、滕固、胡小石、宗白华、徐中舒、梁思永、董作宾、陈之佛等21人为发起人。滕固《中国艺术史学会缘起》称：“晚近艺术史已成为人文科学之一门，有其独自之领域与方法，非若往昔仅为文化史或美学之附庸也。是以各国学府，设科目以讲求，远绍旁蒐，文献日增，名家辈出，而各民族之艺术创制，因亦大显于世。”而中国传统的艺术研究只重趣味，“求其为艺术史之学问探讨，不可得也。”在这种背景下，引入西方研究方法整理民族文化遗产的任务迫在眉睫，“特发起中国艺术史学会，以期藉组织之力量，使艺术史学问，在中国获得更深切之认识，使吾民族之艺术业绩，在世界文化上获得更正确之评价。”**（《民族诗坛》1939年7月第3卷第3辑）**

5月

在胡适主导下，朱光潜主编的《文学杂志》由商务印书馆出版，至8月全面抗战爆发，共出版4期。《文学杂志》是“京派”文艺的代表刊物，杨振声、沈从文、朱光潜、周作人、叶公超、朱自清、废名、林徽因等8位清华、北大教授组成编委会，撰稿人有朱自清、闻一多、冯至、李广田、何其芳、卞之琳等。先生虽为晚辈，也经常参加他们的聚会，并为“京派”文艺报刊撰写文章。

6月

国共两党庐山谈判，中共提交《御侮救亡、复兴中国的民族统一纲领草案》。

7月7日

“七七事变”爆发，全面抗战开始。

7月9日

蒋介石邀请各界知名人士在庐山举行国是问题谈话会。清华大学梅贻琦校长与陈岱孙、浦薛凤、顾毓琇、庄前鼎等教授及北京大学校长蒋梦麟、南开大学校长张伯苓应邀参加。其间北平卢沟桥事变爆发，清华大学潘光旦、沈履、郑之藩等教授联合北大等校教授密电在庐山开会的梅贻琦、胡适、蒋梦麟等，“务请一致主张贯彻守土抗敌之决心，在日军未退出以前绝对停止折冲，以维国权。”

7月17日

蒋介石就北平卢沟桥事变发表“最后关头”声明：“如果卢沟桥可以受人压迫强占，那么我们百年故都，北方政治文化的中心与军事重镇的北平，就要变成沈阳第二!”“如果战端一开，那就是地无分南北，年无分老幼，无论何人，皆有守土抗战之责任，皆应抱定牺牲一切之决心。”

7月29日

北平沦陷。沈从文在《忆北平》一文中记录了这天的情形——

“第二天，城外炮声全息了，人人都觉得稀奇。我依然出门探消息，只觉得街上冷清清的，一切为巷战作准备的沙包和其障碍物，不知夜里何时都已搬去，守工事的武装兵士也不知何处去了。走了半条街，只发现一顶旧军帽搁在路旁。将近鼓楼时，见街口电灯柱下有个徒手老警官，起脚在那里撕毁昨天学生贴的劳军红标语。追走近他身边，似乎已看出我的用意，嘴角抽缩了一会，方轻轻地说出声来：‘先生，快回家去，不要再上街。我们打了败仗，免轰炸军民，军队全退出城了。’皱纹中叠的眼角，含着两滴眼泪，恰如为了职务上的尊严勉强忍耐住，整整腰间皮带，大踏步走开了。从那群年轻士兵和男女学生市民群眼角，从一个友邦的老太太眼角，从那位老警佐眼角，正反映出困住北平的一百二十万中国人，如何在沉默痛苦中接受这个新的日子。”（《大公报》1946年8月11日）

8月8日

侵华日军举行北平入城式。

8月13日

淞沪会战爆发，一直持续到本年11月。

9月1日

清华大学在长沙成立办事处，筹备接待南下流亡学生。教育部指定梅贻琦、蒋梦麟、张伯苓、顾毓琇、朱经农、皮宗石、杨振声等为临时大学筹备委员，清华、北大、南开三校校长为常务委员。

9月10日

国民政府教育部颁布第16696号令，宣布以清华大学、北京大学、南开大学及中央研究院师资设备为基干，成立“长沙临时大学”。后中央研究院因故未参与，国立清华大学、国立北京大学、私立南开大学三校联合组建“长沙临时大学”。

9月12日

日本宪兵队侵入清华，大肆劫掠清华图书、仪器，并在校园中养军马。至翌年8月，校舍全部被占，清华园彻底沦陷。

9月22日

中共发表“团结御侮宣言”：“一、中山先生之三民主义为中国今日之必需，愿为其彻底的实现而奋斗。二、取消一切推翻中国国民党政权的暴动政策及赤化运动，停止以暴力没收地主土地的政策。三、取消现在的苏维埃政府，实行民权政治，以期全国政权之统一。四、取消红军名义及番号，改编为国民革命军，受国民政府军事委员会之统辖，并待命出动，担任抗战前线之职责。”

9月~11月

先生离开北平，经天津乘船前往青岛探望家人，再南下找学校复学。当时先生一家分于三地：父亲正在南京国民政府经济部供职，抗战爆发后随政府先后迁往武汉、湖南、桂林等地；母亲和弟弟由青岛老家返回北平，又从北平出发，辗转徐州、商丘、宝鸡、汉中、重庆、贵阳，最后抵达父亲工作的桂林；先生则接到南下同学到济南集中的消息，动身前往济南，与清华同学任泽雨、赵俪生、赵继昌等会面后，再辗转到当时的抗战中心武汉，最后抵达长沙。

先生等在长沙路遇朱自清先生，朱自清将他们带到已经转移到南岳的长沙临时大学文学院复学。

“（在济南）我也遇见了王逊，他本是济南人。不久前他在《清华周刊》上发表了一篇散文《明日的园子》，说半夜以后，有咸丰朝伺候王爷的几个宫婢在树丛里窃窃私语，说日本兵已经进驻园子里来了，还在体育馆里养马。后来日本人果然在体育馆里养了马。所以我们把王逊叫‘预言家’。当时他的旅行伙伴是任泽雨，任的父亲是武昌地方法院监狱的典狱长，他邀约我们到武汉，住宿可以在他家里，有时还可以吃饭，以节省旅途开支。他们说，到武汉停一停，去长沙，看一看北大、清华、南开合组的临时大学，可以上就争取个毕业，不可上时再返回北方的交战区，亦不为晚。于是我们三人结成伙伴，在郑州又遇上山西五台的同学赵继昌，四个人一路下湖广地面上去了……我们从南岳市上了山，临时大学的文科各系就在山上。那一夜，我们和王逊、冯宝麟（冯契）、邵森棣、查良铮聚谈了大半夜，次晨依依惜别。”**（《赵俪生高昭一夫妇回忆录·抗战》，山西人民出版社2010年）**

11月1日

长沙临时大学第一学期正式开学，本日后成为西南联大校庆日。长沙临大本部最初设在长沙圣经学校，不久因校舍紧张，文学院迁至衡阳南岳圣经学校分校，称“长沙临时大学南岳分校”。“临大”综合了清华、北大、南开原有的院系设置，设4个学院17个学系。截止11月20日，在校学生共有1452人，其中清华学生631人。

先生到南岳分校时，长沙临时大学已经开学，先生与后来成为著名诗人的穆旦（查良铮）、哲学家冯契（冯宝麟）等4人同住一寝室。此时学生仍时有流动，不少已报到的同学又放弃学业，到前方参加抗战工作了。

“分校最初有教师19人，学生80余人，后陆续增至教职员30余人，学生约190人。其中外文系学生40余人，包括后来与穆旦有较多交往的王佐良、周珏良、赵瑞蕻、李赋宁等人。穆旦所在宿舍共有4人，后来成为美术史家的王逊是其中之一。教师则包括朱自清、闻一多、吴宓、冯友兰、叶公超、英籍教师燕卜荪等人。”**（易彬：《北平，长沙，昆明——迁徙中的穆旦》，《汉语言文学研究》2012年第2期）**

“（杜）运燮从北京听到王逊（你知道他吧）已死，据说是饮酒多而致死的（系误传，编者注）。这也使我震动了一下。我和他曾在南岳住同屋三个月，当时共有四个人，死了三个，只剩下我一个了。想我们当时热热闹闹的过的日子，犹在目前。我现在也每天饮一点酒，大概不致像他吧。”**（穆旦：《致杨苡》，1973年10月15日，《穆旦诗文集》，人民文学出版社2007年）**

“分校教学条件极差，既无图书，也缺教材。开学之初，连小黑板也不能满足供应。教授随身带出的参考书不多，有时须到南岳图书馆去寻找必要的资料。讲课只能凭借原有的讲稿，作些修订补充……夜晚，菜油灯光线暗弱，无法在灯下看书（学生也无书可看），只好在宿舍议论战争形势。有的教授也常去学生宿舍参加讨论、漫谈。师生接触机会较多，关系融洽，在交谈中自然也涉及专业知识、治学方法，因此颇有古代书院的风味。”**（西南联合大学北京校友会编：《国立西南联合大学校史》（修订版），北京大学出版社2006年）**

“南岳是个偏僻地方，报纸要两三天以后才能看到，世界注意不到我们，我们也渐渐不大注意世界了，于是在有规律的上课与逛山的日程中，大家的生活又慢慢安定下来。半辈子的生活方式，究竟不容易改掉，暂时的扰动，只能使它表面上起点变化，机会一来，它还是要恢复常态的。

讲到同学们，我的印象是常有变动，仿佛随时走掉的并不比新来的少，走掉的自然多半是到前线参加实际战争去的。但留下的对于功课多数还是很专心的。”**（闻一多：《八年来的回忆与感想》，《联大八年》，新星出版社2013年）**

当时南岳大师云集，学术空气浓厚，讲学之风甚盛，学生可以自由聆听冯友兰先生讲中国哲学，汤用彤先生讲印度哲学，金岳霖先生讲逻辑，闻一多先生讲《诗经》，钱穆先生讲中国通史，吴宓先生讲西方文学史……正如先生好友李赋宁所说：“生活在这样的学术气氛中，耳濡目染，受到不自觉的熏陶，这对我们选择今后的生活道路无形中也起了决定性的影响。”**（李赋宁：《〈三言两语诗文集〉序》，2002年）**

相比昔日清华园的优裕，南岳生活单调清苦，无论师生都是4人一个房间，除随身带来一些书籍和研究资料外，没有图书馆，也无处购置书籍。此时文学院的先生们除坚持日常教学外，仍不舍昼夜勤奋著述：陈寅恪先生的《隋唐制度渊源略论稿》、钱穆先生的《国史大纲》、闻一多先生的《楚辞》《诗经》笺证、冯友兰先生的《新理学》、汤用彤先生的《中国佛教史》大都完成于此时。在与这些前辈师长的朝夕晤对中，先生也深受教益，更加专注于学术。

“一日，余登山独游归来，始知宿舍已迁移，每四人一室。不久即当离去。时诸人皆各择同室，各已定居。有吴雨生、闻一多、沈有鼎三人，平日皆孤僻寡交游，不在诸人择伴中，乃合居一室，而尚留一空床，则以余充之，亦四人合一室。室中一长桌，入夜，一多自燃一灯置其座位前。时一多方勤读《诗经》《楚辞》，遇新见解，分撰成篇。一人在灯下默坐撰写。雨生则为预备明日上课抄笔记写纲要，逐条书之，又有合并，有增加，写定则于逐条下加以红笔勾勒。雨生在清华教书至少已逾十年，在此流寓中上课，其严谨不苟有如此。沈有鼎则喃喃自语，如此良夜，尽可闲谈，各自埋头，所为何来。雨生加以申斥，汝喜闲谈，不妨去别室自找谈友。否则早自上床，可勿在此妨碍人。有鼎只得默然。雨生又言，限十时熄灯，勿得逾时，妨他人之睡眠。翌晨，雨生先起，一人独自出门，在室外晨曦微露中，出其昨夜所写各条，反复循诵。俟诸人尽起，始重返室中。余与雨生相交有年，亦时闻他人道其平日之言行，然至是乃始深识其人，诚有卓绝处。非日常相处，则亦不易知也。”**（钱穆：《八十忆双亲·师友杂忆》，三联书店2005年）**

此时，英国诗人燕卜荪来校任教，深受同学们的爱戴。先生对现代诗素有兴趣，除听课外，还常去其宿舍交谈。燕卜荪在南岳时写下的著名长诗《南岳之秋》（*Autumn in Nanyue*，收入其诗集《聚集着的风暴》*The Gathering Storm*，1940），以诗人特有的敏感和细腻，记录下时代风云际会下南岳师生们的内心感受——

“‘灵魂记住了’——这正是/我们教授该做的事，（灵魂倒不寂寞了，这间宿舍/有四张床，现住两位同事/他们害怕冬天的进攻，/这个摇篮对感冒倒颇加鼓励。）/课堂上所讲一切题目的内容/都埋在丢在北方的图书馆里，/因此人们奇怪地迷惑了，/为找线索搜求着自己的记忆。/哪些珀伽索斯应该培养，/就看谁中你的心意。/版本的异同不妨讨论，/我们讲诗，诗随讲而长成整体。”

“左派人物的议论完全不靠/反抗和慈悲来发出异彩。/他们要的也正是我们都要的，/即整个制度不发生停摆。/马克思的真正高明之处/在于他把高度的献身气概/结合了一种看来可靠的证据，说明/所有跟随扫罗王的必遭火灾。/斯大林补充了一条，/他说那些人不会自己下台，/而必须用脚把他们往土里踩，/（但他那新生的国家还未成材，/他最好不要贸贸然把玩笑开。）/这就使他们只能背水一战定胜败。”**（王佐良译，节选自丹妤编：《清华九十年美文》，清华大学出版社2001年）**

11月12日

上海沦陷。

福开森致函北平和平维持会，建议保留清华大学，未果。

11月20日

国民政府宣布迁都重庆。

12月13日

南京沦陷。

1938年　戊寅　民国二十七年　23岁

1月20日

长沙临时大学常委会第43次会议决定将学校南迁昆明。

2月～5月

徐州会战。其间中国军队“台儿庄大捷”，极大鼓舞了全国人民抗敌意志，并为武汉会战赢得准备时间。

2月10日

长沙临时大学公布“准予赴滇学生名单”，总计878人，约占长沙临时大学学生总数一半，先生名列其中。由于战时交通困难，决定分两路转移：第一路女同学和体弱男同学由粤汉铁路到广州，经香港转越南海防，再由滇越铁路入滇；第二路同学沿湘桂公路到桂林经柳州、南宁、越南入滇。此外，另有200余名男生和部分教授组成湘黔滇旅行团步行至昆明。

先生因前一年大病初愈，身体虚弱，随第一路辗转至昆明。

3月27日

中华全国文艺界抗敌协会在汉口成立。

4月

先生到达昆明。

教育部以命令转知：奉行政院命令，并经国防最高会议通过，国立长沙临时大学更名为“国立西南联合大学”(The National South-West Associated University)。

国民党临时全国代表大会选举蒋介石为总裁，通过《抗战建国纲领》。

延安鲁迅艺术学院建立，初设戏剧、音乐、美术三系。

5月4日

国立西南联大开始上课。初期因校舍不敷使用，理学院、工学院在昆明，文学院、法学院在蒙自。先生在蒙自度过了近3个月的时间，直到暑期毕业。

“蒙自是云南最早开放之地，当地人出以同胞之情和对文化人的崇仰，慷慨接纳了联大师生的到来。政府安置，士绅让房，把这些流亡师生安顿在风景秀丽的南湖之滨，住进了最好的房子。空置的蒙自海关税务司署旧址大院，被用作分校的课室和办公机构；单身教师和学生就住在临近湖岸的哥胪士洋行楼内，这是当年蒙自难得一见的西式楼房；带家眷的教师和女生则住在南湖北边的城里。那时在这些楼内暂栖过的大名鼎鼎的教授有：陈岱孙、郑天挺、陈寅恪、闻一多、朱自清、冯友兰、钱穆、吴宓、叶公超、汤用彤、燕卜荪、马约翰。而今，哥胪士洋行旧楼内已辟出西南联大校史和闻一多先生事迹的陈列室。”**（沈坚：《西南联大在蒙自》，《文汇报》2011年12月8日）**

“联大文法学院，最初设在蒙自。蒙自风景颇佳，小巧幽静，物价极低，人民生活很安闲，联大师生，刚从炮火的威胁下，进入这个静而美的环境，颇有感到静的苦闷的。有的人因为找到了读书佳地而欢喜，但是书籍缺乏，且在蒙自为时很短，所以也没有完成什么工作计划。

联大同学初到蒙自时，很多西装革履，当地兵士以为中央要员，常向他们立正敬礼，弄得他们啼笑皆非。蒙自又产藤杖，价廉物美，联大学生人各一支，神气十足。”（**《蒙自生活点滴》，《联大八年》，新星出版社2013年**）

5月

厦门、合肥、徐州相继沦陷，武汉会战开始。

此时，在西南联大师生中，“抗战的成绩渐渐露出马脚，有些被抗战打了强心针的人，现在，兴奋的情绪不能不因为冷酷的事实而渐渐低落了。”（闻一多语）

7月6日

《西南联合大学校刊》（周刊）创刊，至本年8月停刊，共出版7期。

7月7日

卢沟桥事变周年，西南联大文法学院全体师生冒雨举行纪念礼。蒙自分校主席樊际昌致词，冯友兰讲话。师生在校内还举行了“献金救国”活动。

7月

武汉大撤退，先生父亲王兆咸被资源委员会派往湖南辰溪。辰溪煤矿素以质量优良著称，战时国民政府将一批工厂内迁辰溪，能源需求量剧增，先生父亲受命在辰溪煤业办事处督办战时煤矿开采和运输。

云南大学由省立改为国立。熊庆来先生主持云南大学，提出“慎选师资”、“培养研究风气”的办学方针。

先生三弟王迁抵达昆明继续学业，一年后考入西南联大。

8月

先生毕业于国立清华大学哲学系。因在清华休学一年，先生随“清华十级”一同毕业，本届学生也是西南联大第一届毕业生。毕业之际，朱自清先生为“清华十级”题词：“……诸君又走了这么多的路，更多的认识了我们的内地，我们的农村，我们的国家。诸君一定会不负所学，各尽所能，来报效我们的民族，以完成抗战建国的大业的。”冯友兰先生题词：“第十级诸同学由北平而长沙衡山，由长沙衡山而昆明蒙自，屡经艰苦，其所不能，增益盖已多矣。”

据清华大学档案馆现存“国立西南联合大学学生注册片”，先生学号为“10号”，英文名“Wang Hsun”，“二十七年八月在文学院哲学系毕业”，毕业学校为“清华”（楷字红印）。

9月

经历史学家吴晗（时任云南大学教授）介绍，先生到云南省立昆华师范（现昆明师范高等专科学校）讲授国文、逻辑，并任该校训育主任、代事务主任、图书馆主任。

9月28日

日机首次轰炸昆明，昆明市民在此次空袭中丧生190人。先生所在的昆华师范被炸，其中包括西南联大（当时租用昆华师范部分校舍）军事教官及其幼子。据统计，自本日起至1944年12月24日，日机共出动63批1268架次飞机空袭昆明，其中35批646架次空袭市区，炸死居民1169人。从此，“跑警报”成为先生昆明生活的组成部分。

9月～10月

西南联大文法学院从蒙自迁至昆明。

昆华师范遭日军空袭后，校舍受损严重，全校师生被疏散至晋宁，先生随往。

经杨振声先生推荐，本年起，沈从文先生受聘任西南联大国文系教授。先生在北平就与沈从文有交往，出于对文物鉴赏、美术史和文艺创作等方面的共同兴趣，在昆明更是时常往来，成为挚交。课余时间，先生常去沈先生在文林街和呈贡龙街的家中拜访，有时还留住沈家作竟夕之谈。

沈从文（1902～1988），湖南凤凰人，现代著名作家、文物学家。早年随土著部队流徙于湘、川、黔等地，1922年受五四新思潮吸引来到北京，在艰苦条件下自学写作，作品受到文坛关注。1930年赴青岛大学执教，不久回北平接编《大公报·文艺副刊》，成为京派代表作家。抗战爆发后至西南联大任教，1945年在北京大学任教，同时主编《大公报》《益世报》文艺副刊。1949年后在中国历史博物馆、故宫博物院研究中国古代服饰和物质文化史。

“想不到十年后在昆明居然认识了这位作家（指沈从文，编者注）。当时他住在文林街二十号的小楼上，和我同王逊合住的昆中北院只隔一个操场，中间有一株大树（那树八三年还看到，稍形憔悴了），后来同王逊和两位女人去呈贡沈家作客，受到主妇的殷勤接待，住过一次或二次，沈先生工作紧张，我们虽属比邻，经常不多闲暇。到了他家里才有机会听他的高谈。”（**［美］钟开莱：《〈沈从文笔下的中国〉中译本代序》，《上海师范大学学报（哲学社会科学版）》1986年第2期**）

10月

广州、武汉沦陷。

11月30日

西南联大第95次常委会决定以“刚毅坚卓”为校训。

12月29日

汪精卫公开投敌叛国。

本年

滕固主编《中国艺术丛编》由上海商务印书馆出版，书中收录先生的论文《玉在中国文化上的价值》。

先生编写《中华文学发展史问题解答》一书，由昆华师范内部印行。

1939年　己卯　民国二十八年　24岁

年初

先生随昆华师范疏散到晋宁，其间考察了当地传说中的“石将军像”（实为北方天王摩崖石刻）并作笔记。三年后，又作《云南北方天王石刻记》辨其源流。晋宁石将军山石刻在今云南省晋宁县上蒜乡石将军山崖壁之上，先生记其地势样貌及遗存像塔制式——

“山势奇兀，石壁嶙峋，远瞩如北宗斧斫山水。像为薄肉雕，高一丈五六尺，富野旷气息，手法甚粗略简单。天王身披甲胄，头戴宝冠，耳下有缨络，双目如铃，大鼻阔目。……塔一与塔二制式迥异。塔二为十一层，……其外部轮廓曲线为滇省佛塔所习见者，亦即嵩岳寺十三角十五层砖塔之大概制式。塔一制式，从塔的演变历史看，居窣堵婆与塔二之间，略似犍陀罗塔制式，亦即西藏式塔制式。像左下方作颜体正书：‘大圣毗沙门天王像’。”**（《云南北方天王石刻记》，《文史杂志》1944年2月第3卷3、4期合刊）**

3月

南昌沦陷。

第三次全国教育会议在重庆召开。其间参会的美术史家、国立艺术专科学校校长滕固召集有关学者商议本年秋在重庆、昆明两地同时举行中国艺术史学会年会，后未能举办。

4月

《云南大学学报》创刊（第1类第1号）。

清华评议会公布第六届留美公费考试科目，人文社科领域拟选派英文、西洋史、哲学、人口、政治、刑法、会计、工业经济8个研究方向的留美学者。先生备考“哲学”方向，但最终教育部批复的选派方向只余“西洋史”“社会学”“师范教育”三项。嗣后又因太平洋战争爆发，本届考试延至1943年8月才进行。

5月

日机轰炸重庆，死伤数千人。德、意法西斯签订同盟协定。

国立西南联大决定自本年起恢复各校研究院（所）设置并开始招生。

7月11日

西南联大第112次常委会决议，通过罗庸作词的《国立西南联合大学校歌》：

“万里长征，辞却了五朝宫阙。/暂驻足衡山湘水，又成离别。/绝徼移栽桢干质，九州遍洒黎元血。/尽笳吹弦诵在山城，情弥切。

千秋耻，终当雪。中兴业，须人杰。/便一成三户，壮怀难折。/多难殷忧新国运，动心忍性希前哲。/待驱除仇寇复神京，还燕碣。”

7月

经严格选拔，先生考取清华研究院文科研究所研究生。清华研究院最早成立于1925年，1929年撤销。西南联大时期，清华研究院恢复招生，先生为第一届研究生。

西南联大时期，清华研究院包括文科研究所、理科研究所，文科研究所分哲学、史学、文学、语言四部。本年文科研究所哲学部仅招收2名研究生，研究方向为“中国魏晋南北朝哲学”，导师为冯友兰、金岳霖、汤用彤。据西南联大学生后来回忆，“当年联大清华文科研究所入学考试之难，不是现在考研的人可以理解的。其实能考入，就已经是专业上的半个专家了。”

本年清华研究院文科研究所入学考试科目和命题人是——

《英文》：吴宓、叶公超；《西洋文学史》：吴宓；《西洋文学名著》：吴宓；《法文》：吴达元；《德文》：杨业治；《国文》：朱自清、罗常培；《逻辑》：金岳霖；《中国哲学史》：冯友兰；《西洋哲学史》：冯友兰。

“王逊君前年毕业后，在此间师范学校任教一年，去夏考取本校研究院。王逊君与多时相过从，信寄昆明西南联大，定能投到。”**（闻一多：《闻一多书信选集/1940年致赵俪生》，人民文学出版社1986年）**

“在1939～1946年期间的研究生中，不少后来成为著名学者和学术带头人。例如，清华文科研究所有王木式、李赋宁、王逊、周珏良、季镇淮、王浩、王瑶、丁名楠等；清华理科研究所有杨振宁和后来成为中国科学院院士（学部委员）的钱伟长、王伏雄、陆宝麟、吴征镒、应崇福、郝诒纯、涂光炽和工科研究所的林为干。”**（西南联合大学北京校友会编：《国立西南联合大学校史——1937至1946年的北大、清华、南开》，北京大学出版社1996年）**

“1939年5月底联大决定由各校分别恢复研究所，……当时文科研究所力量很强，地点在云南大学附近、青云街靛花巷内。以后由于市区连遭日机轰炸，文科研究所迁往昆明北郊龙泉镇（俗称龙头村）外宝台山响应寺，距城二十余里，是个宁静优美的僻乡。当时导师有汤用彤、陈寅恪、罗常培、姚从吾、向达、唐兰、郑天挺、傅斯年等，…… 1939年暑假正式招生，考选全国各大学毕业生入学，每月发给助学金，并可在所寄宿用膳。所中借用历史语言研究所和清华图书馆图书，益以各导师自藏，公开陈列架上，可以任意取读。研究科目哲学、史学、文学、语文四部分，可就意之所近，深入探研，无所限制。研究各有专师，可以互相启沃。”**（郑天挺：《我在联大的八年》，《中华读书报》2007年12月5日）**

先生三弟王迁考入西南联大电机系。

9月

先生入清华文科研究所学习。据现存清华大学档案馆的“国立清华大学研究院学生注册片”显示，先生学号为“189号”，研究部别为“哲学部”，家庭通讯处为“湖南辰溪　辰溪煤业办事处”（先生父亲当时所在地）。注册时间为“中华民国二十八年九月廿六日”。

由于汇聚了清华、北大、南开三校师资，西南联大人文社会科学领域名师荟萃，济济称盛。据同年考入北大文科研究所的任继愈回忆——

“人文科学、社会科学方面，西南联大教师们的成就当年在全国也是领先的。……比如闻一多研究《诗经》《楚辞》，文献考证功力深厚，他后来利用西南地区民族、民俗的活化石，使他的学术造诣开了新生面。语言学大师罗常培，利用西南地区的特殊条件（云南省就有22个少数民族）开辟了少数民族语言新领域，为我国培养了新一代的民族语言研究人才，如马学良、傅懋绩等人都成为国际知名的专家。新中国成立民族语言研究所，这些青年学者成为骨干，为少数民族创制新文字，这批专家成了主力军，我国少数民族学的基本队伍是联大时期培养的。贺麟创立‘西洋哲学编译会’，主持西洋哲学名著翻译工作，造就了不少哲学翻译人才。新中国成立后商务印书馆出版的西洋哲学名著系列丛书，主要是西南联大时期的一批青年学者完成的。他还系统介绍黑格尔哲学，新中国的黑格尔研究，贺麟有开山功劳。金岳霖的《知识论》是他在联大的讲稿，他的哲学著作《论道》是他跑警报时在山坡上构思完成的代表作。汤用彤的《汉魏两晋南北朝佛教史》出版半个多世纪以来，国内外还没有一部著作可以取代它的权威地位。熊十力的《新唯识论》是这一时期完成的。洪谦是向国内学术界介绍维也纳学派的第一人。钱穆的《国史大纲》出版的扉页上写着‘谨以此书献给抗战的百万将士’，这部中国通史成为各大学首选的教材。历史系雷海宗讲授中国通史，他上课只带几支粉笔、不带讲义书本，能将历史事件、年代讲授得准确无误。结合他丰富的世界史知识，把中国古代史放在世界历史的大范围内来观察，使学生增加了知识，开拓了眼界。陈寅恪讲‘佛典翻译文学’选修课，上课时带了一包袱书，从不翻看，娓娓讲来，令听者忘倦……

北大中文系教授罗庸讲‘唐诗’课，第二年清华中文系教授闻一多也开‘唐诗’课。闻一多讲选修课《楚辞》，第二年罗庸也开《楚辞》。两人讲授的风格、内容各异，同学受益很多。沈有鼎为哲学系开《周易》课，听讲只有三五个学生，闻一多也杂坐在学生中听讲。郑昕开‘康德哲学’课，数学系教授程毓准也来听课。陈寅恪讲‘佛典翻译文学’，中文系、历史系、哲学系的助教、讲师多来听课，本科生反倒不多，陈遂有‘教授的教授’的称号。”

（任继愈：《抗战时期西南联大散记》，《江淮文史》2010年第6期）

彼时西南联大哲学系，云集着近代以来中国最为出色的一批哲学家，他们“讲议乎经，咏思乎文”，尽管各人秉性不同、学养各殊，学术见解、教学方法也异彩纷呈，但在民族危难之际复兴文化的使命感、严谨务实的治学态度、相互包容的学术品格却是一致的。1939年考入哲学系本科的郑敏回忆——

“那时正处于抗战时期，是中国最复杂、最严峻的关头。学习环境亦十分艰苦，教舍很破，一面墙，围着一块荒地，后面都是坟；铁板盖着的房子，有门有窗，但窗子上没玻璃，谁迟到了就得站在窗子边上旁听吹风。逃警报是经常的。警报一响，老师和学生一起跑出铁皮教室，跑到郊外的坟地底下，趴下来，只见得飞机在我们的头顶上飞过。

图书馆是一个很大的筒仓，藏书很少，也没有上架一说。记得《西洋哲学史》大家都要抢着看。走进食堂，大家站着吃饭，挑着米饭里的沙子、小石头和稗子。所谓蔬菜都是很清的汤水漂着几根菜，肉是不常见的。

在西南联大读书期间，我们非常幸运，因为在我的老师里有很多大师。冯友兰，教我们‘中国哲学史’，他独创的‘人生哲学’对我影响非常大；郑昕，专门研究康德；汤用彤，教‘魏晋玄学’；冯文潜，是南开大学教授，教‘西洋哲学史’、‘美学’。后来还从维也纳回来一位老师（指洪谦，编者注），教得非常现代，我都听不太懂。几乎那个时代所有的哲学大师都给我上过课，受益极深。”

“汤用彤个子比较小，治学非常严谨，讲的又是玄学，给大班上课时嗓门特别大。数理逻辑学家沈有鼎教我们逻辑学，他讲课时总喜欢盯着自己的手，让我们很纳闷，可惜逻辑课我就没怎么懂。印象最深的是郑昕的康德课。郑昕较年轻，他讲的是一个永远永远没有办法解决的问题：是否有超生死的物本身存在？康德在这个问题上困惑了很久，郑昕似乎也一直在这里面矛盾和挣扎，现在看来，这个问题似乎也没有办法解决。

我觉得西南联大教育一个最大的特点，就是每个教授——他这个人跟他所学的东西是融为一体的。所有的教授跟自己所思考的问题合成一身，好像他的生命就是这个问题的化身，他们的生活就是他们的思想，无论什么时候都在思考。这对我的熏陶极深，我就生活在一个浓厚的学者的文化艺术氛围里面，这种无形的感染比具体知识的传授要大得多，像是注入了一种什么东西到我的心灵里面，以后我对艺术的尊敬、对思考的坚持，都是从这里来的。

西南联大的教育就有点像孔子带着他的弟子们走来走去，老师整个地就成为思考的化身，这种精神是我以后在任何学校都找不到的。

从教学方法看，联大的教授们注重启发式教学，如预先指定相关参考书，提出一些供学生思考的问题，然后学生带着问题看书。上课时老师边讲授边与学生议论，向学生介绍自己的研究体会，或是组织课间讨论，教师引导、启发。许多教授还抽时间对有研究兴趣和学有专长的学生予以专门辅导。名师授课，由于受课程名额和开课时间的限制，我们学生选课往往犯难，令人目不暇接。鱼和熊掌不可兼得，只好抽空旁听，于是时有爆棚现象，旁听人数竟达数百，以至有的教授不得不三易教室，最后只好在露天上课。”**（郑敏：《回望我的西南联大》，《中国教育报》2012年3月16日）**

哲学课程以外，先生还经常旁听西南联大历史教授陈寅恪、钱穆、雷海宗，国文教授闻一多、朱自清、杨振声、沈从文诸前辈的课程，转益多师，兼挹诸家之长。先生后来回忆，他的美术史治学方法主要受西南联大历史系和国文系考据方法的影响。先生好友、历史学家何炳棣回忆——

“我通检《国立西南联合大学史料》‘教学，科研卷’，发现1938～1939年钱穆的中国通史列为甲组，雷（海宗）的通史列为乙组；自1939～1940年起吴晗授甲组中国通史，雷师的通史列为乙组；1942～1943年，吴晗、孙毓棠、雷海宗分别讲授甲、乙、丙三组中国通史。当时的理由是甲组较详于史实与制度，最适合人文社科学生的需要，乙组史实及制度稍为简略，宏观视野及分析综合比较适合理工及不以历史为专业学人的需要。

一、当时联大助教学生求知若渴，胸怀开朗，决无门户之见。

例如1939年秋我初抵昆明，丁则良学长即兴奋地告我，年前钱穆先生的中国通史，尤以唐宋间经济重心之南移，甚为精彩，其《国史大纲》即将问世，不可不读。钱氏之长无伤于我们对雷氏通史的服膺。我们那时吸取各家之长还来不及，怎会尽先去挑剔老师们的短处。

二、当时助教学生中不少人相信欲知中国文化的特征，多少必须略知人类史上其他文化的同异与盛衰兴亡的各个段落，否则难免井蛙之识。”**（何炳棣：《被忽视的“雷海宗的年代”——忆雷海宗师》，《历史教学》2004年第5期）**

先生在西南联大文科研究所期间，与同学钟开莱（数学家）、李赋宁（语言学家）、丁则良（历史学家）、王永兴（历史学家）、任继愈（哲学家）等同住昆华中学北院宿舍。

先生短文《异样的局戳》刊于《邮花杂志》第1卷第9期，署名“王孙”。

德国闪击波兰，英、法对德宣战，第二次世界大战在欧洲爆发。

10月

第一次长沙战役结束。

12月

吴佩孚在北平病逝。

本年

冯友兰《新理学》出版，为其抗战期间撰著的“贞元六书”之第一种。

据先生师友回忆，约在1939～1942年间，先生在《云南日报》等报刊发表过不少作品，其中包括国内发表最早的里尔克评论文章和对沈从文散文集《烛虚》的评论等。这时期，与先生交往较多的师友有闻一多、沈从文、林徽因、杨振声、金岳霖、冯至等。

“1939年我到昆明不久，就在《云南日报》上读到一篇关于这本书（里尔克：《给一个青年诗人的十封信》）比较深入的评论，过些时我才知道作者王逊是一位年轻的美术研究者，在云南大学教书，不久我们便成为常常交往的朋友（不幸他于六十年代在北京逝世了）。”**（冯至：《给一个青年诗人的十封信·重印前言》，三联书店1994年）**

“王君山东人，或者由于滨海的关系，一身清气，大有浊世翩翩佳君子之慨。他读哲学，而却喜美术鉴赏，留下一部《中国美术史》。能写散文和小诗，那时发表的有《河上的图》《烛虚颂》诸篇。王君豪放善饮，然而若有抑郁不得意者，终于没有能留下更多的关于美术方面的论述。”**（鲲西：《三月书窗》，上海远东出版社1997年）**

“现藏大英博物院，成为世界珍品之一，相传是晋人顾恺之画的《女史箴图》卷。那个图画的用意，当时本重在注释文辞，教育女子，现在想不到仅仅对于我一个朋友特别有意义。朋友×先生，正从图画上服饰器物研究两晋文物制度以及起居服用生活方式，凭借它方能有些发现与了解。”**（沈从文：《烛虚》，文化生活出版社1941年。文中“朋友×先生”，即指先生，编者注）**

“去年和王勉（鲲西）先生联系，他说他、外子和王逊先生均在《云南日报》（30年代末，40年代初）上发表过文章，我看您编的《文集》中，并没有收。不知您是否注意过此事？我现在在北京还没找到这个时期的《云南日报》，如果您有什么线索，请示之。”**（王永兴夫人李锦绣致编者信，2009年4月24日）**

1940年　庚辰　民国二十九年　25岁

1月

毛泽东发表《新民主主义论》，提出要建立“民族的、科学的、大众的”新文化。“清理古代文化的发展过程，剔除其封建性的糟粕，吸收其民主性的精华，是发展民族新文化提高民族自信心的必要条件；但是决不能无批判地兼收并蓄。必须将古代封建统治阶级的一切腐朽的东西和古代优秀的人民文化即多少带有民主性和革命性的东西区别开来。”（**《中国文化》，延安1940年2月“创刊号”**）

2月

日本南下战略已现端倪，先生评论《战神笼罩下的星洲》发表于《半壁》第1卷第2期。文章预测星洲（新加坡）即将成为日军目标，翌年底，日军开始进攻马来半岛，至1942年2月，驻守新加坡的英军投降，新加坡全部沦陷。

3月

汪伪“国民政府”在南京成立。

先生书评《评福开森氏〈中国艺术综览〉》发表于《图书季刊》新2卷第1期。本期《图书季刊》还刊有先生另外两篇短评，分别介绍

《中国陶瓷目》（*Catalogue of the Chinese Pottery and Porcelain, 雅典Benaki博物馆，1939年*）、《东方陶瓷学会会志（1938年）》（*Transactions of the Oriental Ceramic Society, 伦敦Shenval Press, 1938年*）两书。

本年度商务印书馆出版了福开森代表作《中国艺术综览》英文版。先生撰写书评，赞赏著者在整理、研究和推介中国古代艺术方面付出的努力："福开森氏系一深彻了解中国艺术之欣赏家"，《中国艺术综览》"虽属概论性质，而连贯构成一部有头尾的、综合的艺术史，专门学者或嫌简略，但对于一般人士或西方之爱好艺术者，不失为一部可资参考阅读的著作。"文章对全书在内容结构（艺术分类）、艺术鉴赏、风格流变、文献征引及名词术语翻译等方面存在的问题一一予以考订，显示出先生对各门类艺术广博全面的修养和深湛的研究功力。例如先生认为青铜器上的"饕餮纹"，与汉代石刻铺首、甲骨文"羊"字以及古埃及白羊宫符记都存在一定联系，对于此种纹饰的起源"尚难遽定"，"此亦极有趣味、值得多方面探讨的问题"；又如福开森认为明代是中国家具鼎盛时期，先生则指出，得出这样的结论主要是因为"明以前旧物保存者少"，他引汉画像、敦煌绢画、宋画中出现的家具，古代文献记载的三国名工潘芳制作的金螭屏风为例，说明历代家具均有其独特的艺术价值，"精美辉煌"不逊于明代。先生对书中一些精辟见解也表示了赞赏，如"福氏论及玉的美感条件，谓触觉的享受，是东方美感观念所独有，如果仅欣赏玉的形制而不能领会它的触觉美，未能称为欣赏，数语具见卓识。"先生认为全书最完善的部分是《铜器》卷，"福氏对于中国铜器研究有素，此卷条理明晰，持论谨严，……所举各式花纹，亦极详尽。"

福开森（1866～1945），美国传教士，清末来华创办汇文书院，协办南洋公学，历任盛宣怀、端方、刘坤一、张之洞及北洋政府、国民政府行政院顾问，旅华57年，对中西文化交流卓有贡献。

他一生热衷收藏中国文物，是故宫博物院唯一外籍“鉴定委员”，1934年将全部藏品捐赠金陵大学，现陈列于南京大学考古与艺术博物馆。

4月

林同济、雷海宗等在昆明创办《战国策》半月刊，在文化界引起很大影响，被称为“战国策派”。

5月10日

丘吉尔出任英国首相。

5月12日

吴宓先生倡议发起“石社”。“石社”又称“红楼梦研究会”，是由西南联大师生组成的红学史上第一个学术研究团体，先生参与其中并受吴宓之托安排“石社”有关活动。

“为了把志趣相投的师生聚拢起来，尽情畅谈《石头记》，在吴宓的倡导下，红学史上第一个具有学术社团性质的红学组织‘石社’（一称‘红楼梦研究会’）于1940年5月12日成立。据当天的《吴宓日记》，此组织以‘研究《石头记》为职志’。两年后，吴宓的业余红学讲座越办越频繁，重建‘石社’的工作遂付诸实施了。1942年6月28日，吴宓上午与哲学系讲师王逊谈论《石头记》，下午复函致生物系助教张尔琼谈红学讲座，均涉及‘石社’重建事宜。……1943年2月7日，‘石社’举办了研讨会。该学术团体的组成人员以西南联大外文系为主，旁及中文、历史、哲学心理学等系及外校师生，先后参加活动的可知姓名者有顾献梁（总干事）、黄维、朱宝昌、刘文典、王逊、张尔琼、翁同文、王般、李赋宁、沈有鼎、关懿娴……等，估计总数有三十人左右。”（**沈治钧：《平**

生爱读〈石头记〉——吴宓恋石情结摭谭》，《红楼梦学刊》2010年第二辑）

6月

旅英学者蒋彝在伦敦出版英文著作《八法南鍼》（*Chinese Calligraphy, Methuen Press, 1938*），《图书季刊》新2卷第2期发表先生书评，认为“书中叙述中国书法之技巧与欣赏，大致明晰简易，有助于西人之了解。惟多囿于前人旧说，因袭引申，无独到之创见。”

英法军队敦刻尔克撤退，德军占领巴黎，法国投降。

7月

日军攻占越南，切断战时中国海路运输的国际交通线。先生所在的昆明由后方变为前线，成为日军主要轰炸目标。

8月1日

昆明广播电台开播，这是抗战时期中国功率最大的广播电台。昆明电台主要依托西南联大师生作为编播主体，用19种语言对外广播，担当起抗战宣传的重任，在帮助各国听众了解战时局势、动员海外侨胞参与抗日、争取国际援助等方面发挥了重要作用。经严格考试，先生应聘任昆明电台播音员，课余时间参加电台节目编播。

“出于抗战宣传的时代需要，昆明广播电台与最著名的高校国立西南联合大学形成了非常特殊的关系。西南联大荟萃了当时中国知识界的精英，以不可替代的思想、学术、人才的优势，全力支持了昆明广播电台的抗战宣传。……1940年7月、9月，昆明广播电台两次在报纸上登出招考启事，公开招考国语报告员（播音员）、征集员（即编辑），经严格的口试笔试，两批录取了播音员、征集员共19人，最终有11人先后到该台报到工作。其中有联大的陆智常、温瑜、王勉、齐潞生、吴纳孙、王乃樑、丁则良、郑韵琴（女）、孙蕙君（女）、王逊等联大学生经考核到该台就职。他们在吴祥祜、高义等资深播音员指教下，很快进入角色，该台编播工作由此趋于正常。”**（戴美政：《抗战中的昆明广播电台和西南联大》，2003年“纪念西南联大在昆建校65周年学术研讨会”交流资料）**

8月29日～31日

中国哲学会第四届年会在云南大学召开，冯友兰、金岳霖、徐炳昶、吴康任轮值主席。先生出席本届年会。

8月

不列颠空战爆发。

9月

日军占领法属印度支那。

德国、意大利、日本签订《三国公约》，二战“轴心国”形成。

10月13日

下午2时许，日军27架战机空袭昆明，西南联大首次遭到日军轰炸。先生居住的昆华中学北院宿舍中数十弹，房屋全部被炸毁，“男生宿舍受害最烈，所有衣服书籍均损失殆尽”，所幸无人员伤亡。先生在抗战以来抄写积累的古代书画理论资料、藏书等在此次空袭中俱化为灰烬。

“敌机袭昆明，竟以联大与云大为目标，俯冲投弹，联大遭受一部分损失，计为师范学院男生宿舍全毁，该院办公处及教员宿舍亦多处震坏……环学校四周，落弹甚多，故损毁特巨。”**（梅贻琦：《告清华大学校友书》，清华校友总会编：《校友文稿资料选**

编》第4辑）

“2：00见日机27架飞入市空，投弹百余枚。雾烟大起，火光迸铄，响震山谷。较上两次惨重多多。

被炸区为沿文林街一带。云大及联大师院已全毁，文化巷住宅无一存者。……文林街及南北侧各巷皆落弹甚多，幸联大师生皆逃，仅伤一二学生，死校警、工役数人。……（次日）沿文林巷口而东，备见轰炸之遗迹，文林巷口棺木罗列，全巷几无存屋。（吴）宓至联大总办公处及女生宿舍，虽免于难，亦受飞来巨石震击，门窗破倾，瓦砾尘土堆积。众人惶惶无所归宿。”（**《吴宓日记》第七册**）

1941年　辛巳　民国三十年　26岁

2月

德军开辟北非战场。

4月

先生参加清华大学30周年校庆纪念活动，与吴宓等同席（**《吴宓日记》第八册**）。牛津等欧美大学发来贺电，贺电中有“中邦三十载，西土一千年”之语，盛赞清华仅用30年的时间，就超越西方近千年的大学历史，跃升世界一流大学之列。

校庆期间，清华大学校长梅贻琦先生在《清华学报》“清华三十周年纪念号”（第13卷第1期）上发表《大学一解》，提出“通识为本，专识为末”的办学理念。

“通识之授受不足，为今日大学教育之一大通病，……今日而言学问，不能出自然科学、社会科学与人文科学三大部门。曰通识者，亦曰学子对此三大部门均有相当准备而已。分而言之，则对每门有充分之了解；合而言之，则于三者之间，能识其会通之所在，而恍然于宇宙之大，品类之多，历史之久，文教之繁，要必有其一以贯之之道，要必有其相为因缘与依倚之理，此则所谓通也。今学习仅及期年而分院分系，而许其进入专门之学，于是从事于一者，不知二与三为何物，或仅得二与三之一知半解，与道听途说者初无二致；学者之选习另一部门或院系之学程也，亦先存一‘限于规定，聊复选习’之不获已之态度，日久而执教者亦曰，聊复有此规定尔，固不敢从此期学子之必成为通才也。……大学所以宏造就，其所造就者为粗制滥造之专家乎，抑为比较周见洽闻、本末兼赅、博而能约之通士乎？”（**《大学一解》**）

“我国20世纪论大学教育以通识为本、专识为末，从未有坚毅明通如梅师者。梅师长校之初即提出含有至理的名言：‘所谓大学者，非谓有大楼之谓也，有大师之谓也。’唯大师始克通专备具，唯大师始能启沃未来之大师，此清华精神所以为大也。”（**何炳棣：《读史阅世六十年》，中华书局2014年**）

5月20日

美术史家滕固逝于重庆。

6月

苏德战争开始。

先生兼任昆明广播电台工作期间，利用西南联大、美国领事馆、英国领事馆等处外文报刊，编译了不少介绍战时国际形势的文章，除用于电台播音，还陆续发表在《世界政治》等期刊。本年发表的这类文章有：《日本南进战略的蠡测》（**原文刊伦敦《泰晤士报》1941年2月16日，先生译文刊于《扫荡报》1941年4月11日、《西南实业通讯》第3卷第5期**）、《太平洋上美国的海陆空军根据地》（**《世界政治》第6卷第11期**）、《苏彝士以东以南英国各属邦之资源及生产力》（**《世界政治》第6卷第12/13期**）、《战后的经济建设原则》（**《世界政治》第6卷第14/15期**）等，均署名“王孙”。

“联大有个杂志阅览室，国内国外的期刊总有两三百种的样子，没事了就可以到里面翻一翻，跟逛书店一样，可以吸收很多东西。其中我有兴趣，而且现在还记得很清楚的，比如Apollo，关于美术史的，里面插图非常精彩——其实学校里没有美术史的专业课，可那种杂志阅览室里也有。……那时候英国领事馆离学校不远，领事馆里的阅览室可以随便进，一般只有三四个读者，而且阅览室里的人挺殷勤，还给你倒一杯茶。……英国领事馆里有各种英文的报纸杂志，当时我们对战局也很关心，常过去翻看。”**（何兆武口述，文靖执笔：《上学记》，三联书店2006年）**

7月

先生参加清华研究院文科研究所毕业论文答辩。因在毕业论文中提出的观点与研究院一些权威人士意见不合，未能取得毕业资格，同时也失去了在西南联大工作的机会。

8月1日

中国空军美国志愿援华航空队（即“飞虎队”）成立，成为打击日本侵略者的重要空中力量。

8月14日

日机再次轰炸西南联大。“本校新校舍炸毁房屋64间，震坏房屋210间。计常务委员会、教训总三处、事务出纳两组、图书库全部毁坏，生物及地质实验室各毁一所；此外各办公室、教室宿舍或全所炸毁，或毁坏一二间不等”，“又师范学院及附属中学……倒毁房屋89间，女生宿舍系租借昆华中学校舍，此次倒毁房屋48间。上列两处房舍被震裂者共约190余间。”**（《西南联大关于校舍被毁代电教育部》，1941年8月29日）**

“联大的校舍约有三分之一被炸毁，必须尽速再建。但是敌机的轰炸并没有影响学生的求学精神，他们都能在艰苦的环境下刻苦用功，虽然食物粗略，生活环境也简陋不堪。”**（蒋梦麟：《西潮》，天津教育出版社2008年）**

8月

沈从文散文集《烛虚》由文化生活出版社列入“文季丛书”出版。先生撰写书评文章《〈烛虚〉颂》，发表于《云南日报》。

《烛虚》是沈从文在昆明时期的一部重要散文集，收《烛虚》《白话文问题》《小说作者和读者》等文章8篇。名篇《烛虚》作于1939年，作者对现代人的精神世界、生命的意义进行了有哲学意味的探索，其中也提及先生在昆明进行的美术史研究。

9月

经《清华学报》编辑部主任、历史学家邵循正教授介绍，先生任云南大学文法学院文史系专任讲师，讲授“形式逻辑”课程。当时云南大学文法学院院长为林同济（1937～1942年间任职），文法学院分设文史、法律、政治经济3个系，文史系主任为楚图南。

云南大学自1938年晋格为国立大学后，扩充为5个学院17个系，此时正全力引进一流师资，先生亦被延揽。云大依托西南联大优势，这一时期聘任了很多西南联大教师和毕业生来校任教，如吴晗、刘文典、郑天挺、钱穆、汤用彤、萧涤非、罗庸、闻家驷、丁则良、余冠英、姚从吾等著名学者都曾在云大文史系执教。

10月

为避空袭，清华大学文科研究所疏散至昆明东郊龙泉镇司家营。

12月7日

“珍珠港事件”爆发，美国对日本宣战，太平洋战争爆发。

12月9日

中国政府正式对日宣战。

12月25日

香港沦陷。

1942年　壬午　民国三十一年　27岁

1月

中、美、英、苏等26国代表签订《联合国家宣言》，世界反法西斯同盟正式形成。

西南联大中国学术研究会主办的《学术季刊》创刊，至翌年9月停刊，共出版3期。

2月

新加坡沦陷。

西南联大《文聚》杂志创刊。

3月

姜亮夫继任云南大学文法学院院长。

4月

毛泽东《在延安文艺座谈会上的讲话》发表。

吕宋沦陷。

5月

日军南线战役获得全胜。

6月4日

中途岛海战日本战败，太平洋战争发生转折。

6月28日

上午，先生与西南联大外文系教授吴宓谈《红楼梦》及“石社”组织问题。此时吴宓在西南联大除教授“欧洲文学史”外，还开设“红楼梦讲谈”专题讲座。本年暑假期间，吴宓在西南联大连续7次进行“红楼梦讲谈”活动（7月29日～9月9日每周一讲），这次约先生谈话内容，当与安排暑期活动有关。

7月

先生参加云南大学20周年校庆纪念活动。

国立云南大学西南文化研究室正式成立，滇籍学者方国瑜任研究室主任。西南文化研究室主要研究方向是西南开发、西南移民、西南地理沿革、西南民族史、西南文化、西南地区之自然与人文、西南边裔等，研究室借助当时在昆明的西南联大、中央研究院、北平研究院等研究机构的学术力量，出版了大量学术成果，在当时学术界产生了广泛的影响。

先生论文《六朝画论与人物鉴识之关系》发表于《云南大学学报》第1类第2号“国立云南大学廿周年纪念特刊”。“气韵生动”是中国古代绘画理论的重要概念，先生通过对汉至唐代相关典籍的钩稽梳理和缜密分析，指出这一概念的提出，实源于魏晋以迄南朝流行的人物品藻风尚，并进而推论出此时期的绘画题材，主要限于人物画这一绘画史上的重要论断。先生晚年，又系统考察了这一概念在晚期绘画史上的嬗变发展，进一步提出，“气韵生动”“格法”这些概念，都是类型化的反映，是艺术史上典型化的前奏。**（参见李松：《美术史论家王逊和他对古代画论的一些见解》，《美术史论》1984年第2、3期）**

“研究室还编印出版《云南大学学报》，如第一卷第二辑即刊登了姜亮夫、徐嘉瑞、吴晗、楚图南、方国瑜、王逊、方树梅、白寿彝、陶云逵诸先生的文章。方国瑜、楚图南、凌纯声等共同编印《西南边疆》杂志，刊发了包括研究室及学界同人的大量文章，成为西南边疆研究的重要学术阵地，在学界产生了重大影响。”**（张昌山：《方国瑜先生与西南文化研究室》，《云南大学校报》2014年5月8日）**

10月24日

先生大学时代的老师、原清华哲学系兼历史系教授张荫麟在贵州遵义浙江大学病逝。先生参加冯友兰、贺麟、吴晗等师友发起的募捐，在西南联大哲学系、历史系设立“张荫麟纪念奖学金”。

11月

西南联大学术研究团体“十一学会”成立，先生与丁则良、何炳棣为主要召集人。“十一”即“士”，意指学者。“十一学会”是一个类似剑桥大学“下午茶”式的学术沙龙，两周聚会一次，轮流举行学术报告，成员主要有丁则良、王逊、何炳棣、王佐良、李赋宁、王永兴、吴征镒、钟开莱、季镇淮等20多位青年助教和研究生，著名教授朱自清、闻一多、潘光旦、雷海宗、郑天挺、曾昭抡、吴宓等也经常应邀参加活动。据回忆，“十一学会”的活动一直持续到1945年抗战胜利。

“当时有联大学生二十来人，有的是毕业不久的，有的是尚未毕业的；有的是学历史的，有的是学哲学或社会学的。大家相约组织了一个学会，闻一多、潘光旦等好几位教授也参加了。学会叫做‘十一学会’，‘十一’二字合起来是‘士’字，意即‘士子学会’。学会每两周聚会一次，轮流一个教授或学生作学术报告。学会的召集人是丁则良、王逊和何炳棣三人。”（**李伯重：《中国学术史上一个时代的结束——追忆何炳棣先生》，《中华读书报》2012年6月20日**）

“当时，何（炳棣）先生与丁则良、王逊等诸清华少壮成立‘十一学会’，共同探讨学术问题，几乎每周都有学术活动。他们曾屡请郑（天挺）先生去该会报告，郑先生苦于无合适题目，未能前往。正好1944年暑假，他与罗常培教授等联大师生去大理考察一月有余，乃于是年9月18日，即以‘大理见闻’为题，在该会做一次演讲。会上先由何先生向大家介绍，郑先生讲完后，大家热烈讨论。”（**郑克晟：《怀念何炳棣先生与先父郑天挺先生》，《中国社会历史评论》第十四卷2013年**）

“关于西南联大十一学会……此是历史系（与逊兄同级）丁则良君倡导，‘十一’者寄‘士’意，为少数人讲论品评茶会之类；教授被邀请讲演，但绝非倡导者。”（**王勉先生致编者信，2006年6月1日**）

“当青年教员、助教们1942年11月新成立‘十一学会’，来邀父亲（吴宓）参加，他欣然入会，并为讲《人文主义》。他还因会长丁则良、干事王佐良，笑称该会为‘二良学会’。后来又讲过《一多的理论与实用》，林语堂在昆明志愿医疗队服务的女儿也来听讲。以后，朱自清讲《中国散文发达史》、冯至讲《德国文学的特点》、王佐良讲《英国文学中的时间观念》、李赋宁讲《法国文学中新旧之争与南北之别》、季镇淮讲《才学论》、李廷揆讲《理想之人格与教育》、丁则良讲《王道与霸道》等等，父亲均往听讲，并屡发言，畅抒己见。因为躲避空袭，聚会多在夜晚举行。”（**吴学昭：《吴宓与陈寅恪》（修订版），三联书店2014年**）

12月4日

西南联大同仁为张荫麟举行追悼会，先生等30人出席。梅贻琦、冯友兰、雷海宗、吴晗、吴宓致辞。

12月25日～1943年1月10日

教育部第三届全国美展在重庆举行。展览分书法、国画、西画、雕塑、建筑、工艺、摄影、图案、版画、篆刻、国立故宫博物院出品、中央研究院历史语言研究所出品、教育部艺术文物考察出品等部类，展出各类艺术品1600件。

本年

西南联大《人文科学学报》（半年刊）创刊，至1945年共出版4期。

先生散文《河上的图》发表于《云南日报》。

国民政府经济部资源委员会任命先生父亲王兆咸为平桂矿务局营运处长。**（《资源委员会公报》第二卷第2期，1942年；《资源委员会档案·平桂矿务局任命案（一）》，台北国史馆典藏003-010102-0186）**

1943年　癸未　民国三十二年　28岁

1月8日

西南联大举办“文史讲座”，金岳霖讲《哲学与小说》，先生参加听讲。

1月

国民政府行政院批准筹设“国立敦煌艺术研究所”，该所隶属教育部，于翌年2月正式成立，常书鸿任所长。该所建国后改称敦煌文物研究所，现为敦煌艺术研究院。敦煌艺术研究所成立后，先生受聘任设计委员，从此开始了对敦煌艺术的研究。

常书鸿（1904～1994），浙江杭州人，早年入法国里昂国立美术专科学校，1943年起任敦煌艺术研究所筹备委员会副主任、所长，敦煌艺术研究院名誉院长，为敦煌保护、研究付出了毕生心血，被称为“敦煌艺术的守护神”。

“敦煌艺术研究所，筹设于1943年3月（应为1月，编者注），隶属教育部。该所的筹设是由于国内学者的大声疾呼，又由于时任国民政府监察院长于右任的提议，认为敦煌是历代艺术宝藏，确有设立研究保管机构之必要而决定的。该所的主要任务是临摹壁画，模仿塑像，摄影，文字碑石之考古及管理保护石窟等工作，初设考古、总务二组，所长是常书鸿。”（**《文物参考资料》1950年第2期**）

2月7日

先生参加西南联大红学社团“石社”举办的研讨会。

2月

先生小说《秋日》刊于重庆《民族文学》第1卷第2期，署名“黎舒里”。

苏联斯大林格勒保卫战取得胜利，成为二次世界大战转折点。

3月15日

先生散文《春之寓言》刊于《自由论坛》第1卷第2期，署名“黎舒里”。

3月

梅贻琦先生在西南联大主持“国民月会”，请英国剑桥大学教授李约瑟来校演讲，先生参加了这次活动。

4月

先生美学论文《美与丑》发表于重庆《世界学生》第2卷第4期。本期《世界学生》“文艺”栏还发表了杨振声的《诗歌与图画》、王佐良的《背景》。

《美与丑》分析了美感产生的心理基础，指出美感与快感不同，观赏和欣赏不同。日常所说“美”与“丑”都可能成为艺术欣赏的对象，即美学意义上的审美对象。“美的事物与快感的事物，两者在内涵方面说，不同；但从外延方面说，快感的事物包含在美的事物之内，只是美的事物的外延尚包含有不快感的事物。用我们日常用语来说，我们就说若干丑的事物也是美的。”

5月

中国民主政团同盟昆明支部成立，罗隆基任主任委员。

7月22日

先生受聘任国立西南联合大学文学院哲学心理学系专任讲师（**《国立西南联合大学校史资料》，北京大学出版社1986年**），在西南联大讲授“形式逻辑”“伦理学”等课程。

西南联大高度重视“通识教育”和一年级基础课教学，“大一逻辑”与“大一国文”“大一英文”都是全校一年级学生的必修课，通常是由联大最负盛名的教授和一至二名青年骨干教师一同开设，方便学生自由选择。先生当时与金岳霖、王宪钧两位资深教授各开一班“大一逻辑”课程。据先生回忆，他当时讲授的内容主要是“实在论”，在体系上近于马赫主义理论。

“刚进母校时，首先感到的是自由气氛。学术思想自由，选课自由，上课不上课也自由，而学习风气浓郁。哲学系拥有冯友兰、金岳霖、贺麟、邓以蛰（邓先生当时未在联大，编者注）、沈有鼎诸大家，开了各种课程，各抒己见。我们选了贺麟先生的《哲学概论》。金岳霖、王宪钧、王逊先生各开一班《逻辑》，我们三人各在一班。”**（张尚元、许仲钧、陈为汉：《笳吹弦诵情弥切》，《文史》2007年第6期）**

“一年级的功课是比较紧的，很多是必修的基础课。这些基础课一般都是名师讲授。大一国文课是沈从文先生教的，教中国通史的是吴晗先生，教经济学概论的是陈岱孙先生，英语课是胡毅先生教的，逻辑学是王逊先生教的，还有微积分等。连体育课，也是很严格的，由马约翰先生担任。”**（夏雨：《忆西南联大》，《云南文史资料选辑》第三十四辑，云南人民出版社1988年）**

“金（岳霖）先生的贡献，在于培养了从沈有鼎以下的一批青年学人，在中国哲学界开辟了数理逻辑的新路数，这在中国历史上是不曾有过的。……20世纪以后西方哲学主要有两大分支，一派是大陆哲学，重点在人生哲学，包括对生命的体验、生命的价值等，这一派在欧洲流行，可是在美国却不吃香，二战的时候，欧洲很多大陆哲学派学者跑到美国去，结果名牌大学都不要，只能到不起眼的小大学去，所以二战结束后他们又回到欧洲，才把这套东西又炒热起来。20世纪西方的另一派哲学是分析哲学，专门讲逻辑分析、语言分析。数理逻辑，那时候也叫符号逻辑，Symbolic Logic，或者Mathematical Logic，所以你可以说它是哲学，也可以说是数学。罗素说，哲学都讲伦理学，可是我不明白哲学为什么要谈这些问题。在他看来，伦理道德问题根本不属于哲学，或者说，根本不成其为哲学问题。……（假如当年不是盲目学习苏联，而是独立自主，有选择地探讨当代科学前沿）如果金岳霖先生建立的逻辑哲学学派能得到顺利发展，很可能中国就有一门领先于世界的学科了。”**（何兆武口述，文靖执笔：《上学记》，三联书店2006年）**

1939~1940年间，教育部三次要求西南联大按规定开设课程，包括全国高校都必须开设的“党义”课，受到联大教授会的抵制。所谓“党义”课，主要是讲以三民主义为核心的孙中山学说和以“中国之命运”为核心的蒋介石理论，即国民党的“党义”。西南联大以伦理学代“党义”，全校学生分四个班，先生和冯友兰、齐良骥、石峻四位哲学系教师共同承担伦理学教学。其间，先生翻译了英国伦理学家、哲学家亨·席季维克的代表作《伦理学方法》作为讲义，该书初版于1874年，是研究确立道德准则的一般方法的伦理学名著。先生译文后收入周辅成主编的《西方伦理学名著选辑》下卷**（商务印书馆1987年）**。

“国民党时期，全国高校都要上‘党义’课。教者照本宣科，课堂稀稀拉拉，学生勉强应付。西南联大不设‘党义’课，以伦理学代'党义'，全国院校只此一家。全校学生分为四个大班，由哲学教师四人分担。当时没有容纳这样许多人的大教室，就在露天上课，记得哲学系讲师齐良骥、石峻、王逊都教过伦理学，冯友兰先生也教过一个班，在大树底下讲课，他戏称这是'杏坛设教'。"

（任继愈：《我心中的西南联大》，《光明日报》2007年11月3日）

因物价腾涨，西南联大教师生活都极度匮乏，不得不兼课维持生计。先生此时兼任云南省立外国语学校教师。

8月

清华、北大、南开三校研究生举行联合茶会，筹组三校研究生联合会。

第六届留美公派考试举行。

9月

先生散文《旅行》刊于《沙磁文化月刊》第2卷第9期，署名"王孙"。

盟军攻占意大利。

11月22日～26日

中美英三国首脑罗斯福、丘吉尔、蒋介石在开罗举行会议，讨论制定联合对日作战、解决远东问题的计划。会议发表了《开罗宣言》，极大地鼓舞了人们彻底打败日本法西斯的决心。

12月

先生书评《评〈王羲之评传〉》发表于重庆《出版界》创刊号。

1940年12月，商务印书馆出版了朱杰勤著《王羲之评传》。先生认为，这部书不仅了无新意，且在引证史料方面"抄袭堆砌"、考订不精，是极不严肃的粗制滥造之作。"我们以为平常一本新书的出世应该多少加以鼓励和赞扬。尤其中国美术一方面，我们现在非常迫切的需要学者们在这一方面努力，我们尤其焦灼地等待这一方面的研究结果发表。因为就了解欣赏同情说，确如朱先生所自许者，只可以由中国人从事研究。但是我们希望国人的研究必得有一种更热衷、更严肃的态度，至少不可以比‘考订不精’的日本学者大村西崖更差。”在指出书中大量明显谬误的同时，先生还对王羲之生平家世、王羲之与天师道的关系、王羲之的历史地位等问题提出了自己的看法，如认为“右军地位之高，在晋代主要是由于作人风度的关系。至于书法，南朝一般意见仍是有褒有贬。”

本年

先生祖父王丕煦病逝于济南，享年72岁。

先生三弟王迁在西南联大毕业。

课余时间，先生与冯至等文艺界朋友交往密切。

“从1943年至1945年，冯至的文艺生活是相当活跃的，因此也结识了一些年轻的朋友。在我的记忆里，有在云南大学任教的王逊，他是我前边提到过的同学王葆廉的侄儿，温文儒雅，研究美术，有鉴赏的能力。”**（姚可昆：《我与冯至》，广西教育出版社1994年）**

1944年　甲申　民国三十三年　29岁

1月

中国军队在缅甸发起全面反攻。

2月1日

国立敦煌艺术研究所正式成立，开始了对敦煌石窟艺术的保护、临摹和研究工作。

2月

先生论文《云南北方天王石刻记》发表于《文史杂志》第3卷第3、4期合刊“美术专号”。顾颉刚先生在“编者附记”中指出：“《云南北方天王石刻记》一文和中国艺术史与佛教史均有极重要的关系，不但指正了一般所称的‘石将军’就是‘毗沙门天王’，并且依据了敦煌遗留的天王画像做比较研究，确定了它的艺术风格，更从于阗之崇拜毗沙门天王，推论到唐代崇拜毗沙门天王及其画像浮雕盛行的原因，与夫云南天王石刻的由来。”（**《文史杂志·编后记》**）

本期“美术专号”还刊发了郭宝钧的《由铜器研究所见到之古代艺术》、傅抱石的《中国山水画论》、伍蠡甫的《再说中国绘画的意境》、岑家梧的《唐周昉仕女画论》、吕斯百的《艺术教育》、王宜昌的《阿房宫》等文章。

顾颉刚（1893～1980），历史学家、古史辨派代表人物。历任厦门大学、中山大学、燕京大学、北京大学、云南大学、兰州大学教授，中央研究院院士。1949年后任复旦大学教授、中国科学院历史研究所研究员。

第八届中英庚款公费留学考试在昆明、重庆、桂林、成都等地举行。

4月

先生散文《幻觉之一》刊于《华声》半月刊第1卷第4期，署名“黎舒里”。

5月3日

先生参加西南联大历史学会举办的“五四”座谈会。张奚若、周炳琳、闻一多、吴晗、雷海宗、沈有鼎等教授在会上发言。

5月4日

先生参加西南联大举行的“五四”纪念会，联大“民主墙”贴出《联大半月刊》《文艺生活》《潮汐》《民主》《耕耘》等30多种壁报。

“在‘五四’纪念会上，周炳琳教授除了再度报告‘五四’经过外，还特别提出昨天晚会的事情来讲，他说青年人在这个时候要求行动担负起救国的责任是很好的现象，但是作为中年人，周先生认为自己这辈人没有能好好地做……

晚间，悠悠体育会在昆北举行营火会，文艺壁报社在南区十号教室开文艺晚会，讲演总题为‘五四运动与新文艺运动’，分七小题：

一、五四运动的意义与影响（李广田先生）

二、五四前后新文学的辩争（罗常培先生）

三、新文艺中诗歌的收获（冯至先生）

四、新文艺中散文的收获（朱自清先生）

五、新文艺中小说的收获（沈从文先生）

六、新文艺与文学遗产（闻一多先生）

七、新文艺的前途（杨振声先生）”

（《三十三年“五四”在联大》，《联大八年》，新星出版社2013年）

5月8日

先生参加西南联大国文学会主办的纪念“五四”晚会。会上李广田、罗常培、冯至、朱自清、闻一多等教授作专题演讲。从此时开始至抗战结束，西南联大的学生运动再次活跃起来。

5月

先生小说《印印》本月起陆续发表于《文史杂志》第4卷第5、6、7、8期，署名“黎舒里”。

6月

美国副总统华莱士访问西南联大。

盟军在诺曼底登陆。

7月7日

先生参加西南联大、中法大学、云南大学、云南外国语学校等校在云南大学联合举办的“抗战七周年时事座谈会”。

8月

盟军解放巴黎。

9月

中共提出建立联合政府，结束国民党一党专制。

中国民主同盟（原“中国民主政团同盟”）在重庆成立。

10月10日

西南联大举办“纪念双十节，保卫大西南”群众大会，有6000人参加，大会由闻一多、李公朴主持，张奚若、楚图南、吴晗、罗隆基等作讲演，先生参加了本次活动。

12月17日

先生翻译英国作家鲍依斯（T.F.Powys）的小说《帽子和柱子》，刊于《自由论坛》周刊第12期。《自由论坛》原为昆明文化界同仁刊物，主要撰稿人是“十一学会”和中国民主政团同盟成员，如潘光旦、吴晗、费孝通、闻一多等。本年7月，民盟云南省支部决定创办机关刊物，由于出刊申请尚未批准，决定以《自由论坛》暂代民盟机关刊物，1945年民盟主办的《民主周刊》创刊后停办。本期《自由论坛》还刊有“闻一多治印”广告。

1945年　乙酉　民国三十四年　30岁

1月17日

苏联占领华沙。

1月21日

先生翻译鲍依斯（T.F.Powys）的小说《回声之屋》，刊于《自由论坛》周刊第16期。

2月

《雅尔塔协定》签订。

3月5日

梁思成致信清华大学校长梅贻琦，提出在清华创办建筑系的构想。

3月

美军轰炸东京。

散文《叔父的蜜蜂——寄逸妹》刊于《自由导报周刊》第3期。先生的叔父王兆颐，字谷辰，一字谷臣，清华庚申级（1920年毕业）学生，30年代在济南等地创办合众蜂业公司，主编《中华蜂业杂志》，是中国现代科学养蜂事业的先驱。“逸妹”是先生堂妹，本名王遹，王兆颐长女，此时就读于北平大学医学院（抗战胜利后改为北京大学医学院），1949年毕业后任中央保健局医生。

“从白杨隙间看出去，是一丘丘成熟的麦田。那原来也是我们的，可是有一部分在去年被叔父卖去了。平芜尽处是山，没在朦胧的紫霭中，如叔父的向往一样。他不会没有这样一个梦，然而屡次的兵匪、水旱和经理的渎职使他不能做完这一个梦，而且恐怕他永远不能实现他的梦的。因为那里矗立着一座礼拜堂，那是上帝的领地，大概是不会落到叔父的手中的。”（**《叔父的蜜蜂——寄逸妹》**）

4月

苏军攻占柏林。

4月30日～5月6日

西南联大举行大规模“五四”纪念周活动。

5月4日

西南联大等校师生在云南大学广场召开有8000多人参加的“五四”纪念大会，会后举行盛大游行。

为纪念“五四”运动，先生撰写了《由赛先生想起的》一文，发表于《自由论坛》第25期“五四纪念专号”。文章提出，“五四”运动提出的“科学”不仅是实用的科学技术，更是体现在人们头脑观念中的不断尝试的科学态度、科学精神，这种科学态度的尝试，需要研究的自由和讨论的自由，“因为科学从它的发展史上得到经验，早已明白迫害与钳制招致了无尽的痛苦而且毫无道理。”科学精神又是实行民主化政治的前提，惟因科学精神未能深入人心，以致“五四”运动虽已过去26

年，其所标榜的“科学”“民主”两大主题在中国仍不过是空想。

“领导五四运动的先进虽然高呼赛先生，但他们中很少有自然科学家，我们从他们学术工作上可以见到科学精神的弥漫，如果把五四运动的重要成就当作新文化运动来看，很显然的，他们的实践，确是在发扬科学精神。历史既然又前进了二十几年，中国今日似乎仍要用一种热诚、一种奋斗的精神提倡科学，所要提倡的科学不只是‘虚心的找证据’那种方法，而且是‘大胆的假设’那种精神、那种气派。因为今后建国除了若干名工农医的技术人员，还需要无数敢于向新观念前进的人才以解救人民于苦难。布鲁诺的死象征科学勇敢，这种勇敢不在敢于用科学技术克服自然界的困难，而在后世人所永不能忘的‘思想不是罪恶’这个让科学家所皈依的信条。

五四运动标榜着两个大题目，一是科学，一是民主。事隔二十六年，我们的科学呢？我们的民主呢？科学的成绩，我们也有一些，特别是在抗战前几年里。民主却是可怜了。照前文的说法，科学与民主不是一种精神的两般适用么？不是只有其一便应用有其二么？又何以丰啬大有不同呢？我以为最大的原因正在当初运动中人没有能够把‘一种精神与两般适用’的单纯的道理清楚的见到，拳拳的服膺。惟其没有，所以五四运动始终只是一个冲动性的运动，没有把握住一般人的想象力，更没有能激发更多的人比较长期的努力，连运动中人自己所得到的感召也很有限而未能持久。也惟其没有，所以一部分运动中人与后起的青年虽有不少成为科学家的，科学是他唯一的‘岗位’，好像科学的客观精神单单适用于各个狭窄的科学园地，而与政治渺不相涉。……也惟其没有把‘一种精神两般适用’的道理弄清楚，所以运动中人，以至于受其感召的后来的青年，虽也有不少加入政治的，而历年以来，对于政治的民主化曾无丝毫补益。他们中间也有不少以政治家的地位提倡科学的，但多般运动几纸宣言的结果，也无非是提倡科学的技术罢了，和科学家的客观的精神的培植大不相干，和此种精神的足以影响人群关系，促使政治开明，更是风马牛不相及。总之，轰轰烈烈的五四运动大体上是落了空的。就民主的期待和努力而言，落得的更是一场春梦。”（**《由赛先生想起的》**）

6月

联合国成立。

8月15日

日本宣布投降。西南联大学生自治会晚间在联大新舍举行了“从胜利到和平”座谈会，会上闻一多等教授发表演讲，强调要民主，反对内战。

抗战胜利后，西南联大开始筹办北返复校，联大师生仍留昆明上课。

10月10日

国共两党签订《双十协订》。

11月1日

西南联大8周年校庆。校庆期间，校内壁报上发表了张奚若等5位教授反对内战的谈话，呼吁反对内战、争取和平。

11月25日

西南联大、云南大学、中法大学等校学生自治会在联大草坪举行反内战时事晚会，钱端升、伍启元、费孝通、潘大逵等教授演讲，大会通过“反内战”宣言。国民党第5军包围会场并鸣枪威胁，特务混入会场捣乱。次日，中央社发表“西郊匪警，黑夜枪声”消息，诬蔑联大召开的时事晚会是匪乱。西南联大等18所昆明大中学校学生当天宣布罢课抗议。

11月28日

昆明罢课学校发展到31所，并组成“昆明市中等以上学校罢课联合会”。

12月1日

昆明爆发“一二·一”惨案。云南省代主席李宗黄指挥便衣军警200多人，携带各种凶器，分头攻打联大新校舍、联大师院、联大工学院、联大附中等地，用手榴弹炸死于再、潘琰、李鲁连、张华昌四烈士，殴打师生致重伤者25人，轻伤30多人，激起全国各界公愤。

12月4日

西南联大图书馆前设四烈士灵堂举行公祭。在一个半月内，前来祭吊者达25万人次。

12月25日

昆明大中学校复课。

1946年　丙戌　民国三十五年　31岁

1月

国共签订停战协定。

2月

林徽因在费慰梅陪同下重访昆明，建议清华大学增设建筑系。先生与林徽因、沈从文、金岳霖等经常聚谈。

2月～5月

寒假后，先生继续在西南联大哲学系讲授“形式逻辑”，同时准备第九届中英庚款公费留学考试。本年西南联大哲学系主要课程及授课教师是——

“哲学概论：贺麟、郑昕、石峻；逻辑学：王宪钧、张遂五、王逊；中国哲学史：冯友兰、任继愈；西洋哲学：冯文潜；形而上学：沈有鼎、金岳霖；知识论：陈康、金岳霖；伦理学：石峻等；美学：冯文潜；易经：沈有鼎；老庄哲学：王维诚；魏晋玄学：汤用彤；隋唐佛学：汤用彤、任继愈；希腊哲学史：陈康；柏拉图哲学：陈康；大陆理性主义：汤用彤；英国经验主义：汤用彤；康德哲学：郑昕；康德美学：郑昕；黑格尔哲学：贺麟；数理逻辑：

沈有鼎、王宪钧；艺术论：冯文潜。”（**《国立西南联合大学史料选》**）

先生考取第九届中英庚款公派留学，后因身体原因未能成行。本届中英庚款公派留学，是抗战胜利后第一届，也是最后一届，共录取17人。**（周琇环：《中英庚款史料汇编》，台北中央研究院历史语言研究所、国史馆1993年）**

中英庚款公派留学是民国历史上公认最严格、难度最高、竞争最激烈的选拔考试。从1933年至本年共举行九届，累计选派193名留学生。派送专业以理工农医为主，比例达80%，文科占比仅20%，历届报考和录取比约为5%左右。根据章程规定，中英庚款留学报考资格是国内外大学研究生毕业或具同等学力（在大学或研究机构从事本专业工作两年以上）且有专业著作发表，培养目标定位在为中国培养该领域一流专家学者。

考试科目分普通科目、专门科目两类。普通科目包括党义（需及格以上）、国文（成绩占总分15%，下同）、英文（20%）；专门科目四门考试（60%）根据各自学科性质分别制订，此外专著（5%）成绩也计入总分。**（《管理中英庚款董事会考选留英公费生章程及考试专门科目表》，1936年）**

3月17日

昆明学联为四烈士举行盛大出殡，送殡人数达3万多人。

4月9日

教育部宣布南开大学由私立改为国立，张伯苓任校长。

4月

抗战胜利后，重庆《世界学生》改为《世界文艺季刊》，李广田、杨振声主编。先生1943年所作美学论文《表现与表达》（《美与丑》之姊妹篇）发表于《世界文艺季刊》第1卷第3期。

文章指出东西方在艺术传统上存在明显的差异，西方艺术以表达——即作品与客观对象之间的相似关系为主要目的，所以它要发掘，要模仿，要表达出许多不朽的道理；中国则更注重艺术的直接表现——是一种直觉的由内直接发于外的抒发，“所以中国艺术从一个相当早的时期起，就讲神韵，讲境界，不再来琐细地解决表达方面的问题”。

“王逊先生早年在清华大学哲学系随邓以蛰先生学习美学，也是他探知西学的窗口，打下了深厚的中西哲学和美学乃至西方美术史的功底，将中国美术史的发展投放到世界艺术史的范围内进行比较、研究。1938年毕业后，先后讲授国文、形式逻辑、心理学课程，这为他此后高屋建瓴般地审视中国古代美术史打下了雄厚的思想基础，使中国美术史研究有了一个较高的学术起点。……在抗日战争最艰苦的1943年，他冒着日机的轰炸，写下了《表现与表达》，探索出艺术存在的真谛是‘无所表达而只有所表现的就可以算是欣赏的可能的对象。但有所表达而我们未理会其表现的就不能称为艺术。’体现出先辈在民族危难之时所表现出坚忍的探索毅力。”**（余辉：《怀念一位新中国美术史界的拓荒者》，《艺术》2009年第12期）**

5月4日

国立西南联合大学举行结束仪式，典礼在《西南联大进行曲》中结束。随后举行了为清华、北大、南开三校所立“国立西南联合大学纪念碑”揭幕的仪式，碑文由冯友兰撰写——

“联合大学以其兼容并包之精神，转移社会一时之风气，内树学术自由之规模，外来民主堡垒之称号，违千夫之诺诺，作一士之谔谔，联合大学之始终，岂非一代之盛事、旷百世而难遇者哉！爱就歌辞，勒为碑铭。铭曰：痛南渡，辞宫阙。驻衡湘，又离别。更长征，经河泽。望中原，遍洒血。抵绝徼，继讲说。诗书器，犹有舌。尽笳吹，情弥切。千秋耻，终已雪。见倭寇，如烟灭。起朔北，迄南越，视金瓯，已无缺。大一统，无倾折，中兴业，继往烈。罗三校，兄弟列，为一体，如胶结。同艰难，共欢悦，联合竟，使命彻。神京复，还燕碣，以此石，象坚节，纪嘉庆，告来哲。”

抗战八年，先后在西南联大任教的教授有290人，副教授48人，在校学生7900人，其中本科毕业3730人，研究生毕业83人。西南联大师生在极其艰苦的条件下，以“刚毅坚卓”之精神，坚守教育理想和学术自由，成就教育史上不朽丰碑。

从“七七事变”后组建长沙临时大学，直到抗战胜利西南联大北返复校，八年半的时间里，自始至终，先生经历了西南联大完整的办学历程。这段经历对先生思想上的影响是难以磨灭的，这种影响，概括说就是继承了“民主”“科学”的五四传统。如陈岱孙先生所说：“在那强敌深入、风雨如晦的日子里，弦歌不辍确是一回事，但更重要的是精神境界。在40年代，西南联大被称为西南后方的‘民主堡垒’，这称号我们自己觉得当之有愧，但是追求民主与科学确是当时我们的共同认识和信念。”**（陈岱孙：《民主和科学的传统》，《我心中的西南联大》，清华大学出版社2008年）**

回顾整个抗战期间在昆明的经历，先生认为他在治学方法上深受西南联大考据学派的影响，他认为这种方法重视搜集材料，分析精密严格，论证令人信服。但也有一定局限，如果目的性不强，缺少观点，就抓不住主要问题，容易流于繁琐。

在昆明期间，先生开始进行美术史研究，他系统收集和整理中国古代书画理论资料，积累了大量笔记、资料卡片，可惜这些资料在昆明轰炸中全部损失了。先生在文学、史学、哲学等方面的深厚修养，更得益于这一时期的积累。他自己后来回忆说："昆明八年，尤其是后来的五六年，读书成为仅有的消遣"，"我对中国文学历史的知识主要是这几年积累的。"这些为他日后从事美术史研究奠定了坚实的基础。

西南联大解散后，学生依志愿分发，入清华者932人，入北大者644人，入南开者65人。先生接受南开大学之聘，任南开文学院哲学教育系副教授。

5月5日

国民政府还都南京。

6月

徐悲鸿北上任国立北平艺术专科学校校长。

国共内战开始。

7月11日

爱国民主人士李公朴遇难。

7月15日

先生恩师闻一多先生遇难。当日，闻一多在参加"李公朴死难报告会"上作演讲，严辞斥责反动当局，回家路上遭暗杀，陪同他的长子闻立鹤也受重伤。此时先生已和联大大部分师生一起离开昆明。

7月

国共内战全面爆发。

10月17日

先生在天津八里台参加"南开大学校庆日开学复校典礼"。典礼结束，南开大学全体教师与来宾合影留念。当时南开大学主要包括六里台和八里台两处，先生所在的文学院设在六里台，南开大学校本部和理工学院设在八里台。

10月20日

南开大学开学上课。先生在南开主要讲授“逻辑”“美学”“中国艺术批评史”等课程。

“复校后，南开大学共设文、理、工、商4个学院，16个系。哲学教育系为文学院4系之一，文学院院长冯文潜兼任哲学教育系主任。先后任教的教师包括：黄钰生、王维诚、庞景仁、王逊、何清儒、袁渊、张世英、张文洸等。哲学系课程主要有：中国哲学史、西洋哲学史、美学、形而上学、老庄哲学、柏拉图哲学、道德哲学、逻辑、数理逻辑、印度哲学史、知识论、孔孟荀哲学、现代哲学、笛卡儿哲学、中国艺术批评史等。”**（南开大学新闻中心编：《永续的学脉——南开大学学科发展历程》，南开大学出版社2009年）**

“1946年，我从西南联大附中毕业。这一年，西南联大已经结束，清华、北大、南开三校联合招考，录取分数不等。我报了清华，因分数不够，被南开录取了。……我在南开外文系读了两年。那时好几位先生都在南开，卞之琳教大一英文，李广田教大一国文，罗大冈教法文。后来他们都到了北平，分别任教于北大、清华。……二年级时的英诗教授是杨善荃，……教逻辑的是王逊，他后来也到了清华。”**（宗璞：《肄业南开，毕业清华》，《视野》2010年第22期）**

10月

清华大学成立建筑工程学系，梁思成任第一任系主任。

11月

梁思成先生赴美考察，任耶鲁大学访问教授，在该校讲授《中国艺术史》。

清华大学决定成立“整理闻一多先生遗著委员会”，朱自清、雷海宗、潘光旦、吴晗、浦江清、许维遹、余冠英任委员，朱自清为召集人。

12月3日

南开大学复校后，政府拨款严重不足，加之物价飞涨，师生生活难以为继。本日，《大公报》以《无钱无书无煤无米，南大日与贫困挣扎》为题，报道了南开复校后教工的困窘生活。

12月24日

北大发生沈崇案，引发京津等地学生示威游行。

本年

故宫博物院聘请邓以蛰、张大千、徐悲鸿、张伯驹、张珩、沈尹默、吴湖帆、启功等为专门委员，负责“审定书画”，收购故宫流散文物。

1947年 丁亥 民国三十六年 32岁

1月

梁思成任联合国总部大厦设计咨询委员会中国代表。

2月

国共和谈破裂。中共中央政治局召开扩大会议，作出《迎接中国革命的新高潮》的指示，提出要在蒋管区开辟人民运动第二条战线。周恩来起草《在白区对国民党的对策》，提出“反饥饿，反内战，反迫害”的运动口号。

平津两地院校长联合致电教育部，要求参照南京、上海标准调整教工待遇以维持生活。

3月8日

民盟发表《中国民主同盟为和谈正式破裂宣言》。

4月27日

先生参加清华大学36周年校庆活动。这是北返复校后，清华大学第一次举办校庆活动。清华大学校长梅贻琦、北京大学校长胡适、南开大学秘书长黄钰生、昆明师范学院院长查良钊等出席。

4月

京津沪等地物价飞涨，据统计，从年初到4月，一般物价涨幅高达26000倍。

1946年起，美国普林斯顿大学为纪念建校200周年，举办为期一年的校庆纪念活动，本月举办的“远东文化与社会”研讨会是校庆纪念活动的一部分。研讨会特邀梁思成任主席，会议分“社会科学”“艺术考古”两部分，时在美国访问的清华大学教授梁思成、冯友兰、陈梦家（代邓以蛰）、陈达等应邀参加会议。梁思成在会上作《唐宋雕塑》《建筑发现》学术报告，受到与会各国代表热烈推崇，梁思成、冯友兰还获得了该校授予的荣誉文学博士称号。这次会议直接催生了清华大学“领风气之先”、在国内大学创设艺术史系的动议。参加会议的中国代表认识到，中国艺术品在国际上有着崇高的地位，是促进中西交流、赢得世界尊重、复兴民族文化的重要载体，中国大学理应担负起保存和研究中国艺术的使命。

梁思成（1901～1972），建筑学家，中国现代建筑教育的奠基者，梁启超之子。1923年毕业于清华学校高等科，与林徽因一同赴美学习，回国后在东北大学创立教育史上第一个建筑学系，1931年回北平中国营造学社工作，抗战胜利后任清华大学建筑系主任，1946～1947年任美国耶鲁大学客座教授、联合国总部大厦设计咨询委员会中华民国代表。1949年后任清华营建系主任、清华大学艺术史研究委员会主席，兼北京市规划委员会副主任，主持人民英雄纪念碑和国徽设计。1950年提出著名的“梁陈方案”，坚决主张保护北京古建筑和城墙，受到严厉批判。

5月4日

天津大中学校在南开大学联合举行盛大的纪念“五四”运动28周年

活动，成立“反内战委员会”。本月起，中共地下党领导上海、南京、北平、天津、武汉、杭州、南昌等地学生连续游行示威，提出“要饭吃，要和平，要自由；反饥饿，反内战，反迫害”。

5月20日

天津南开大学、北洋大学等校学生举行示威游行，遭天津警特袭击，伤数十人，被称为“五·二〇血案”。当日，先生等南开大学教授发表《告同学书》；22日，南开大学教授会为学生不幸事件致函天津市政府要求追究责任；27日，南开、北洋教授会联合致电国民参政会表示抗议。

5月29日

先生与费孝通、吴晗、卞之琳等平津大学教授585人发表宣言呼吁和平：“同人等深知今日一切纷扰现象，根源胥起于经济危机，而经济危机又为长期内战之恶果。一切工潮、学运均为当前时势下必然之产物。”

7月

梁思成自美国回国，继续主持清华大学建筑系工作。

在上海的汪曾祺致信沈从文，提议请先生和林徽因、费孝通、老舍等人撰文评论黄永玉的木刻艺术——

“我曾说还要试写论黄永玉木刻的文章，但一时恐无从着手。而且我从未试过，没有把握。大师兄王逊似乎也可以给他引经据典的，居高临下的，用一种奖掖后进的语气写一篇。林徽因是否尚有兴趣执笔？她见得多，许多意见可给他帮助。费孝通呢？他至少可以就文化史人类学观念写一点他一部分作品的读后感。老舍是决不会写的，他若写，必有可观。可惜，一多先生死了，不然他会用一种激越的侠情，用很重的字眼给他写一篇动人的记叙的，虽然最后大概要教导他‘前进’。梁宗岱老了，不可能再‘力量力量’的叫了。那么还有谁呢？李健吾世故，郑振铎、叶圣陶大概只会说出‘线条遒劲，表现富战斗性’之类的空话了，那倒不如还是郭沫若来一首七言八句。那怎么办呢？自然没有人写也没有关系。等他印一本厚厚的集子，个人开个展览，届时再说吧。”**（转引自李辉：《传奇黄永玉》，人民日报出版社2010年）**

8月18日

教育部长朱家骅视察南开大学，召开部分教授茶话会，先生等在会上反映南开困境，希望政府予以解决。

9月

陈梦家回国，任清华大学国文系教授，不久受命筹建清华大学文物陈列室。

10月17日

先生参加南开大学校庆纪念会。南开校长张伯苓出席，秘书长黄钰生讲述南开历史。

10月21日

应南开大学“公能学会”邀请，胡适到南开作《我们能做些什么》演讲，提出建设民主国家，需要一个“好的”“有能力”的政府，即南开校训中提出的“公”和“能”。为此他提出三点主张：第一、通过对具体问题的研究、讨论来影响政治；第二、有计划、有组织地对恶势力长期作战；第三、以团体的努力，作大规模的调查和教育工作，推动政治改革和社会进步。

10月

北平艺专国画组三位兼职教员秦仲文、李智超、陈缘督，因不满艺专校长徐悲鸿，发表罢教宣言，批评徐悲鸿“摧残国画”。徐悲鸿发表《新国画建立之步骤》予以辩驳。这一事件在徐悲鸿去世后，成为先生与秦仲文等老画家之间发生国画论争的直接原因之一。

11月

梁思成、邓以蛰倡议成立清华大学“中国艺术史研究委员会”，建议“中国艺术史研究委员会”由中国文学、哲学、人类学、历史、地质、社会学、外国语文等系著名教授10人组成。

12月

林徽因作肾切除手术。

清华大学梁思成（建筑系）、邓以蛰（哲学系）、陈梦家（国文系）三教授联名致信清华大学校长梅贻琦，提交《设立艺术（史）系及研究室计划书》供校方审议。“计划书”主要内容是——

一、设立艺术（史）系。“就校内原有之人才，汇聚一处，合作研究。在校内使一般学生同受中国艺术之熏陶，知所以保存与敬重固有之文物；对外则负宣扬与提倡中国文化之责任。”

二、在设立艺术（史）系条件尚未完备之前，先成立艺术史研究室。艺术史研究室作为“中国艺术史研究委员会”下设研究机构，是“同人工作之中心，同时为小班讲堂和实习、阅览之处。”此外，在筹备文物陈列室期间，艺术史研究室暂兼陈列室工作。

三、整合分散于各系的艺术史相关课程，形成艺术史课程体系。

“使有志斯学者得选习此类课程之全套”。

四、在清华大学研究院中增设艺术史部。研究院艺术史部招收清华及其他专门艺术学校的毕业生，为其创造出国深造机会，培养鉴赏、研究中国艺术的专门人才。

12月15日

清华大学中文系主任朱自清致函清华校方，提出将中文系购书特款中拿出3000美金用于“移购富有示范作用之历代古物”，“备筹设本校美术考古学陈列室，供中文系、历史学系、人类学系教课及研究参考之用。”

12月18日

清华大学评议会议决：“原则通过为促进中国艺术史研究，该校筹设艺术史研究室，并由有关系商设选修学程，以增进学生对于艺术之欣赏。”

“王逊和梁思成家的关系，可以追溯到上世纪40年代清华大学酝酿筹建美术学系这一事件——我不知道此事在现在的清华缘何已无人提起，就中国现代高等教育发展史的角度看，这场未竟的大学开办美术史系的动议及筹划，实在具有深远的意义。

1947年底，清华大学教授陈梦家、邓以蛰、梁思成等人有感于欧美主要大学均开设有‘中国艺术’课程，‘反观国内大学，尚无一专系担任此项重要工作者。清华同人……深感我校对此有创立风气之责，因此提请清华大学设立艺术史系。’……不知是何原因，梁、陈、邓等人在清华创办艺术史系或者艺术系的想法最终没有实现，但1949年7月，王逊却被清华大学聘为哲学系、营建系合聘教授，兼任清华文物馆书记，实际主持文物馆工作，同时在校内开设中国美术史方面课程，直到1952年他受徐悲鸿聘请，到了中央美术学院。”（**杭间：《大学、艺术和艺术史》，《清华艺术讲堂》序言，中央编译出版社2007年；《读书》2007年第6期**）

本年

先生四弟王迺考入北京大学工学院。

1948年　戊子　民国三十七年　33岁

1月

平津物价继续飞涨，“买一个鸡蛋要24斤法币，一斤玉米面要100斤法币，法币首尾相连二里半，可买粗布一尺。和前一年相比，粮价整整上涨149倍。”（**《大公报》1948年1月**）此时先生生活亦处于极度困窘之中。

3月24日

北大、清华、燕京、师院等6所院校的学生到行辕请愿，要求配发各院校教职工面粉，并为贫困学生设置救济金。各大学相继出现教师罢教、学生罢课的情况。北平、天津陷入混乱之中。

3月

中央研究院在南京召开年会，选举产生第一届中央研究院院士81名，其中人文组院士28名，先生师长一辈学者中有陈寅恪、金岳霖、冯友兰、汤用彤、顾颉刚、梁思成等当选。

“人文组则超过六十岁者有八人之多，几占人文组全体三分之一。八位中有两位是社会科学，其余六人都是文史科学。这是由于文史科学是继承清代朴学一系统，已有相当的基础，并不完全需要向西洋学习后始能开始通达，所以尚有几位老人作后辈的典型。同时恐怕也因为这关系，人文组竟没有一位是在四十五岁以下的学者，五十以下的也仅有三位。”**（夏鼐：《中央研究院第一届院士的分析》，1948年11月4日，《观察》第五卷第14期）**

4月25日

陈梦家撰写的《清华文物陈列室成立经过》发表于天津《大公报》。

4月29日

清华大学37周年校庆，全体师生去颐和园游园庆祝。同日，清华大学文物陈列室正式成立，冯友兰任主席。文物陈列室地点在清华大学图书馆第二阅览室。作为筹设艺术系的准备条件之一，文物陈列室的成立标志着清华大学文物收藏与艺术史研究事业“从此发轫，渐图开拓”。

经过1947年12月到1948年4月清华同人的多方努力，清华收藏文物初具规模。文物陈列室成立时，已收集商周铜器122件、玉器15件、石器29件、陶器73件、骨器（包括甲骨）730件、瓷器4件、木器8件、杂器10件，总计1000件，其中不乏精品，如陈梦家动员卢芹斋捐赠的青铜器、吴泽霖通过北平古董商号“振德兴”从纽约购回的乾隆御用织造佛像等。

5月2日

先生参加校友“清华返校节”活动，清华大学梅贻琦校长出席活动并致辞，清华社会学系学生身着各少数民族服饰在文物陈列室“人文展览会”前进行展示。

5月4日

南开大学举行五四纪念活动，会场高悬“科学属于人民，科学服务人民”“人民的方向就是文艺的方向”等标语，南开大学教授罗大冈、邢公畹，北京大学教授冯至等发表演说。

5月21日

梅贻琦校长在清华大学评议会上报告“本校成立艺术史研究委员会及由该会筹设文物陈列室经过”。

6月8日

平津教育界抗议美国战后扶持日本（当时简称“扶日”）。

6月9日

北平学生举行“反扶日大游行”。

6月20日

朱自清、金岳霖、张奚若、吴晗等清华大学80名教授为反对美国扶日发表联合声明，拒绝购买美国援助的每月2袋平价面粉。“此事每月需损失六百万法币，影响家中甚大，但余仍决定签名。因余等既反美扶日，自应直接由己身做起。”（**《朱自清日记》1948年6月17日**）

先生在南开大学也参加了“反扶日”签名。

7月

南开大学聘请昔日清华“龙虎狗三杰”之一的颜毓蘅教授任外文系教授。先生是他在南开大学交谊甚笃的“诤友”。

颜毓蘅（1910～1955），满洲正黄旗人，翻译家。早年就读清华时，与钱钟书、曹禺三人被誉为清华园“龙虎狗三杰”。赴英留学，1948年任南开大学外文系教授，1955年在肃反运动中受审查，不堪受辱，于南开马蹄湖自沉。

“父亲到南开大学工作不久就带回一位年轻的叔叔回家做客，他叫王逊。王逊小父亲5岁，大抵由于同是出身于旧官僚家庭又同是清华校友，两人成了莫逆之交。父亲常向王逊请教，对他在美学和哲学方面的学问十分佩服。那时王逊刚过三十岁，高高的个子，非常健谈。因为是单身，常常下午来家做客，小坐之后接着一起吃晚饭。我们家里的规矩，大人在屋里说话，一般不让小孩在场。我因为爱听父亲和王逊叔叔的高谈阔论，几乎每次都拿本书坐在角落小板凳上旁听。有时王逊叔叔说话得意，走过来摸摸我的头。母亲最关心的是给王逊叔叔介绍对象。为这件事母亲安排过几次宴请，家里也热闹了一番。但不凑巧介绍了两位女士都没有成功。52年院系调整，王逊叔叔调任北京中央美术学院来家告别。那时南开大学政治运动气氛紧张，母亲事后回忆，王逊没有见到父亲，说几句话连顿饭都没吃就匆匆离开。网载王逊教授十八岁考入清华大学土木工程系，后转入中国文学系和哲学系，作了哲学系邓以蛰教授的得意弟子。听说王逊在1957年划为右派，‘文革’中深受迫害，1969年逝世，终年54岁。后来被誉为中国美术史教育的奠基人。”**（颜超：《童年追忆——旧日的天津南开大学》）**

8月12日

朱自清先生逝世。

8月22日～9月30日

国立敦煌艺术研究所在南京、上海两地先后举办“敦煌艺展”。

8月26日

先生前往清华大学参加朱自清先生追悼会。

8月31日

朱自清偕清华同人编辑整理的《闻一多全集》由开明书店出版。

9月17日

清华大学校长梅贻琦呈请教育部增设艺术学系并附具体建系计划，其中提到："我国以积弱之余，惟历代之艺术品，尚能引起世界之尊敬。……我国人所可以引以自豪以恢复民族自信心者，亦惟在于此。"不久，教育部同意清华设系申请，仅"将学系名称改为美术学系，余照准。"

9月～11月

辽沈战役。

10月10日

中国博物馆协会在故宫午门历史博物馆举办"北平市特种手工艺展览会"。沈从文在《大公报》发表《关于北平特种手工艺展览会的一点意见》，提出"文物保卫""艺术革命""特种手工艺复兴"这三件事，"是学人专家的责任，无从用任何托辞自解"。他主张需有一整套"完全改造计划"来挽救濒危的传统手工艺——

"第一步宜扩大专门委员会与中央、北平两研究院及各大学、北图、艺专，采取崭新合作方式，训练大规模大学毕业生作研究助手，为一切待进行工作有所准备。并就北平故宫所有收藏，重作有计划、有条理陈列，增加详细说明，让参观人真正得到教育。更另辟若干特种陈列室，专供各方面学人专家研究，及文史教学参考使用。有关特种工艺改进，更宜有一专门组织，直接担负指导责任。第二步宜恢复原有独立印刷机构，印行各种有价值图录报告，作全国性分布。配合联合国艺术教育设计，担当国际艺术出版品交换，并主持国家艺教改良主要工作。至于艺术教育专门学校，亦应有一扩大计划，把学校分为两院制，分纯美术与工艺美术二部，后者必包括陶瓷漆木图案装饰若干组，并彻底改变过去教学方式。应取得故宫特别便利，美术史通论与专题学习，必用故宫各陈列室收藏，作广泛研讨与欣赏，导师辅助以文字说明。且优秀技术经验之工师，尤必须设法聘入学校，待遇完全平等；严格训练学生双手，并使其工作与实际问题发生关连。必作到工艺美术最优秀的摹仿与创造，均出自艺专实验工场纯艺术制作，新风格的把握，艺专成绩永远居最前列。”**（《沈从文全集》，花城出版社、三联书店香港分店1992年）**

10月11日

先生论文《红楼梦与清初工艺美术》发表于沈从文主编的天津《益世报·文学周刊》第114期。这篇文章初作于昆明西南联大时期，是先生对《红楼梦》一书中涉及的明末清初工艺美术问题的整理和研究，是红学史上最早一篇涉及工艺美术的专论。此次应沈从文先生之请，为配合“北平特种手工艺展览会”发表。同期《益世报》还刊发了林徽因（署名“林涓”）对先生文章的评论——《〈红楼梦与清初工艺美术〉读后记》，表达了身处“五千年文化存亡绝续之际”的知识界人士，对保存和复兴民族文化的关切。正是从这时开始，先生与林徽因、沈从文等均投身到挽救传统美术工艺的工作中去。

“北平午门历史博物馆‘双十节’要办一个‘北平市手工艺品特展’，报上已经有了几次消息，我们觉得这个展览是一个很‘感情的’展览。王先生这篇文章适于此时写成，或者因为‘有幽于中’，也许是‘为’他们而写的。海内有知己，人生并不寂寞。——是的，无论如何，引起注意，是首要的事。其实，提倡手工艺不能从手工艺本身，从从事手工艺的工匠之间着手；当从用手工艺物品的人，从一般人身上想法。手工艺的堕落除了经济上的原因之外，还由于‘趣味’的低降。我们有时接触到手艺人，问他，这样的材料，这样的工夫，（材料还是老材料，有些，工夫比五十年前未见改进，也没有差得太多下来），可是为什么要做这一路活呢？（有些样式摩登倒教人浑身不舒服），说是没法了，人家中意这种！所谓‘人家’，大半是洋毛子，但也还有一小部分是我们的同胞，一些跟毛子差不多的同胞。这是一个文化教养的问题。一说到这个，也令人觉得几乎是不可能加以人力的事。因为‘文化’也是‘整个的’、‘自然的’。

可是，在最初也许一般手艺人做出来的是一路活，也有的做另外一路活，不少对于他的工作，对于用他的手制造出来的东西有一种爱情的老师傅，他们肯把半生精力花在一件两件小东西上，没有人买他的，他也不卖。他只是为他自己而做，为此对于他的行业、他的工具、他的才能的不甘，有他的情绪的寄托，做一种‘悲哀的玩具’。这种人，据我们所知，为数不少。可是这种人一天一天的少了，大都在贫困中、在愤世嫉俗的唠叨中老了、死了。剩下的一点工艺品于是一天一天的往下掉，比较看得过的东西手艺人不想做，也做不来。非不为、是不能了。而那些摆在市面上的‘下流’的东西又从面前鬻卖——彼此之间，相互教育，造成一种恶性循环。工艺与美术已经接不起头来了，这现象可怕！许多人看到手工艺的价值，想加以救济，其所着眼，大都在生产、推销上，但我们觉得至少是同样重要的，是如何维持工作的手和指导手的携手。是的，我们须要一些有能力的人愿意、也有机会参加到手工艺里面去。有一篇文章、一个展览会，让我们看看历史，再从现在看回去，（听说这个展览会有新的，也有旧的工艺品）或者能给社会一个刺激。——雍正乾隆的时代跟我们的时代不同，但我们绝对不能理直气壮的说现在的手工艺当然甚至应该和他们雍正乾隆的标准

不同。”**（林徽因：《〈红楼梦与清初工艺美术〉读后记》，《益世报·文学副刊》第114期）**

“我们曾见过王逊先生发表的一篇关于《红楼梦》中出现的工艺美术论文，将这一古典名著中描述过的服饰、器物、丝织、陶瓷等工艺以及民间美术品都一一加以分析论述，讲得脉络分明，深入浅出，引人入胜，又有相当研究深度，没有广博的知识积累是很难臻此境界的。”**（薄松年、陈少丰：《辛勤耕耘 风雨不辍——怀念著名美术史论家王逊先生》，《美术》1994年第12期）**

“文化革命前我为查阅一些现代美术史材料到图书馆翻阅旧报纸，在1948年的《益世报》上看到王逊写的《红楼梦与清初工艺美术》的论文，通过《红楼梦》书中叙及的陈设服饰珍玩以至庙会上的民间小玩意儿等，对清代工艺（还扩及到上层贵族对古代工艺的兴趣）作了生动而详尽的论述，这是我看到的红学研究中专门涉及到美术的惟一论著。”**（薄松年：《王逊先生二三事》，《艺术》2009年第12期）**

10月17日

先生参加南开大学成立29周年校庆纪念会。会上，教育部任命何廉继任南开大学校长。

10月25日

先生论文《几个古代的美感观念》发表于《益世报·文学周刊》第116期。先生认为，中国上古的艺术无论是理论上还是实践上，都严格遵循着儒家“礼乐一元”的原则。此外，尚有一些零散片断的美感观念值得注意，如《韩非子》中画狗马难画鬼魅易的故事就提出了写实的哲学：“素朴的写实主义自然是绘画艺术的基本而又天真的要求，在中国艺术传统中的确是一个不够成熟的成分，也许我们可以说，是一个被超越了的成分。但是我们不能否认中国画家在这一方面也有他的独特的成就，即使到了最后绘画艺术成为笔墨游戏的阶段。”先生还从先秦典籍中提取出“对称”“素朴”等传统美感观念加以分析，指出它们作为“儒家哲学这一个抽象的思想系统的美感价值”，对后世中国艺术以及中国人的审美观带来了深远影响。

10月29日

先生参加南开大学举行的师生员工生活座谈会。

11月8日

因平津战事迫近，沈从文主编的天津《益世报·文学副刊》停刊。

12月22日

南开大学44位教授致电华北“剿匪”总司令傅作义，呼吁维护文化教育，反对驻军学校，先生具名。

12月

平津战役开始。解放军宣布围城，国民党派飞机来接平津大学教授，胡适、梅贻琦等南下，大多数教授则未选择离开。据冯友兰回忆：“当时在知识分子中间，对于走不走的问题，议论纷纷。……何必走呢，共产党当了权，也是要建设中国的，知识分子还是有用的。”（《三松堂自序》，三联书店1984年），这代表了先生和当时大多数知识界人士的想法。

南开大学停课，为避战火，学校安排全校师生和教工家属共2000余人集中到市区内的南开大学东院经济系教学楼里集体住宿，迎接解放。

“那时大人们说话没有太多顾忌，常常公开讨论共产党即将进城的形势以及以后的光明前途。因为城外的解放军宣布保护文教机构，不久东院的顶楼被国民党军队进驻。有一次解放军广播说东院也将成为攻击目标，要求师生疏散。和其他同事家一样，母亲用鸡蛋白糖发面，炸了许多油饼，以便应急之用。有一天上午警报笛拉响后我们刚躲进地下室，就听到轰隆一声巨响。等到中午，才得知三楼打进一发炮弹。翌日，我们整天躲进了地下室。直到傍晚，听到上面喊话，叫大家都出来，才知道解放军进城了！”（**颜超：《童年追忆——旧日的天津南开大学》**）

本月至翌年2月，故宫博物院、中央博物院、中央研究院历史研究所、中央图书馆、外交部五机构保存的文物分3批运送台湾。其中故宫文物2972箱，包括晋唐以来的法书、唐宋名画、商周鼎彝、宋元名窑、古籍善本等文物精品。

1949年　己丑　民国三十八年　34岁

1月15日

天津解放。南开大学由天津军事管制委员会文化教育部接管。

北京大学贴出一批声讨沈从文为“反动文人”的壁报，对沈从文造成很大思想压力，导致严重的精神错乱。

1月26日

南开大学召开文艺座谈会，介绍解放区文艺发展状况，要求文艺工作者要向群众学习。

1月28日（除夕）

上午，沈从文被梁思成、林徽因夫妇接往清华园新林院休养，暂住金岳霖寓所。下午，先生从刚解放的天津回到北京，到中老胡同沈从文家拜年，带去卞之琳转交的钱款，与沈夫人张兆和女士“谈起南开解放以后的一片太平气象，甚为兴奋，已不复是上回那份疑虑神色了”。

“下午来了王逊，谈起南开解放以后的一片太平气象，甚为兴奋，已不复是上回那份疑虑神色了。他还替南开转来之琳划我们的十五块美元，当时我没有留下，我想既然之琳快回来，他一定需要钱用，可是我觉得对南开方面面子有点难堪，不知道这么办是不是

合理，王逊说，他们不懂道理也该让他们难堪一次。”**（张兆和致沈从文，1949年1月28日）**

1月30日（正月初二）

北平和平解放。

先生到清华新林院看望梁思成、林徽因、金岳霖诸先生和沈从文。沈从文对先生谈起准备彻底交代问题（不久沈从文写了长篇自传《一个人的自白》）。先生劝慰病中的沈从文不要多想，安心休养，“我们熟友中的谈话多半都是可以解除他那些幻想的过虑的”**（林徽因致张兆和，1949年1月30日）**。当晚沈从文致信张兆和——

“给我不太痛苦的休息，不用醒，就好了，我说的全无人明白。没有一个朋友肯明白敢明白我并不疯。大家都支吾开去，都怕参预。这算什么，人总得休息，自己收拾自己有什么不妥？学哲学的王逊也不理解，才真是把我当了疯子。我看许多人都在参与谋害，有热闹看。

……

金堤曾祺王逊都完全如女性，不能商量大事，要他设法也不肯。一点不明白我是分分明明检讨一切的结论。我没有前提，只是希望有个不太难堪的结尾。没有人肯明白，都支吾开去。完全在孤立中。孤立而绝望，我本不具生存的幻望。我应当那么休息了！”**（沈从文致张兆和，1949年1月30日）**

2月1日

先生从清华园回到北平城内，访中老胡同沈寓，给张兆和带去沈从文和林徽因、梁思成夫妇的回信。

“王逊来，带来你的信和梁氏贤伉俪的信，我读了信，心里软弱得很。难得人间还有这样的友情，我一直很强健，觉得无论如何要坚强地扶持你度过这个困难（过年时不惜勉强打起笑容去到处拜年），我想我什么困难，什么耻辱都能忍受。可是人家对我们好，无所取偿的对我们好，感动得我心里好难过！后来王逊提起另一个人，你一向认为是朋友而不把你当朋友的，想到这正是叫你心伤的地方，说你人太老实，我忍不住就淌下眼泪来了。我第一次在客人面前落了泪，过后想想很难为情。王逊走后，我便哭了一阵，但心里很舒畅。

听王逊说徽因自己也犯气喘，很希望你能够振作起精神，别把自己的忧虑再去增加朋友的忧虑，你的身体同神经能在她们家里恢复健康，欢喜的当不止她一人。想想有许多朋友为你的病担一份心，多么希望你忽然心胸开朗，如同经过一个梦魇，修正自己，调整自己，又复愉快地来好好使用你这副好头脑子的！真正有许多朋友，担心你会萎悴在自己幻想的困境中。如像老金（金岳霖）、（张）奚若先生、老杨（杨振声）、王逊，小朋友如金堤、（汪）曾祺、李瑛，怎么才叫大家如释重负啊，你信上给我说的话，你要兑现的。”**（张兆和致沈从文，1949年2月1日）**

2月2日

解放区美术工作者江丰、王朝闻、莫朴、卫天霖、彦涵、林岗、伍必端、李琦、邓澍、冯真、杨伯达、孙冶等到达北平，北平国立艺专校长徐悲鸿前往驻地看望和慰问。

江丰（1910～1982），原名周熙，上海人，著名版画家、美术教育家。1931年组建上海一八艺社研究所，同年参加鲁迅木刻讲习班，为左翼美术家联盟负责人之一，是中国新兴木刻运动的开拓者和组织者。1938年到延安，任鲁迅艺术学院美术系主任、陕甘宁边区美术界抗敌协会主席。1946年任华北联合大学美术系主任，建国后历任中国美术家协会副主席、主席，中央美术学院华东分院院长，中央美术学院副院长、代院长、院长。著有《江丰美术论集》。

2月3日

解放军在北平举行盛大入城式。

2月15日

国立北平艺专被人民政府接管。

3月23日

中共中央迁入北平城内。

3月28日

沈从文在家中自杀，经抢救后家人将其送至精神病防治院。

春

南开大学拟重建“木斋图书馆”，受南开大学文学院院长冯文潜先生委派，先生主持复建规划工作。南开“木斋图书馆”是由爱国实业家、教育家卢靖（号木斋）先生捐建，1928年落成，1937年7月毁于日机轰炸。抗战初期，“最令人痛心的消息是南开大学及校内木斋图书馆被炸毁。该图书馆是天津卢木斋先生捐款所建，以收藏中国书籍闻名国内。”（《颜惠庆自传：一位民国元老的历史记忆》，商务印书馆2003年）抗战胜利后，南开大学一直争取复建“木斋图书馆”，1948年卢靖先生去世，卢氏后人捐助绘图费，先生作为南开教师代表主持审议建馆规划，至1951年秋，图书馆在原址马蹄湖北岸修复，仍名“木斋图书馆”，现为南开大学行政楼。

“1949年，天津解放后，南大文学院院长冯文潜先生首先想到重建木斋图书馆，曾组织一个小组筹议其事。教师代表是哲教系的美学专家王逊教授。我作为学生代表参预末议。记得还曾讨论过构想的建馆蓝图。王逊先生随后调任清华，我毕业后去北大。后来得知，重建的木斋图书馆在旧址落成，现在改作办公楼，楼前勒石，铭记木斋图书馆兴建、被毁和重建的经过。这是对卢木斋先生捐资建馆的纪念，也是南大师生抗日爱国的光荣历史记录。”**（蔡美彪：《缅怀故老》，《学林旧事》，中华书局2012年4月）**

4月22日～26日

《人民日报》以“国画讨论”为题，分3期先后发表蔡若虹的《关于国画改革问题——看了新国画预展以后》、江丰的《国画改造第一步》、王朝闻的《摆脱旧风格的束缚》。

4月23日

南京解放。

4月24日

《人民日报》报道《北平特种手工业恢复与发展中的一些问题》：北平特种手工业在抗日战争以前，年产值7000～8000万美元。自1947年9月至1948年8月，年产值为1000多万美元，有19种特种手工业，大小1125家工厂，12842名手艺工人。北平解放初，只有约十分之三的工厂复工，还存在着资金、销路、中间剥削等问题。

6月15日

新政协筹备会在北平成立。会议决定设立6个工作小组，第6工作组负责研究草拟国旗、国徽、国歌、纪年、国都方案，组长马叙伦。

6月27日

《华北高等教育委员会关于南开、北大、清华、北洋、师大等校院系调整的决定》公布。

6月

梁思成等（署名清华大学建筑研究所、中国营造学社合编）编辑的《全国建筑文物简目》由华北高等教育委员会图书文物处印行。此后不久，先生建议文化部文物局印发此书，作为建国初期文物保护的依据。

7月2日～19日

中华全国文学艺术工作者代表大会（第一次文代会）在北平校尉胡同国立北平艺专礼堂举行，大会主席郭沫若致开幕词并作《为建设新中国的人民文艺而奋斗》的总报告。会议成立了全国文学艺术联合会（全国文联），美术家徐悲鸿、叶浅予、齐白石当选第一届全国文联委员。

第一次文代会期间，在北平艺专举办了艺术作品展览会（即第一届全国美展），展出1943～1949年间各类美术作品604件。

7月8日

原中国哲学会解散，先生转入新成立的中国新哲学研究会。中国新哲学研究会由李达任主席，艾思奇、郑昕任副主席，其宗旨是“团结全国哲学工作者，传播马列主义及毛泽东思想，以正确认识新民主主义社会发展的规律和批判继承旧哲学遗产，在文化思想战线上对各种错误学说展开批判。”新哲学研究会成立后，两周召开一次讨论会，内容是学习马克思主义哲学、研讨各种专业问题，会址设在北京大学。

张岱年先生回忆，“该研究会主要由汤用彤先生和胡绳先生领导。汤用彤在会上建议在北大、清华等校开设‘近代思想史’课程，内容涵括中西。他在一次课程讨论会上强调说：‘我们一定要把工作做好！一定要把工作做好！’态度非常恳切，听者为之动容。1949年，汤用彤率先聘请艾思奇、何思敬、胡绳到北大主讲‘辩证唯物主义和历史唯物主义’、‘思想方法论’等课程。”**（汤一介、赵建永：《汤用彤学记》，三联书店2011年）**

7月10日

《人民日报》等全国各大报纸刊出《新政治协商会议筹备会为征求国旗国徽图案及国歌词谱启事》。其中对国徽的设计要求是：（甲）中国特征；（乙）政权特征；（丙）形式须庄严富丽。

《文汇报》发表梁思成的《清华大学营建学系学制与学程草案》。草案全面阐述了清华营建系的创新教学计划：建筑学是自然科学、技术科学、人文科学的交集。营建系以融通理工与人文为宗旨，课程包括文化及社会背景、科学及工程、表现技巧、设计课程和综合研究。艺术技巧和理论修养贯穿其中，同时强调社会科学，重视从广阔的历史中探寻建筑发展的规律，通过“博”而“精”的训练培养学生综合的艺术修养。根据这一设想，清华营建系于1951年先后成立了建筑设计、市镇规划、造园、工艺美术四个教学组，并与清华社会学、哲学、历史等系合办清华大学文物馆。

7月21日

清华大学校务委员会通过决议，聘请先生任哲学系副教授。不久，又聘请先生任营建系教授，为清华哲学、营建两系合聘教授，直至1952年院系调整。

同日，清华大学校委会决议将建筑工程学系改为营建学系，梁思成任主任。

先生在清华任教期间，住清华大学新林院71号**（《纪念清华百年“水木清华”篇·大师故居》，《新京报》2011年4月16日）**，与梁思成、林徽因夫妇比邻而居，是梁、林家著名的文艺沙龙——“太太的客厅”中的常客。

“新林院在当时是清华大学知名教授居住条件最好的住宅区。单层独立、红砖四坡顶的洋式小住宅，一座座散落在绿草如茵、花木似锦的庭院中，环境十分幽静。……那时，他们（梁、林）的家在校园南区新林院8号，常见到的除金岳霖教授是每日早晚必到外，还有张奚若、邓以蛰、钱伟长、王逊、侯仁之等很多先生。他们在梁、林先生家非常随便，天南海北，政治、经济、哲学、宗教、诗词杂文、书法绘画、音乐曲调、工艺美术、戏剧舞美、球类运动，无所不谈；谈中有议、议中有争，争后有评、评中带笑，有时从一项建筑或装饰处理引起，有时从一件文物或技巧评论开头，旁听这些学者教授们的真知灼见、高雅谈吐，使得我们这些敬陪末座的青年们目瞪口呆，忘乎所以。”**（汪国瑜：《缅怀梁、林二师》，《清华大学建筑学院成立五十周年纪念文集》，中国建筑工业出版社1996年）**

中华全国美术工作者协会（简称“全国美协”）在北平中山公园来今雨轩成立。徐悲鸿任主席，江丰、叶浅予任副主席，叶浅予兼秘书长。不久，先生经李宗津介绍，加入全国美协。

8月5日

新政协筹备会第6小组决定聘请徐悲鸿、梁思成、艾青为国旗国徽初选委员会顾问。

8月31日

为挽救濒危的特种手工业，北平市人民政府工商局特邀专家梁思成、费孝通、徐悲鸿、林徽因、高庄、马大猷、吴作人、马衡等举行座谈会。梁思成、林徽因在座谈会上指出：产品的艺术性与销路是一致的，必须认识过去中国美术的优良传统，要表现出新中国的精神；徐悲鸿提出：特种手工艺今后要与美术家联系，改良现今产品的图案。座谈会当场推定由梁思成、费孝通、徐悲鸿等成立特种手工艺问题研究机构，后来经林徽因建议，由先生与邓以蛰、莫宗江、高庄等组成北平特种手工艺研究会，具体研究特种手工艺改进问题，并尝试创作工艺图样作品。

9月7日

清华大学第22次校委会决议成立“文物馆筹备委员会”，在1947年组建的“中国艺术史研究委员会”基础上改组成立。先生协助梁思成、邓以蛰负责清华文物馆筹备工作。

“熟悉清华大学校史的朋友应该不会陌生，围绕中国艺术史研究的主题，由梁思成、陈梦家、邓以蛰等营建系、国文系和哲学系的知名教授倡议，整合各方面的力量(各学科优势、人才、资金、机构等)，于1947年11月成立‘中国艺术史研究委员会’。新中国成立后，一度被搁置的艺术史研究工作重新启动，‘文物馆筹备委员会’成立，由新中国成立前的‘中国艺术史研究委员会’改组而成，梁思成担任主席，王逊担任书记。其下考古组，由陈梦家担任主任；民族组由吴泽霖任主任；民俗艺术组由王逊任主任；档案整理组由邵循正任主任；综合研究室由邓以蛰任主任，遂由此开展了相关工作。梁思成先生作为新中国成立前‘中国艺术史研究委员会’的召集人、新中国成立后‘文物馆筹备委员会’的主席，在清华大学乃至整个中国高校的艺术史教育领域中，无疑发挥着奠基和引领作用。”**（朱彦：《梁任公写给梁思成的信——关于近代中国艺术史学科建设的一段因缘》，《美术教育研究》2014年第13期）**

9月21日～30日

中国人民政治协商会议第一届全体会议在北京举行。

第一届政协全体会议提出六大要案：（一）北平恢复北京原名，定为国都。（二）国旗形式选定。（三）国徽形式选定。（四）以《义勇军进行曲》为临时国歌谱，词由郭沫若撰。（五）政协组织法。（六）政府组织法。其中，唯国徽议案未获通过，大会主席团决定邀请专家另行设计。

9月

先生开始在清华大学营建系、哲学系授课，同时兼任清华文物馆筹委会书记，参与国徽设计和北平特种工艺改造等工作。

1949年～1952年，初创时期的清华营建学系只有梁思成、刘致平和先生三位专任教授，此外还聘请了一些校外学者作兼任教授。先生在营建系开设的课程有“中国美术品举例”“中国工艺美术概论”等。

“梁思成先生当时一个人讲授五门课：‘中国建筑史’、‘西方建筑史’、‘设计概论’、‘规划概论’和‘中国绘塑史’（‘西方绘塑史’由李宗津先生讲授）。……刘致平先生讲授‘中国建筑技术’、‘中国住宅与园林’；莫宗江先生讲授‘东方建筑简史’（包括朝鲜与日本），这些在当时各大学建筑系中都是绝无仅有的。此外，还邀请北大著名历史地理学教授侯仁之先生教授‘市镇地理’（城镇历史地理），陈梦家、王逊等教授作传统文化与艺术的专题报告，高庄先生在教授雕塑时注重中国传统与西方传统的比较，而林徽因先生在许多即兴谈话中思路敏捷、旁征博引、学贯中西、博晓古今。”**（陶宗震：《纪念梁思成、林徽因先生及清华建筑系创办五十周年》，《南方建筑》1996年第3期）**

北平解放后，新组建的清华校委会成立“共同必修课委员会”（后称“辩证唯物论与历史唯物论教学委员会”，又称“大课委员会”，至1952年6月撤销）。先生与费孝通（召集人）、吴晗、吴景超、金岳霖、李宗津、何善周等任清华“大课”教员，为全校学生开设“辩证

唯物论与历史唯物论”公共必修课。（**《清华学习》1949年10月17日第1期**）

新政协筹备会决定将国徽设计任务交给清华大学和中央美术学院。清华大学国徽设计小组由梁思成、林徽因、邓以蛰、王逊、李宗津、莫宗江、高庄七人组成。

10月1日

中华人民共和国成立。下午三时，举行开国大典。

10月14日

新成立的清华大学文物馆筹备委员会召开第1次会议，讨论文物馆选址、经费使用、陈列展览等问题，同时决定成立一个临时工作组，主持在北京城内举行的“西南少数民族及台湾高山族展览”。

“自1949年10月14日至1950年4月26日，文物馆筹备委员会分别召开四次会议，筹备馆舍、经费、组织、人员等各项工作，并成立临时工作组筹备建国之初所需的展览。1950年7月，文物馆委员会正式成立，解放前文物陈列室的收藏、结余经费、原有工作等一概并入文物馆。根据校委会决议，自1950年9月起，文物馆委员会已成为清华大学常设的学术委员会之一。”**（姚雅欣、田芊：《清华大学艺术史研究探源——从筹设艺术系到组建文物馆》，《哈尔滨工业大学学报》（社科版）2006年7月）**

10月23日

清华大学国徽设计小组完成国徽图案的早期设计，同时提交《拟制国徽图案说明》——

“拟制图案以一个璧(或瑗)为主体；以国名，五星，齿轮，嘉禾为主要题材；以红绶穿瑗的结衬托而成图案的整体，也可以说，上部的璧及璧上的文字，中心的金星齿轮，组织略成汉镜的样式，旁用嘉禾环抱，下面以红色组绶穿瑗为结束。颜色用金，玉，红三色。

璧是我国古代最隆重的礼器。《周礼》：‘以苍璧礼天’，《说文》：‘瑗，大孔璧也。’这个璧是大孔的，所以也可以说是一个瑗。《荀子·大略篇》说：‘召人以瑗’：以瑗召全国人民，象征统一。璧和瑗都是玉制的，玉性温和，象征和平。璧上浅雕卷草花纹为地，是采用唐代卷草的样式。国名字体用汉八分书，金色。

大小五颗金星是采用国旗上的五星，金色齿轮代表工，金色嘉禾代表农。这三种母题都是中国传统艺术里所未有的。不过汉镜中有连弧纹，与齿纹略似，所以作为齿轮，用在相同的地位上。汉镜中心常有四瓣的钮，本图案则作成五角的大星；汉镜上常用小粒的‘乳’，小五角星也是乳的变形。全部做成镜形，以象征光明。嘉禾抱着璧的两侧，缀以红绶。红色象征革命。红绶穿过小瑗的孔成一个结，象征革命人民的大团结。红绶和绶结所采用的褶皱样式是南北朝造像上所常见的风格，不是西洋系统的缎带结之类。设计人在本图案里尽量地采用了中国数千年艺术的传统，以表现我们的民族文化；同时努力将象征新民主主义中国政权的新母题配合，求其由古代传统的基础上发展出新的图案；彩色仅用金，玉，红三色；目的在求其形成一个庄严典雅而不浮夸不艳俗的图案，以表示中国新旧文化之继续与调和。是否差强达到这目的，是要请求指示批评的。

这个图案无论用彩色，单色，或作成浮雕，或做成钢印，都是适用的。

这只是一幅草图，若蒙核准采纳，当即绘成放大的准确详细的正式彩色图，墨线详图，和一个浮雕模型呈阅。

集体设计

林徽因　雕饰学教授，作中国建筑的研究

莫宗江　雕饰学教授，作中国建筑的研究

参加技术意见者

邓以蛰　中国美术史教授

王　逊　工艺史教授

梁思成　中国雕塑史教授，作中国建筑的研究

一九四九年十月二十三日”

《拟制国徽图案说明》是先生执笔起草、经林徽因等诸位先生补充改定，又由先生以楷体字誊写后提交的，原件现存政协档案馆。以璧（或瑗）作为国徽图案主体，突出其在中国传统文化及礼法上的庄重意义，是先生在他早期论文《玉在中国文化上的价值》中就予以强调的。这一设计极有可能出自先生的“技术意见”；玉璧上饰以唐代卷草纹，以及对汉镜、南北朝造像图案的借鉴，这些设计思路则明显出自林徽因先生，她对此类图案纹饰一向有深入的研究和由衷的热爱。图案中其他设计和绘制，也都鲜明地反映出国徽小组成员各自的专业造诣，是他们集体智慧的结晶。

“早在第一届全国政协第一次全体会议召开之前，作为清华大学营建系教授的林徽因，（清华大学规定，夫妻双方不得同在一系任教授。林徽因由于梁思成的关系未聘教授，但一直承担营建系的大量工作，编者注）就与助手莫宗江合作草拟了一幅国徽图案，后又汲取大家的意见改进为新图案。林徽因认为中国的国徽必须具有最鲜明的民族特征，不仅要表现革命的内容，还要体现出中华文明古国悠久的文化传统，避免像某些东欧国家一样成为苏联国徽的翻版。林徽因和莫宗江经过约一个月的探索，并请时任清华大学中国美术史教授邓以蛰、工艺美术史教授王逊、雕塑学教授高庄及梁思成一同研究讨论，几经改进，终于在1949年10月23日完成国徽图案的早期设计，并提交《拟制国徽图案说明》。……林徽因在国徽图案里尽量采用中国数千年艺术的传统，将我国古代用以号召人民、象征国家团结统一的最隆重的礼器——玉璧作为国徽的基本图案，

象征中华民族的团结、丰裕与和平，体现了她浓郁的中国传统文化情怀。同时，她把中国民族传统文化与国家政权的新主题相融合，首次将国旗上的五颗金星设计入国徽图案；为体现新中国的政权特征，国徽图案底部设计有金色齿轮，旁饰金色嘉禾。金色齿轮代表工，金色嘉禾代表农，红绶穿瑗成结象征革命人民大团结。这种把国徽和国旗联系在一起的创意，以及齿轮、嘉禾、红绶和玉璧的造型，被后来正式颁布的国徽所采用。”**（高竣、朱勉：《林徽因在国徽和人民英雄纪念碑设计中对民族形式的探索与追求》，《当代中国史研究》2009年第1期）**

11月5日～7日

先生参加筹备的“西南少数民族及台湾高山族文物展览”在中央美术学院大礼堂举办，展出珍贵文物500多件，观众达4000余人。京津各报均有报道，《光明日报》还为展览编发了专刊。展览结束后，展品运回清华，在清华校内又进行了展示。

为征集台湾高山族文物，先生专程拜访上海著名收藏家丁惠康先生，邀请丁先生参观清华大学文物馆，丁先生慨然捐赠所藏全部高山族文物200余件，后又捐赠西周青铜鼎一件。

11月23日

毛泽东批示由文化部部长沈雁冰署名发表《关于开展新年画工作的指示》。

北平国立艺专与华北大学三部美术科合并成立的中央美术学院筹备会成立。

12月16日

中央人民政府政务院第11次政务会议任命徐悲鸿为中央美术学院

院长。

12月24日

文化部文物局在京召开文物管理工作会议，讨论《为保护全国各地公私有古迹文物图书令》《古文化遗址及墓葬发掘暂行办法》《为禁运文物图书出口令》等文物法规。先生与郭沫若、向达、梁思成、尹达、范文澜、邓拓、胡绳、马衡等专家应邀出席。

1950年　庚寅　35岁

1月31日

文化部文物局主办的《文物参考资料》（后改为《文物》月刊）创刊，“创刊号”发表了先生撰写的《保护古迹文物工作与经济建设联系起来》，《光明日报》1950年6月16日予以转载。文章列举了当时各地普遍存在的对古迹文物不重视和人为破坏、盗卖的现象，提出在频繁的“土地翻动”、大规模经济建设的同时，更须组织专业力量进行科学考古，以保护悠久丰富的历史文化。先生建议各地印发梁思成主编的《全国建筑文物简目》，并利用地方志对本地区古迹文物开展普查。此后不久，文物局重印《全国建筑文物简目》，发给各大行政区，文物普查工作开始。

2月1日

全国美协机关刊物《人民美术》创刊。王朝闻、李桦任执行编辑，《人民美术》于本年10月出版5期后停刊。本期“创刊号”发表了李可染的《谈中国画的改造》、李桦的《改造中国画的基本问题》，这是继1949年4月《人民日报》发表江丰等人“国画讨论”文章后，较早探讨“国画改造”问题的文章。

王朝闻（1909～2004），四川合江人，著名美学家。早年学习绘画、雕塑。1940年起在延安鲁艺美术系任教，1949年后历任中央美院副教务长、《美术》杂志主编、全国美协副主席、中华美学学会会长、名誉会长。

2月13日

中央美术学院院长徐悲鸿致信先生和高庄、莫宗江，希望先生等清华大学“民俗工艺组”同人承担“建国瓷”设计任务。1949年底，郭沫若提议设计“建国瓷”作为国家用瓷和国家礼品瓷，得到政务院总理周恩来赞同，责成轻工业部、中央美术学院组织专家进行设计。徐悲鸿在信中希望“诸先生多设计，请高庄先生付诸实施”，三年内完成“吾人现有之理想”，并要求“色釉配制，必须走群众路线。试制时如果不成，从小瓶小碗开始也行，打开一个局面也是值得的。”

“画家徐悲鸿于1950年2月13日写了封信，寄给清华大学高庄。信的抬头是：‘高庄、宗江、王逊惠鉴’，他在信中这样写道：‘鄙意倘陶瓷能将集得之古瓷片内各种优美适当之处，加以利用，制成多种成本减轻、效果甚好之新陶瓷，吾人之责也。此有待吾人之努力，而非可咄嗟立办之事。……我想在三年内可以陆续完成吾人现有之理想。’……徐先生说，‘试制（创作）新中国瓷，此可由国家定制，尤要在民间普遍烧制。’‘仍愿诸先生多设计，请高庄先生付诸实施，美满之结果是在将来！’”**（李津勋〈高庄夫人〉：《高庄与陶瓷设计》，《美术》1993年第10期）**

高庄（1905～1986），著名工艺美术家。早年在北平艺专陶瓷系任教，后赴解放区任联大鲁艺美术系主任。1949年后任清华大学副教授、中央工艺美术学院教授，参与国徽设计、建国瓷设计、景泰蓝改造。

2月17日（春节）

全国美协、新华书店总店联合主办的“1950年全国年画展览会”在北京中山公园水榭开幕。

清华文物馆筹委会在校内同方部举办“年画展览”，展期2日。先生负责展览筹备。

2月21日

清华大学文物馆筹备委员会召开第2次会议，决议：①致函校委会调整各系用房，确定专门馆舍供文物馆研究展示之需。②成立工作组，由邓以蛰任总干事，先生与高庄、莫宗江、李有义、胡庆钧、马汉麟、陈梦家、杨遵仪任干事，承担日常工作。③举办各种展览，包括年画、手工艺、雕刻、原始共产社会等专题展览。

按照文物馆筹委会要求，先生组织相关人员对保存在清华各处的文物进行清查登记。

2月

中苏签订《中苏友好同盟互助条约》。

3月22日

清华大学文物馆筹备委员会召开第3次会议，增补吴泽霖教授为工作组干事，提请校委会将图书馆楼下文学院、法学院两院长室和文法学院讲训室暂借文物馆使用。会议确定文物馆筹委会工作组分工如下：

1. 现有文物图籍保管、整理、研究工作：

考古组：陈梦家、莫宗江、马汉麟、杨遵仪；

少数民族组：吴泽霖、李有义、胡庆钧；

民俗工艺组：王逊、吴泽霖、高庄、莫宗江；

综合研究室：邓以蛰、梁思成、潘光旦、王逊。

2. 推定陈梦家、吴泽霖、王逊、邓以蛰分别为各组室主要负责人，组成常务干事会，为工作组核心机构，邓以蛰为召集人。

3. 成立购置小组：陈梦家（召集人）、李有义、高庄、王逊。

4. 成立展览小组：吴泽霖（召集人）、陈梦家、高庄、王逊、杨遵仪。

3月24日

先生与邓以蛰、陈梦家、吴泽霖召开文物馆筹委会常务干事会，商议各项工作落实问题。

3月

经季镇淮、王瑶介绍，先生加入中国民主同盟。1952年院系调整调至中央美术学院后，先生任中央美院民盟主任委员，直到1957年反右被撤销职务。

4月1日

中央美术学院（前国立北平艺专、华北大学三部合并组建）正式成立。郭沫若、沈雁冰出席成立典礼并讲话。全国美协主席徐悲鸿任院长，江丰任副院长，吴作人、王朝闻任正副教务长。

4月8日～9日

清华大学文物馆筹委会、营建系、社会系在清华一院办公楼举办“手工艺品展览”，旨在帮助清华师生了解中华民族传统手工艺成就，探索今后发展特种手工艺的方向。先生负责展览筹备工作，包括漆嵌工艺、雕漆工艺、金属工艺、织绣工艺、编制工艺、扇类在内的300余件展品，给观众留下深刻印象。展览期间，参观人数达2000多人，京津报刊都对此次展览作了详细报道。

4月26日

清华大学文物馆筹备委员会召开第4次会议，决议文物馆筹备工作已经完成，建议校委会正式组建文物馆。会议责成先生起草“文物馆筹委会工作报告”“成立文物馆建议案”等文件，提交清华大学校务委员会讨论。

4月30日

清华校庆日。清华大学文物馆筹委会在图书馆会议室举办“石像雕刻展览”，同时，西南少数民族、台湾高山族、藏族三个文物陈列室对外开放。

4月30日～5月3日

清华大学文物馆筹委会在图书馆举办“社会发展史（早期）展览”。

4月

清华大学历史系组织全系师生参观北京市文物古迹，先生应邀讲解故宫建筑艺术。

“为了使参观更具有专业性，我们聘请了清华哲学系专攻艺术史的王逊教授和燕京大学的地理学侯任之教授为我们随处讲解。王逊先生讲解故宫建筑艺术的音容笑貌，至今记忆犹新。”**（如雷：《回顾在清华大学历史系学习生活片断》，《学林漫录》七集，中华书局1983年）**

5月

先生受清华大学文物馆筹委会委托，完成《本校原有各文物部门现状报告暨文物陈列室现状报告》《文物馆筹委会成立经过及工作报告》《文物馆筹备委员会提呈校务委员会之关于成立文物馆的建议》三个报告，提交清华大学校务委员会讨论通过。

《关于成立文物馆的建议》包括文物馆定位、组织机构、工作人员及职责等项内容。清华大学文物馆的定位是“本校文物搜集、整理、研究与保管及形象教学的统一领导机构”。文物馆由清华大学原文物陈列室、社会系各少数民族陈列室、民俗艺术陈列室、地学系陈列室考古部分、历史系档案文献征集、哲学系图片征集等相关系室工作组成。文物馆设常务委员会负责管理事务，下设考古组、民族组、民俗艺术组、档案整理组和综合研究室。常委会委员6人，包括文物馆主席及下设四组一室主任。

考古组包括文物陈列室及地学系考古部分。

民族组包括社会系西南少数民族、西藏及高山族文物收藏。

民俗艺术组包括社会系民俗收藏、营建系收藏。

档案整理组包括历史系征集的档案，并接受图书馆整理图片、金石拓片的委托。

综合研究室集中过去各系（尤以哲学系及营建系）购置的考古、艺术史图籍及必要参考书，加入哲学系征集的图片，进行中国美术史研究和物质文化史研究，为文物馆和有关各系各课参考、研究、教学提供支持。

文物馆日常工作包括文物搜集收藏、编目、举办展览、联系校外机构及配合社会需要等方面。计划中的研究工作主要是对馆藏文物进行搜集、整理和研究，包括“尽最大可能搜集古今一切有关的形象资料，例如金甲文字中所表现的耕织工具、工作情形；汉代画像石及唐宋以来绘画中的耕织图像；元明清历代木刻图籍（例如各种农书）中之图像等。”

6月11日

下午4时，全国政协常委会开会讨论国徽图案。会后周恩来约请梁思成组织清华国徽设计小组，按政协常委会提出的要求，以天安门为主要题材重新设计国徽图案，并将国徽制作任务交给清华大学。

6月12日

上午，梁思成在家中召集先生、莫宗江、高庄、邓以蛰、林徽因等人开会，研究讨论国徽设计修改问题。

“梁先生传达了周总理要求国徽图案内容除增加天安门外，还要增加稻穗。梁先生还在会上详细介绍了美术家们设计的国徽图案形式与各方面对他们图案形式的意见。6月15日政协国徽组的会议记录上，可以第一次看到梁思成先生这样说的话：‘周总理提示我要以天安门为主体，设计国徽的式样，我即邀请了清华大学营建系的几位同人共同讨论研究。’”（**《国徽诞生记》，《文汇报》1995年10月17日**）

6月15日

晚8时，政协全委会第二次会议召集国徽小组第一次会议，马叙伦、张奚若、陈嘉庚、沈雁冰、郑振铎、李四光、张冲、田汉、梁思成、周恩来出席。会议听取梁思成报告清华营建系专家讨论意见——

“梁思成报告：周总理提示我，要以天安门为主体，设计国徽的式样，我即邀请清华营建系的几位同人，共同讨论研究，我们认为国徽悬挂的地方是驻国外的大使馆和中央人民政府的重要地方，所以他必须庄严稳重。因此，我们的基本看法是：

（1）国徽不能像风景画。国徽与图画必须要分开，而两者之间有一种可称之为图案。我们的任务是要以天安门为主体，而不要成为天安门的风景画、外加一圈，若如此则失去国徽的意义，所以我们要天安门为主体，须把它程式化，而使它不是风景画。

（2）国徽不能像商标。国徽与国旗不同，国旗是什么地方都可以挂的，但国徽主要是驻国外的大使馆悬挂，绝不能让他成为商标，有轻率之感。

（3）国徽必须庄严。欧洲十七八世纪的画家开始用花花带子，有飘飘然之感。我们认为国徽必然是庄严的，所以我们避免用飘带，免得不庄严。至于处理的技术，我们是采用民族形式的。”（**《全委会第二次会议国徽组第一次会议记录》，全国政协档案馆存**）

6月17日

清华大学营建系国徽设计小组提交新的国徽设计图和署名“国立清华大学营建学系”的《国徽设计说明书》，从文字风格和誊录字体看，是出自林徽因的手笔。

国徽设计说明书

设计人：国立清华大学营建学系

一、我们的了解是：

国徽不是寻常的图案花纹，它的内容的题材，除象征的几何形外，虽然也可以采用任何实物的形象，但在处理方法上，是要强调这实物的象征意义的。所以不注重写实，而注重实物的形象的外观轮廓，强调它的含义而象征化。

它的整体，无论是几件象征的实物，或几何形线纹的综合，必须组成一个容易辨认的、明确的形象。

这次的设计是以全国委员会国徽小组讨论所决定采用天安门为国徽主要内容之一而设计的。

因为天安门实际上是一个庞大的建筑物，而它前面还有石桥、华表等许多复杂的实物，所以处理它的技术很需要考虑，掌握象征化的原则，必然：

（一）极力避免画面化，不要使它成为一幅风景画，这就要避免深度透视的应用，并避免写真的色彩。

（二）一切须图案化、象征化。象征主题内容的天安门，同其他象征的实物的画法的繁简必须约略相同，相互组成一个图案。

二、这个图案的象征意义：

图案内以国旗上的金色五星和天安门为主要内容。五星象征中国共产党的领导与全国人民的大团结；天安门象征新民主主义革命的发源地，与在此宣告诞生的新中国。以革命的红色作为天空，象征无数先烈的流血牺牲。底下正中为一个完整的齿轮，两旁饰以稻麦，象征以工人阶级为领导，工农联盟为基础的人民民主专政。以通过齿轮中心的大红丝结象征全国人民空前巩固团结在中国工人阶级的周围。就这样，以五种简单实物的形象，藉红色丝结的联系，组成一个新中国的国徽。

在处理方法上，强调五星与天安门在比例上的关系，是因为这样可以给人强烈的新中国的印象，收到全面含义的效果，为了同一原因，用纯金色浮雕的手法处理天安门，省略了繁琐的细节与色彩，为使天安门象征化，而更适合于国徽的体裁。

红色描金，是中国民族形式的表现手法，兼有华丽与庄严的效果，采用作为国徽的色彩，是为中国劳动人民所爱好，并能代表中国艺术精神的。

一九五〇年六月十七日

“清华大学营建系经过几轮设计，反复修改，拿出了新的国徽图案，代表工农联盟的三个基本元素(工、农、联合)、四个基本构件(齿轮、麦穗、稻穗、红绶带)的组合布局，独具匠心。一是齿轮的设计。从图案低端中心位置最初设计的是圆形玉璧或大空的玉瑗简化为圆形齿轮，既体现了工人阶级在新中国国体中重要地位的喻义，也隐玉瑗于齿轮中，优化发展了红绶穿瑗成整体图案的原创意思路。二是嘉禾的设计。考虑到中国北方的主要农作物是小麦，南方的主要农作物则是稻谷，两种农作物都必须得到表现，因此在图案设计中把麦穗、稻穗各分作两束，在图案中分为内外两圈。外圈为麦穗，内圈为稻穗。为了避免在视觉上产生散乱的感觉，巧妙地用由齿轮中心穿出的延长绶带捆扎的方法，使两束稻麦穗形成一个整体出现在图案中。”**（陈宇：《回眸国徽设计的若干细节》，《北京日报》2012年9月24日）**

6月20日

政协国徽审查小组召开会议，最终确定清华大学营建系设计的国徽方案中选。

6月21日

国徽审查小组负责人马叙伦、沈雁冰向政协全体大会提交了审查报告。

6月23日

全国政协一届二次全体会议同意国徽审查小组的报告和清华大学拟定的国徽图案。之后，清华大学国徽设计组根据周恩来建议，对麦稻穗造型细部形象作了局部改进，重新绘制了国徽完整图案，送交国徽审查小组。

6月25日

朝鲜内战爆发。

6月28日

中央人民政府委员会第八次会议通过了政协一届二次会议提出的

《中华人民共和国国徽图案及对设计图案的说明》，正式决定了国徽图案，清华大学国徽设计工作取得圆满成功。

毛泽东发表讲话，号召“全国和全世界的人民团结起来，进行充分的准备，打败美帝国主义的任何挑衅。”同日，周恩来代表中国政府发表声明，强烈谴责美国侵略朝鲜、台湾及干涉亚洲事务的罪行。号召“全世界一切爱好和平正义和自由的人类，尤其是东方各被压迫民族和人民，一致奋起，制止美国帝国主义在东方的新侵略。”

6月

北京特种工艺公司成立。清华大学营建学系接受北京特种工艺公司委托，为景泰蓝设计改良新图样。先生和林徽因、高庄、莫宗江、李宗津等多位美术家深入生产一线调查研究，设计出一批景泰蓝新图样，在赋予产品新的形式美的同时，在工艺上也有所突破，“使景泰蓝的艺术质量的改进工作得以顺利地进行，而不至于制造各种稀奇古怪的产品了”。先生后来回忆说——

“北京解放不久，人民政府便已注意到整个北京市的手工艺发展。北京的手工艺作为一个社会经济的问题是和作为一个文化艺术的问题同样重要的。所以，在1950年6月成立了地方国营的‘北京特种工艺公司’，同时负担起在产销等经济工作和艺术质量改良工作（首先以景泰蓝为重点）两方面的领导责任。”（**《景泰蓝工艺》，《新观察》1954年第1期**）

“去年六月，北京特种工艺公司初成立时，同清华大学营建系服务部研讨了新图样设计和改良图案的问题。清华同人也愿意把过去曾进行过的景泰蓝新图样设计的尝试性的工作，变成一件正式的有组织有计划的工作，所以便接受了公司的委托。”（**《景泰蓝新图样设计工作一年总结》，《光明日报》1951年8月13日**）

7月6日

中央人民政府政务院颁布《为保护古文物建筑的指示》。

7月

清华大学校委会审议文物馆筹委会工作报告，决议成立文物馆委员会。清华大学文物馆委员会由梁思成（营建系主任）、潘光旦（社会系主任）、金岳霖（哲学系主任）、吴晗（历史系主任）、袁复礼（图书馆主任）、邓以蛰（哲学系教授）、吴泽霖（社会系教授）、邵循正（历史系教授）、费孝通（社会系教授）、陈梦家（国文系教授）和先生（哲学系、营建系合聘教授）11人组成。

梁思成任文物馆委员会主席。先生任文物馆书记兼民俗艺术组主任，主持文物馆日常管理工作。文物馆下设考古组（主任陈梦家）、民俗艺术组（主任王逊）、民族组（主任吴泽霖）、档案整理组（主任邵循正）及综合研究室（主任邓以蛰）。 文物馆常务委员会由以上六人组成。各组工作人员包括——

考古组：陈梦家（主任）、袁复礼、马汉麟、朱德熙、莫宗江；

民族组：吴泽霖（主任）、李有义、胡庆钧；

民俗艺术组：王逊（主任）、高庄、莫宗江、李宗津；

档案保管组：邵循正（主任）、周一良、陈庆华；

综合研究室：邓以蛰（主任）、孙毓棠、王逊。

“‘清华文物馆’成为清华大学文物收藏、整理、研究、保管及形象教学的统一领导机构，它的作用类似于现在的大学博物馆。因为梁思成事务繁杂，就把文物馆的具体工作让美学教授王逊来负责。王逊是邓以蛰和金岳霖的得意弟子，是和梁家来往非常密切的教授，林徽因曾评价：‘王逊先生是位出色的哲学家、美术史家，又是历代工艺美术鉴赏家、评论家。’足见其博学深厚的研究功底。”**（韩众城：《徐、林系列之一百三零“通才教育”》）**

"由于清华大学文物馆定位于全校形象教学的领导机构，以形象教学配合一般教学，研究重点转向适应新中国成立的现实文化需求——通过文物艺术阐释社会发展。显然，1950年文物馆的艺术史研究已不同于筹设艺术系时期的艺术史研究，清华大学'暂于哲学系内设立艺术哲学组，并与其他各系所开有关课程配合，以造就艺术史人材。'这样的安排仅维持到1952年高校院系调整前。

据清华大学文物馆成立时各部门收藏文物统计，文物陈列室已有文物2880件，较1948年成立之初1000件藏品扩充了近三倍；社会系各陈列室收藏文物共计5647件，包括民俗艺术文物4228件，人类学及少数民族文物1239件；地学系考古和地质部分藏品有80余箱。文物馆委员会积极向校委会申请馆舍，力求逐步将文物馆建成拥有房舍、设备、事务管理与技术人员的完备而有形的机构。"**（姚雅欣、田芊：《清华大学艺术史研究探源——从筹设艺术系到组建文物馆》）**

先生主持清华文物馆工作期间，除整理馆藏文物、筹备各种展览外，还为文物馆征集入藏了一批珍贵文物，包括甲骨、书画、青铜器、陶瓷、织绣、木版年画等。

"我与王逊教授结识于1950年底，时值我从美国回来。我们都是梁思成、林徽因先生家'谈笑有鸿儒'的常客之一，知道他是清华哲学系教授邓以蛰的得意弟子。邓先生与梁先生时任清华文物馆的主席，但具体工作则由王逊负责。文物馆的地点在清华生物馆楼上，北向、玻璃顶。从战乱到初定，由于市场上的旧货和散落文物很多，其中有不少颇有收藏价值，就看觅宝者有没有眼力和一定的闲钱。在这样的机会中，经过梁、邓诸先生的努力，也觅得了不少文化和艺术精品。不过，当时清华的文物馆尚未对外开放，正因我与王逊教授的结识，便有了机会多次前往参观，至今对那些展品还留有印象。"**（吴良镛：《王逊学术文集·序》，海南出版社2006年）**

“好多中国的学科实际上是从清华的文科开始的，是在清华的基础上发展起来的，比如考古学、教育史、法学、人类学、少数民族历史、中外文化比较甚至是美术史，比如中央美院美术史系的创始人王逊就是清华出身，我念书的时候他就在清华教书，是文物馆的馆长。所以我说清华文科的优势不仅仅是有悠久传统，而且是有特色的传统，传统加上特色，这才构成了清华文科的重要性。”**（潘可佳、张元智：《与清华结缘五十载——访历史系教授李学勤》，《新清华》2005年）**

先生好友周珏良主编的《周叔弢先生六十生日纪念文集》由香港龙门书店出版。此书邀集学界名流陈寅恪、向达、邓以蛰、王重民、余嘉锡、周叔迦、季羡林、唐兰、俞平伯、赵万里、钱钟书、顾颉刚、顾廷龙、谢国桢、邓以诚、周一良、陈梦家等29人，就各自研究领域撰著专文，汇辑成册，其中收录了先生的论文《王羲之父兄考》。

“尊编学术年谱或仍有缺漏，忆四十年代中周珏良君（清华外文系）尊人周叔弢先生生日纪念文集收有逊兄论文一篇，未知已见过书否？（拙编《王逊学术文集》漏收此篇，后补入李松、张蔷主编的《王逊美术史论集》，编者注）……”**（王勉先生致编者，2006年6月1日）**

“王逊在1946年8月到天津南开大学担任哲学系副教授以后，开始从事美术史课程的教学。其间，他著有《王羲之父兄考》，发表于《周叔弢先生六十生日纪念论文集》。此文参照史籍与王羲之书札，详考王羲之家世，具见作者考证之功力。此书已很难觅得，王先生从前曾赠给我油印本，也有着以此相勉的厚意。文中提及他还写过《王羲之与天师道》（未发表），可知王逊对王羲之的艺术与生平曾作过系统的研究、考证。”**（李松：《美术史论家王逊》，《中国现代美术理论批评文丛·李松卷》，人民美术出版社2011年）**

7月21日～8月31日

先生参加文化部组织的新中国第一次考古之旅——“雁北文物勘察团”，对山阴故驿古城遗址和京绥线文物古迹进行勘察。“雁北文物勘察团”主要由清华大学、北京大学文物考古专家16人组成：团长裴文中（文化部文物局），副团长刘致平（兼古建筑组组长，清华大学）、陈梦家（兼考古组组长，清华大学）。成员有王逊（清华大学）、傅振伦（历史博物馆）、阎文儒（北京大学）、宿白（北京大学）、赵正之（北京大学）、莫宗江（清华大学）等。**（《我局组织“雁北文物勘察团”调查山阴故驿古城遗址及京绥线古文物建筑》，《文物参考资料》1950年第1卷第2期）**

“山西省雁北专区，自古为匈奴人游牧之地。春秋时代赵筑长城，两汉也是边防重地。北魏拓跋氏于此建都，辽金都以大同为西京，明清大同仍为重镇。这样，在这一地域就遗留下来很多古迹古物。1950年5月，中国人民解放军68军203师607团战士，在桑干河淤滩开凿南干渠工程，于山阴县故驿村发现故城遗址。文化部邀请北京大学、清华大学专家座谈，鉴定它可能是汉初或战国故迹，有发掘探索的必要，遂组织了由16人组成的‘雁北文物勘察团’前往调查。这是新中国成立以来第一次有组织的规模较大的一个关于文物实地勘察研究的工作团体。根据这次勘察，中央不仅修整了古代文物，还把涉及的古代文物列入全国第一批重点保护文物目录之中。”**（傅振伦：《蒲梢沧桑——九十忆往》，华东师范大学出版社1997年）**

“雁北文物勘察团”于7月21日成立当日即出发，当晚抵大同。次日全团至云冈共同调查云冈石窟保存现状。之后考古组、古建组分途各地开展调查勘测。直到8月31日，考古组从阳高县，古建组从太原分别返回北京。此行调查工作时间共计40天，先后调查了大同云冈石窟、山阴故驿村古城、浑源李峪村出土战国铜器遗址、阳高古城堡、广武古墓群、雁北及五台、太原、正定等地重要古建筑遗构二十余处，都进行了细致测绘、摄影和文字记录，考察期间还进行了小规模的考古发掘工作。此次考察查明，晋冀两省唐、宋古建遗构较多，国家文物局责成北京文物整理委员会编订《文物建筑等级评定表》，选定山西、河北两省作为古建筑重点调查修缮保护的地区。

“1950年7月21日，由中央人民政府文化部及文物局负责组织成立的雁北文物勘察团以其较大的规模与成果丰硕在当时颇为引人瞩目，成为建国之初文化遗产保护领域具有广泛影响的重要文化事件之一。

雁北文物勘察团是中华人民共和国成立以来第一次组织的规模较大的关于历史文化遗产实地调查研究的工作团队。该团在调查结束之后发表的《雁北文物勘察团报告》也是建国以来正式付梓出版的第一部关于文化遗产保护与研究的调查报告。”**（温玉清：《雁北文物勘察团溯往》，《建筑中国60年》，天津大学出版社2009年）**

考察期间，先生与裴文中、陈梦家、傅振伦、阎文儒、宿白6人组成考古组，重点对大同周边石窟遗址、出现战国彝器的浑源李峪村等处进行了勘察。先生撰写的考察报告《云冈一带勘察记》指出，沿武州川一带的石窟造像，不只云冈一处，属于北魏时代的就还有吴家屯、鲁班窟和焦山等处。先生在云冈石窟造像顶上发现北魏建筑遗迹2处，捡到有“传祚无穷”完整字样的北魏瓦当，并据岩壁上的凿孔、残瓦雨滴等，推断此处当时必有宏伟木构建筑，或即云冈石窟的开凿者、北魏名僧昙曜居住过的通乐寺遗址。此外，先生还对沿途所见辽金以迄明清的雕刻、壁画、塑像的历史年代、艺术风格进行了初步考证。

8月2日

先生参加筹备的“中国艺术展览会”赴苏联展出前在故宫举办预展，展出古代美术品、工艺美术品、近代美术品1200余件。

9月13日

《高等学校课程草案摘要》颁布。清华大学各院系均按照该《草案》规定进行课程改革，即按照统一规定开设课程。

9月20日

中央人民政府主席毛泽东发布主席令：

中国人民政治协商会议第一届全国委员会第二次会议提出的中华人民共和国国徽图案及对该图案的说明，业经中央人民政府第八次会议通过，特公布之。

此令。

主席 毛泽东

1950年9月20日

同时颁布《中华人民共和国国徽图案说明》：“国徽的内容为国旗、天安门、齿轮和麦稻穗，象征中国人民自‘五四’运动以来的新民主主义革命斗争和工人阶级领导的以工农联盟为基础的人民民主专政的新中国的诞生。”

9月

清华大学将文物馆委员会列为常设委员会之一。

应徐悲鸿院长之请，先生开始到刚成立的中央美术学院兼课，为首届绘画调干班授课。

“1950年，中国美术的最高学府——中央美术学院响应政府要求，为军队培养美术人才，举办了首届绘画调干班，首届调干班共有11名成员……学制二年，主要是基础性美术教育的学习，调干班学员在这里第一次接受了正规的绘画学习和培训，第一期老师有罗工柳、蒋兆和、王式廓、吴作人、王逊等。”**（马颖：《论秦征的艺术及其艺术观》，天津美术学院2009年）**

10月1日

中华人民共和国庆祝建国一周年。

10月1日～11月15日

由苏联部长会议艺术委员会主办的“中国艺术展览会”在苏联莫斯科国立特列嘉柯夫艺术馆开幕，观众达20万人次。其间，苏联国家艺术学院还为展览举行了研讨会。

10月4日

中国各民族文物展览在北京开幕。

10月

中国人民志愿军开赴朝鲜。

为配合抗美援朝进行爱国主义教育，文化部拟举办“敦煌文物展览”，作为“伟大的祖国”展览中的重要部分。本月起至翌年4月展览开幕，先生与敦煌艺术研究所常书鸿所长一同在故宫筹备布展，并多次参加文化部召开的展览筹备会议。

“1950年10月，常书鸿奉命到西安参加西北第一次文代会，接到文化部副部长郑振铎的急电，准备展品去北京筹备《敦煌文物展览》，以配合抗美援朝，进行爱国主义教育。

常书鸿携妻李承仙来到北京后，为了方便在故宫午门举办的《敦煌文物展览》工作，就住在故宫西廊庑的房间里，那里当时作为布展时的办公地点，清华教授王逊一直参与筹备和布展工作。”**（韩众城：《徐、林系列之一百三十八“敦煌展览”》）**

《人民美术》第5期发表先生的论文《工艺美术的提高与普及》。从1949年起，受北京市人民政府委托，先生与林徽因等直接深入到濒危的传统手工艺行业进行调查研究，这篇文章即此时撰写的调研报告。文章指出，“当前工艺美术中存在着性质不同的两个问题，一个是京式工艺如何普及，一个是民间工艺如何提高”。先生强调，普及不是偷工减料，普及是在“科学地分析了工匠师傅们技艺特长和材料性能”基础上“组织新花样图案，设计新形体，从而更有效地产生出更丰富完美的表现效果”。针对当时包括景德镇陶瓷在内的民间工艺“浅薄恶俗”的作风，先生指出，工艺美术的改造必须从生活的源头、从中国早期工艺史所表现出的“真挚素朴”的风格中去汲取养分，“必须用科学方法帮助工匠们选制原料、烧造，以提高品质，并且改良形式使之更适于使用”。他强调，“民间艺术是中国美术的永久的丰富的源泉，而且是民族形式的丰富的源泉。……生活与美术是合一的，中国美术史上的重要名迹与杰出的成就无不同时是美术品、又直接地表现了一定历史阶段上人民的现实生活。保持并且发扬生活的有机性和完整性是承继了中国美术优美传统。”

11月4日

中国共产党和各民主党派联合发表宣言：“誓以全力拥护全国人民的正义要求，拥护全国人民在志愿基础上为着抗美援朝保家卫国的神圣任务而奋斗。”

11月7日

先生署名《清华大学教职员工拥护各民主党派联合宣言》。（**《人民日报》1950年11月7日**）

11月12日

先生署名《中国民主同盟北京市盟员联合发表抗美援朝保家卫国宣言》。（**《人民日报》1950年11月12日**）

12月

为配合抗美援朝，先生的论文《朝鲜古艺术和中国的关系》发表于《进步日报》，《文物参考资料》1951年第1期予以转载。文章引证大量实例，说明早在上古时期，中、日、朝文化就显示出“亲密的相似”，在中、日之间，“朝鲜是重要的桥梁，无论是从中日哪一方面开始的文化交流或军事侵略。”相当于西汉时的朝鲜古乐浪郡已有文字证实中国文化对朝鲜的传播和影响；乐浪以后，古代朝鲜艺术的四个时期：三国、新罗、高丽、李朝时代，和中国艺术史上的魏晋南北朝、隋唐五代、宋元、明清是平行发展的对应关系。这篇文章是国内学术界最早对朝鲜古艺术进行系统研究的论文，其中先生对中、朝两国艺术史所作的分期研究尤值得注意。

本年

清华大学哲学系设艺术哲学组，由邓以蛰和先生负责。

先生的论文《大学的形象教学》发表（**发表处未详，见“中华全国美术工作者协会会员登记表”**）。

徐邦达调文化部文物局文物处任业务秘书。

徐邦达（1911～2012），字孚尹，号蠖叟，浙江海宁人。著名书画鉴定家。擅长古代书画鉴定，兼擅山水画创作。1950年调国家文物局，主要从事古代书画鉴定工作。1953年参加筹建故宫绘画馆。

是年底，吴良镛从美国留学回国，在清华大学营建系任教。

吴良镛（1922～　），江苏南京人。毕业于中央大学建筑系，1946年协助梁思成创建清华大学建筑系。1949年获美国匡溪艺术学院硕士学位，1950年回国投身新中国建设。历任清华大学建筑系主任、中国建筑学会副理事长、中国城市规划学会理事长、国际建筑师协会副主席、世界人居学会主席等职。为中国科学院院士、中国工程院院士。

1951年　辛卯　36岁

1月26日

文化部文物局郑振铎局长邀请先生与向达、徐悲鸿、吴作人、常书鸿等专家座谈筹备敦煌文物展览事宜。

“敦煌文物展览，将于3月间在国立北京历史博物馆开幕，本局特于1月26日，邀集考古、美术专家向达、徐悲鸿、吴作人、王逊等20余人，历史博物馆负责人及敦煌文物研究所所长常书鸿座谈。”**（《邀请专家座谈敦煌文物筹备问题》，《文物参考资料》1951年第2卷第2期）**

1月28日

中国新哲学研究会举行座谈会，讨论毛泽东的《实践论》。会议由艾思奇主持，先生与汤用彤、冯友兰、郑昕、金岳霖、贺麟等参加。《人民日报》对座谈会进行了报道。

《雁北文物勘察团报告》由中央人民政府文化部文物局出版，其中收入先生考察报告《云冈一带勘察记》。本书由郑振铎作序，收录雁北文物勘查团成员裴文中、陈梦家、傅振伦、阎文儒、宿白、刘致平、莫宗江、赵正之和先生等人考察报告14篇，附有照片、手绘插图数十幅。

1月

先生的《美帝国主义盗窃中国古美术品》发表于《光明日报》，《文物参考资料》1951年第1期转载，后收入《抗议美帝掠夺我国文物》一书（**文物出版社1960年**）。文章详尽介绍了近代以来从各种途径流散到美国的中国古代艺术品。

2月21日

先生参加中国新哲学研究会举行的座谈会。会上，冯友兰从发展马克思主义解决中国问题的视角解读毛泽东的《实践论》，与会代表展开热烈讨论。

3月1日～7日

全国美协举办“全国新年画展览会”，展出各地创作的新年画440件，先生参观展览。

4月3日

毛泽东为中国戏曲研究院成立题词“百花齐放，推陈出新”，成为当时文艺界继承发展民族文化遗产的指导思想。

4月7日

周恩来、郭沫若、郑振铎参观敦煌文物展览，常书鸿和先生负责接待讲解。参观结束，周恩来安排外交部组织外国使节和国际友人专场，“让外国人看看中国人自己办的敦煌画展。”

4月11日

先生参加筹备近半年的“敦煌文物展览”在故宫午门历史博物馆举

行，展出北朝至宋元壁画摹本900余件及元代彩画墓砖摹本、塑像等。本次展览是建国后敦煌艺术的首次集中展示，引起社会广泛关注，在京著名专家学者纷纷发表评论，推动了敦煌艺术的研究。郭沫若观展后留言："这样大规模的研究业绩值得钦佩，不仅在美术史上是一大贡献，在爱国主义教育上贡献更大。"梁思成说："这次展览即已为国内学人研究中古时代文史、乐章、歌舞、兵制、建筑、绘画、西域文化交通史、中古社会、宗教心理……提供了无数新物证，启发了许多前所未料想的新问题。"

先生配合此次展览撰写的论文《敦煌绘画中表现的中古绘画》发表于《文物参考资料》1951年第4期"敦煌专辑"。这篇文章是最早从美术史角度研究敦煌艺术的专论。先生首先指出，"敦煌壁画中主要的一部分代表了从南北朝到北宋初这一段中古绘画史"，恰与唐张彦远的《历代名画记》、宋郭若虚的《图画见闻志》这两部仅有的中古绘画史相互印证，更由于敦煌壁画"提供了无比丰富的具体实例"，使今天的人们可以更清晰生动地认识这一千多年间美术史的整体面貌。通过对敦煌壁画的深入分析，先生作出两个重要判断：第一，中古绘画有共同的时代风格。第二，南北朝时代，尽管北、南政权分立，但在绘画上仍有统一风尚。这就使"我们更认识到一个重要的事实，即中国文化有一完整的民族性格。"文章最后，先生强调指出敦煌壁画的现实意义："我们可以看出虽然在中古，屡屡有外国的新鲜事物涌入中国，我们的艺术家不可避免地在充分吸取，然而他们是承继着自己的传统、完全融入自己的传统，变成了新的中国的、和同时的外国的仍然有所区别的风格。这一历史经验无疑的将成为我们今日的借鉴。张彦远一方面强调传统，同时又在强调进步；敦煌壁画也充分地表现了整个中古绘画史的传统和进步。"

"王逊、周一良、阴法鲁、阎文儒等著名学者都在参观壁画临本展的基础上对中古绘画、绘画与佛经、音乐与舞蹈、石窟构造与塑像进行了专题研究。傅振伦和宿白也在此基础上分别整理了《百年西北边疆探检年表》和《莫高窟大事年表》”。**（段兼善：《七十载壁画临摹：跨越千年的敦煌艺术传承》，《甘肃日报》2014年7月30日）**

“敦煌文物展览”后，先生最早将敦煌艺术引入美术史教学并且作为教学重点，后又率先将敦煌艺术浓墨重彩地写入中国美术史。先生认为，敦煌艺术产生于汉唐时代，同时又占据着交通中西的地理位置，在如此宏阔的时空背景下呈现出来的“中古时代这一强健有力的中国画风”，无疑是中国艺术传统和中国文化品格的代表。先生对敦煌美术成就的高度评价和大力推介，在美术界产生了广泛深远的影响。

“敦煌莫高窟是我国古代美术的重要宝藏之一。……保存了从公元五世纪的北魏时代一直到十四世纪元代，前后约一千年间的壁画、雕塑和建筑艺术的遗迹。窟中壁画，如果连接起来，可达二十五公里长，塑像约一千七百余躯。五代、宋初的木构窟檐尚保存了六座。洞窟的建筑装饰和壁画中的装饰以及丝织、用具等工艺美术史的材料也无比的丰富。这一切都是非常稀罕而珍贵的。……这些洞窟中的魏代到宋代的一部分比较重要，因为这一时期现存的美术实例非常稀少，而特别是绘画艺术的实例，但莫高窟的遗存是异常丰富的。莫高窟的壁画、雕塑和装饰美术可以看出中国古代宗教美术的发展和现实主义传统的不断进步。”**（《中国美术史讲义》，中央美术学院1956年）**

“在我自己从事绘画工作的几十年当中，敦煌对我的影响非常大。第一个对我影响大的展览就是上世纪50年代在午门举办的敦煌大展。从敦煌发现以后，我们的美术史研究就改变了，当时我在美术学院，美术史课开始讲敦煌，是王逊先生讲课，敦煌的篇幅是最大的，对我们学生影响都非常大。是不是在王逊先生以前在美术史研究上，其他理论家是否有过这样的研究重点我还不太清楚，但我感觉王逊先生是很重要的宣扬敦煌美术的人，谈敦煌的时候我觉得应该提到王逊先生。”**（李化吉：《壁画的复苏归功于敦煌》，《中国美术馆》2008年第1期）**

“本世纪下半叶的开始，已是新中国成立，社会的诸多方面产生巨大的改变，作为学术思想范畴的美术史研究，它的变化也无例外。首先值得一提的则是1953年初秋，文化部教育司委托中央美术学院美术史教授王逊，在北京召开了‘中国美术史教材编写研讨会’，研讨会进行了半年之久。参加会议的有叶恭绰、俞剑华、王逊、史岩、王伯敏和金维诺，在研讨会的进行中，提到了中国美术史教材要有敦煌美术这一内容的问题。当时议论到这个问题时，史岩首先发言，表示‘举双手赞成’。在研讨会上，当时都作了记录，大意是：敦煌的石窟美术，是中国传统文化的一部分，必须载入中国美术史的史册中，也要充实到中国美术史的教材中。为了研究和教学的需要，应向文化部、教育部建议，组织美术史教师与研究人员前往西北敦煌等地考察、学习，使我国这门美术史学科，得以内容充实而体系完善。这份建议，由王逊向文化部作了专门汇报，事后确实产生了效果，文化部曾发文，组织部分专家到敦煌、麦积山以至天龙山考察，许多报刊发表了消息。美术史教材，从此就有了敦煌美术这一内容。王逊编写的《中国美术史讲义》，便是较先在教学‘讲义’中把敦煌美术用了进去，如‘讲义’中的第三章两晋南北朝时代的美术中的第三节，内分：一、敦煌莫高窟简介；二、莫高窟的北魏洞窟壁画；三、莫高窟的西魏285窟及隋代各窟壁画。在这一节的最后，还附新疆境内的佛教壁画的遗迹。讲义的第九章‘隋、唐、五代的美术’中的第三节，有‘敦煌莫高窟的唐代壁画和彩塑’的专题。内分：一、唐代敦煌艺术的发达；二、唐代敦煌壁画和彩塑的内容及其表现；三、五代及北宋初期的敦煌艺术等，这些内容，在讲义中占了相当篇幅，为我国美术史著作中的首例。”**（王**

伯敏：《百年来敦煌美术载入中国美术史册的回顾》，《敦煌研究》2000年第2期）

4月

《从堕落到反动的美国文化》一书由平明出版社出版。该书收录清华大学、北京大学著名教授批判美国文化的文章，计有：先生和邓以蛰合著的《美国艺术的商品化》；金岳霖、任华合著的《从堕落到反动的美国思想》；冯友兰的《实用主义的本质》；张岱年的《从哲学方面藐视美国》；楼邦彦的《美国旧民主宪法的宣告破产》；芮沐的《美国是怎样苛待在美国的中国人的》；黄觉非的《美国的私刑》；周珏良的《腐朽的美国资产阶级文学》；李赋宁的《漫谈美国文学》；赵萝蕤的《美国文学的一斑》；王珉源的《所谓"美国文化"》。

《美国艺术的商品化》指出，美国艺术的商品化摧毁了艺术家的个性和才能，"我们不得不说——美国今天没有艺术。因为我们还记得世界艺术史上那一些伟大的名字，和永不会被人忘记的伟大作品。这也是美国的艺术批评家曾经惋然叹息的。纽约近代艺术陈列馆绘画雕刻部主任索拜就怅然地说：美国没有一个真正有力量、有独创性的艺术家，可以使所谓'美国艺术'能够和他所见到的英、法、意的艺术比肩。而芝加哥的艺术学院院长瑞池更表示了，近代艺术的领袖人物，恐怕还是将要产生在欧洲甚至墨西哥，因为墨西哥还出过可以压倒一切美国艺术家的瑞威拉和奥罗茨可。美国的希望是很小的。——美国只有商业艺术。即使仅余的一点'自由创作'也仍然是商业。"

5月14日

根据周恩来指示，文化部、外交部招待各国驻华大使参观"敦煌文物展览"，先生陪同讲解。

5月19日

北京特种工艺专业会议召开。因林徽因病重，先生代表清华大学营建学系在会上作《景泰蓝新图样设计工作一年总结》报告。报告指出：景泰蓝设计的总方向必须是民族的、科学的、大众的。所谓民族的，就是要表现民族风格的伟大丰富的内容；所谓科学的，就是设计必须从技术和材料出发，必须考虑实用性；所谓大众的，就是必须照顾到大众的购买力。因此设计目的的定位是“好看、好用、省工、省料的工艺品”。

具体谈到新图样设计，先生强调：一件好看的东西，必须花纹好看、形体好看、颜色好看，而且要三者配合得好看。三者之中，形体是第一位的、首要的、有决定性的因素；其次是颜色，必须具有一定的色彩光泽，色彩光泽是花纹的具体的形象上的内容；最后才是花纹，花纹不是一个虚空的花纹，它必须附着在一定的形体上，和这个形体有不可分的有机关系。总之要求花纹、形体、颜色统一的效果，一眼望过去就产生单纯的完整的明朗的印象。

“在景泰蓝的新图样设计中，我们是做着各式各样的试验。最初我们主要的借鉴古代铜器花纹。因为我们对于景泰蓝最初只认识到它的庄重端丽，风格上和铜器相似。经过一年来的试验，我们发现景泰蓝的表现能力很强，它可以表现出很多种其他的材料所能表现出的风格。景泰蓝能产生古玉的温润的半透明的效果，也能够有宋瓷的自然活泼、锦缎的富丽，甚至京剧的面谱也给我们以启发。我们曾利用过建筑彩画的手法、战国金银错的手法、唐宋以来乌木或黑漆镶嵌的手法。尤其今春，敦煌文物展览开幕以来，敦煌艺术宝库的丰富内容更供给我们大批材料。结合着这个展览，结合着爱国主义教育，同时为了推动借鉴古人以创造新艺术的运动，我们吸收敦煌图案来设计了景泰蓝，并且也试验彩绘烧瓷，使烧瓷也表现活泼生动的新风格。”（**《景泰蓝新图样设**

计工作一年总结》）

本日，根据林徽因和先生等的要求，还正式成立了“国营特艺实验厂”。“国营特艺实验厂”厂址设在北京崇文门外喜鹊胡同3号，是清华大学营建学系和北京特种工艺公司合作组建的专门从事景泰蓝研究和制作的工厂，也是清华营建学系改良景泰蓝工艺的实验室。该厂成立后，承担了“亚太和平会议”等国礼设计制作任务。1958年“特艺实验厂”并入北京珐琅厂。

“我们对于景泰蓝的制作技术和釉料性质本来一无所知。我们的设计过程就成为我们的学习过程。过去指导我们最多的是作坊中一些老师傅们。现在公司正式成立了实验工厂，使我们有了更好的学习机会。一些有关技术和材料的初步的基本的常识我们已经摸着了一点门路。

为了适于实用，为了适应一般市场购买力，我们尽量设计小件而有用的东西。……最近我们也曾设计了几件有装饰性的大件东西，那是为了公司参加各地展览会，以便有效的介绍北京特种工艺。此外更因为我们时常有国际性的友谊馈赠，也需要一些比较庄重富丽的大件。所以今春以来，我们偏重于设计一尺左右的大件。”（**《景泰蓝新图样设计工作一年总结》**）

7月20日

先生应北京市副市长吴晗邀请，出席文物保护工作座谈会。

“7月20日，北京市副市长吴晗在北京市人民政府东大厅主持召开文物座谈会，到会的有清华大学的邵循正、刘致平、王逊；北京大学的罗常培、阎文儒、唐兰、王重民、魏建功、郑天挺、卢绳；燕京大学的侯仁之；辅仁大学的柴德庚、赵光贤、启功；文化部文物局的郑振铎；故宫博物院的马衡、常惠；历史博物馆的沈从文；北京图书馆的赵万里、万斯年以及科学院考古所的夏鼐、许道龄；

北京市文联的舒舍予、吴晓铃；中华书局的姚绍华等各方面专家和负责人近四十人。”**（《20世纪50年代北京市文物管理机构与工作暨第一次文物调查史料》，《北京档案史料》2013年第1期）**

8月13日

《光明日报》发表先生执笔撰写的《景泰蓝新图样设计工作一年总结》，署名“清华大学营建系”。

9月29日

先生参加在中南海怀仁堂举行的北京、天津高校教师学习会，政务院总理周恩来在会上作《关于知识分子的改造问题》报告。从这时起到1952年秋，中央开展了知识分子自我教育和自我改造运动。

9月

开学后，先生继续在清华大学任教。

“我是1951年夏，在南京考取清华哲学系，一年之后的1952年秋，随着建国后高校第一次院系大调整，合并到了北京大学哲学系，在那里念到毕业。当时，有人戏称我们为清华哲学系的‘末代学生’。……经过26年的发展，到我上学时，（哲学系）已拥有金岳霖、冯友兰、张岱年三位大师，邓以蛰、沈有鼎、王宪钧、任华等名师，以及青年才俊王逊、周礼全、朱伯崑等青年教师。真可谓‘群贤毕至，少长咸集。’清华哲学系的师资力量，在全国哲学系中名列前茅。”**（钱耕森：《我在清华一年间》，《中华读书报》2010年5月26日）**

常书鸿先生之女常沙娜从美国波士顿艺术学院学习回来，任清华大学营建系工艺美术组助教。同时调入的还有刚从中央美术学院华东分院毕业、分配到北京特艺公司工作的钱美华、孙君莲。她们3个年轻助教与先生、高庄、李宗津、莫宗江等教授（即先生担任主任的清华文物馆“民俗工艺组”成员，也是清华国徽设计小组主要成员）一起，在梁思成、林徽因领导下，组成清华营建系“工艺美术小组”（对外称“服务部”）。

在清华营建系“工艺美术小组”第一次见面会上，梁思成向常沙娜、钱美华、孙君莲三位年轻助教一一介绍了先生及各位教授。梁思成、林徽因称先生是“出色的哲学家、美术史学家和历代工艺美术鉴赏家、评论家”**（常沙娜回忆）**。梁思成说：“研究组各位教授在任专业教学外，还不辞辛苦地无偿参与国家各项艺术创作活动，常常通宵达旦设计方案直到满意。”林徽因则以一件北京“老天利”生产的景泰蓝花瓶为例，向她们介绍了景泰蓝工艺的历史和特点。**（钱美华回忆）**

常沙娜（1931～　），浙江杭州人，著名艺术教育家、艺术设计家。1945年随父亲常书鸿在敦煌临摹壁画，1948年赴美国波士顿美术博物院美术学院攻读绘画，1951年回国后在清华大学营建系、中央美院实用美术系、中央工艺美术学院任教，历任中央工艺美术学院副院长、院长，欧美同学会副会长、留美分会副会长等。

钱美华（1927～2010），中国工艺美术大师。1951年毕业于中央工艺美院华东分院，在清华大学师从林徽因等研究工艺美术，参与挽救濒危的景泰蓝工作。1953年起任北京市特种工艺公司研究员、北京市珐琅厂总工艺师。

“王逊先生是我非常崇敬的学者和老师。1951年初我从美国回国不久，梁思成和林徽因先生出于对敦煌艺术的钟爱，不拘一格地把我聘到他们身边，任清华大学营建系美术组助教，当时我和来自浙江美院的钱美华、孙君莲二位年轻助教面临的任务就是结合北京手工艺的景泰蓝、烧瓷等濒临停业的工艺美术进行调研、改进设计，作一番继承和创新发展的探索。此时就认识了通古博今风度儒雅的学者——王逊先生。林徽因先生向我们介绍并赞扬王逊先生是位出色的哲学家、美术史学家，又是历代工艺美术鉴赏家、评论家。作为一个刚从国外回来，又曾在敦煌石窟学习过的年轻幼稚的我，面对王逊先生和其他著名的学者（当时常在梁先生家中聚会的有张奚若、金岳霖、钱伟长等大家）有些敬肃，王逊先生却很平易近人，他与我谈及有关敦煌艺术及当年我与父亲在敦煌临摹学习壁画和那里的生活情况，以及在美国学习的体会等等。在设计景泰蓝和其他工艺美术品时，怎样应用敦煌的装饰图案创新，王逊先生也给予了及时的启示和指导。”**（常沙娜：《王逊学术文集》序言，海南出版社2006年）**

在林徽因和先生等人的培养和指导下，常沙娜、钱美华、孙君莲不久就承担起北京特种工艺公司图案改进任务。先生说，“整个北京特种工艺的美术工作都落到她们头上”。常沙娜后来担任中央工艺美术学院院长，钱美华任北京珐琅厂总工程师，成为振兴景泰蓝工艺的国家级工艺美术大师。

“1951年在中央美术学院华东分院毕业的两位女同学（指钱美华、孙君莲，编者注）现在担任北京特种工艺公司的图案改进工作。她们主要的任务是负责景泰蓝挑补花的新图案，但事实上需要她们不时照顾其他各行业（北京特种工艺有十四种），还要对图案来稿提出意见，并且有责任应付公司其他美术设计方面的要求，如广告、陈列展览的布置等。整个北京特种工艺有关的美术工作都落到她们头上。工艺公司并且要求她们‘掌握方向’。”**（《工艺美术的基本问题》，1953年）**

10月18日

中央人民政府文化部部长沈雁冰、出版总署署长胡愈之发布《关于加强新年画工作的指示》。

10月20日

文化部、故宫博物院在太和殿举办的“伟大祖国古代艺术展览”开幕。

11月24日

先生参加全国美协召开的整风动员学习大会，华君武作《清除美术工作中的非无产阶级思想》工作报告。

11月30日

中共中央发出《关于在学校中进行思想改造和组织清理的指示》，要求教育界开展批评和自我批评，进行自我教育和自我改造，并指出这次运动的目的主要是分清革命和反革命，树立为人民服务的思想。此后运动由教育界逐步扩展到文艺界和整个知识界。

12月

先生协助林徽因为清华大学同方部作室内布置。

先生与清华大学工艺美术组同人为筹备中的国际“亚太和平会议”“苏联文化代表团访华”设计礼品。

本年

病中的林徽因拟编《敦煌图案集》《中国历代图案集》，邀请先生撰写介绍文章，不久因院系调整、林徽因病重等原因，两书未能编成。

“景泰蓝这种民族工艺，要体现多方面的艺术特色，才能走出困境。我们应当编一部中国的历代图案集，推陈出新，闯一条新的路子。让王逊写文，小常（常沙娜，后任中央工艺美术学院院长），小钱（钱美华，后任北京珐琅厂总设计师），小孙（孙君莲）你们几个画图，很快就能搞出来。”**（林杉：《一代才女林徽**

因》，作家出版社1993年）

“在与林徽因短暂相处的两年中，常沙娜接触了她大量的藏书。‘曾有一本德国编著出版的关于欧洲、中东各国的图案专集，是彩色印刷的。我清晰地记得林徽因先生半卧在病榻上，倚靠着一个特制的大枕头，动情地在专集上为我们讲述、形容、比较，从而加深了我对敦煌隋唐图案与欧亚宗教文化相互交融影响的认识。她还深情地说，我们具有如此悠久丰富的五千年历史，自然应该由我们自己整理出版一部中国的历代图案集。她甚至草拟了一个集子的纲要，还邀请王逊（美术史家）撰文，由我们整理绘制历代各类具有代表性图案的计划。遗憾的是林徽因1955年便病逝，王逊在文革中也受到巨大冲击，身体日渐虚弱，1969年也离开了人世。’”**（丘濂：《古老的图案：常沙娜与敦煌》，《三联生活周刊》2012年第39期）**

先生致信中央美术学院图书馆馆长常任侠，建议美院图书馆收购琉璃厂书商魏广洲的四川画像砖拓片作为教学资料。

“任侠先生：

魏广洲书铺有四川画像砖拓片六十余张，美院如有可能，可以买下，但价钱稍贵。

敬礼！

王逊　十八日”

（《冰庐锦笺：常任侠珍藏友朋书信》，北京图书馆出版社2008年）

常任侠（1904～1996），安徽人，东方艺术史家。早年入南京美术专科学校、中央大学学习，1935年在东京帝国大学研究东方艺术史。回国后与滕固、宗白华、梁思成等组建中国艺术史学会，历任中央大学、国立艺专、中央美术学院教授，中央美院图书馆馆长等。

故宫博物院撤销古物馆，成立陈列部、保管部。本年起，先生兼任文化部文物局鉴定委员，受文物局委托，课余在北海团城与张珩、徐邦达、启功等鉴定国家收购文物。

江丰由中央美术学院华东分院调任中央美术学院副院长。

先生四弟王迺毕业于北京大学工学院，留校任教。

1952年　壬辰　37岁

1月1日

先生与梁思成、林徽因在清华大学同方部参加学生社团活动中心成立大会。

《人民日报》发表“元旦社论”：“应当在知识分子中间展开思想改造运动，以便使现有的和将来的知识分子能够忠诚地服务于人民事业。……改造自己所有的不利于人民、其最后结果一定也不利于自己的错误思想。”

1月26日

中共中央发出“三反”“五反”斗争指示。

2月

先生出席轻工业部在京召开的“建国瓷”设计座谈会。会议聘请各方专家组成阵容强大的“建国瓷设计委员会”：郑振铎任主任委员，江丰、张仃任副主任委员，先生与梁思成、林徽因、沈从文、祝大年、高庄、梅健鹰、庞薰琹、雷圭元、徐振鹏、郑可、齐燕铭、陈万里、张光宇、蔡若虹、钟灵、张正宇任设计委员。会议决定由中央美术学院实用美术系陶瓷科承担具体设计工作，景德镇、鄷陵、宜兴等陶瓷产区负责制作生产。

会上，先生与梁思成、林徽因、高庄等就“建国瓷”设计谈了自己的思路——

（一）梁思成、林徽因、高庄、李宗津、王逊、莫宗江：

过去有的错误观念，即以五六色拼排一堆为美观，做工以繁琐、纤细为上品；选择清代这些瓷器为范式，即是这一观念的表现。殊不知此种清代瓷器是没有特殊性格的，是集杂乱因袭的大成，是我国陶瓷史上最丑陋的一页。

无批判地接受历史，无创作地表现时代，均将成为浪费，而徒然玷污历史。所以建国瓷的制造，决不能采取目前的方式进行，必须另觅途径。根据新民主主义经济文化建设的方向，和国内外人民大众的具体要求，“建国瓷”的设计制作首先须明确下列四要点：（1）省工；（2）省料；（3）好用——结实、好洗、使用方便；（4）好看——造型、色彩单纯、自然、朴素、谐调和壮健。

（二）王逊、高庄：

“建国瓷”的制作，是新中国的创举，要使“建国瓷”光荣称号不成为虚张声势而名副其实，就不能把封建的失魂落魄的统治者所醉心的陶瓷摆设，作为我们新中国的“建国瓷”的标准。所以在工作进行之前，必须澄清陈腐的传统观念；在工作进行之中，必须加强正确的原则性领导。并且经常总结经验，逐步使新中国的陶瓷在人民当家作主的情况下提高到应有水平。**（李津勋：《高庄与陶瓷设计》，《美术》1993年第10期）**

“‘建国瓷’的设计与制作显示了不同于以往的机制特点，由中央政府组织全国的相关力量有目标、有计划、有组织的逐步开展，开启了工艺美术现代化的新阶段。1952年2月（应为1950年2月，编者注），时任中央美术学院院长的徐悲鸿专门给高庄、莫宗江和王逊写信，对‘建国瓷’的设计制作给予了高度的重视和极大的热情。随后，由中央美术学院拟定了一份名单给轻工业部，成立了‘建国瓷设计委员会’（名单略，编者注）。设计委员会形成了主导性的意见：认为‘建国瓷’既要保持我国传统陶瓷艺术风格，又要符合今天的实用，同时能表现出新中国的新面貌，打破历朝历代官方用瓷‘任其百尔，执事媚滋一人’的旧条框。‘建国瓷’的设计采用了审慎而严谨的评审方式，征集了两百多套设计稿，不署名参加评选，由社会知名人士如郑振铎、王朝闻、艾青、华君武、沈从文等担任评委，周恩来总理也亲自参与了设计方案的评选和审定。”**（胡彬、胡志德：《“建国瓷”及“展览瓷”制作对景德镇陶瓷产业的作用和影响》，清华大学美术学院《装饰》2014年第8期）**

2月~3月

清华大学开展“人人过关”“个个洗澡”的知识分子思想改造运动。所有教授都要经历“洗小盆”（教研室里检讨）、“洗中盆”（全系师生面前检讨）、“洗大盆”（在大礼堂全校检讨）的思想改造过程，公开交待自己的反动历史、丑陋思想。梁思成交待自己想让孩子转系的“错误思想”；金岳霖交待自己给学生灌输唯心论哲学是“与人民为敌”；先生则主要交待了“抗拒”将清华大学由综合性大学变为工业专门学校的“资产阶级”思想。“像冯友兰、金岳霖等人都承认思想非变不行，而且认为是原罪论，这个是历史给我们的，我们逃不出去的，非得把它承担下来。”**（《费孝通先生访谈录》，《南方周末》2005年4月28日）**

“清华大学教师中资产阶级思想，向来是十分严重的。经过三年来的政治学习，教师们虽然有了很大的进步，但是资产阶级思想在某种程度上却一直相当顽强地控制着学校的领导，影响着清华大学的改造，阻碍着人民教育事业的发展。在‘三反’运动以前，清华大学有些教师反对把清华大学变为专门性的工业大学，‘认为综合大学比专科大学高贵’，原因是因为见到‘美国普林斯顿大学、哈佛大学比麻省理工大学在一般人心目中要来得响亮。’他们拟出了自己的‘院系调整方案’，其目的在于抗拒教育部一九五〇年提出的方案，而想保持清华‘综合性大学’的传统。……推动教师思想改造的一段过程，清华大学的经验是，……在小组会或大组会上做第一次检讨，初次检讨一般多不深刻，这时应该发动群众来帮助他，收集他过去的错误的思想言行，继续开会结合系统的具体事实的批评。由于事实确凿再加上群众严正而又热情的态度，他们大都至此就能够有所觉悟，愿意认真检讨。但由于自己的错误遭到群众的揭发和批评，一时会感到见不得人，信心尽失。这时应该及时启发他爱国主义的觉悟，……动员他心爱的学生，或是他所信托的朋友，乃至爱人子女，都来帮助他。”**（易军：《清华大学教师批判资产阶级思想的经验》，《人民教育》1952年8月号）**

4月17日

《光明日报》发表金岳霖的文章《批判我的唯心论的资产阶级的教学思想》。

春

先生提出入党申请。正式调入中央美术学院后，先生参加了美院党总支组织的特别学习班，同时参加学习的有文金扬、李宗津、王琦、李斛、王丙召、李桦等美术家，王式廓、冯法祀以党员身份参加。“这个学习班每周开一次会，大家谈学习心得，汇报自己的思想情况，开展批评与自我批评，有时讨论得相当尖锐激烈。”**（王琦：《艺海风云——王琦回忆录》，人民美术出版社1998年）**

6月25日

高教部成立京津高等学校院系调整办公室。

6月27日

清华大学院系调整筹委会正式成立。

根据政务院发布的《本年高等学校院系调整方案》，“高等学校教师的思想改造学习今年暑假前即可告一段落，院系调整工作在今年暑假亦可大部完成，各类高等学校的任务和培养人才的目标均较以前明确，统一招生与统一分配毕业生的制度已经确立，这些条件将便于中央高等教育部及其他部门进一步加强直接和具体的管理。”

清华大学的“调整”主要包括以下方面——

专业设置调整。院系调整前，清华大学主要实行欧美大学的“通才教育模式”，各院系不设专业，重视外语、基础理论和人文知识的学习，学生在一、二、三年级重在学习基础理论，四年级着重学习专门知识；院系调整后，根据国家建设需要，按照苏联工科大学“专才教育模式”，按系设立专业，有计划、分专业培养技术人才。

学制调整。调整前，清华大学实行学分制，必修与选修相结合。调整后取消学分制，实行学年制。学生在修业期间必须按照专业教学大纲要求，完成和通过每学年所规定的学习课程和教学环节，不能自由选课，一般也不能转系或转专业。

6月

“三反”“五反”运动结束。

高庄、祝大年完成“建国瓷”设计初稿，先生参加了设计稿的讨论。轻工业部在北京饭店举行“建国瓷”评审会，周恩来参加评审，并在会上提出建立中央工艺美术学院的设想。

8月1日

梁思成、林徽因等参加设计的人民英雄纪念碑动工兴建。

《光明日报》发表苏联专家谈建筑史教育的文章《高等建筑教育的当前任务》。先生认为文章提出了艺术史教育的两个重要原则："一、史的研究着重在艺术价值，而不是其他；二、掌握遗产的艺术价值的知识对于创作能力培养是必要的。"先生强调，"必要"就是不可以缺少，学习艺术史是培养创作能力的一般规律。（**《工艺美术的基本问题》**）

8月

北京大学成立考古专业。筹备期间，先生应邀参加了教学计划、教学方案的讨论。1952年～1955年，先生为文化部社会文化事业管理局、科学院考古所、北京大学联合主办的4届考古工作人员训练班授课，这4届学员后来被誉为中国当代考古界的"黄埔四期"，在新中国科学考古事业中发挥了重要作用。

"1952年院系调整后的北京大学开始了一个新时代。本年度北京大学考古专业的成立和从1952年至1955年由北京大学、科学院考古所、文化部社会文化事业管理局联合举办的四届考古工作人员训练班，成为中国考古学史上具有划时代意义的大事。当时在考古专业和考古训练班任教的教师是从各单位各地方汇集来的最优秀学者，郑振铎、王冶秋、向达、裴文中、梁思永、夏鼐、郭宝钧、苏秉琦、林耀华、陈永龄、沈家驹、陈梦家、唐兰、曾昭燏、杨钟健、张政烺、王振铎、张珩、王逊、启功、莫宗江、徐邦达、韩寿萱、傅振伦、阎文儒、佟柱臣、宿白、安志敏等都参加了教学计划的讨论或是教学小组的成员。"（**李伯谦：《〈北京大学百年国学文粹·考古卷〉前言》，北京大学中国传统文化研究中心编：《北京大学百年国学文粹·考古卷》，北京大学出版社1998年**）

“上世纪50年代初，新中国的建设事业日益高涨，为了应对配合基本建设考古力量严重匮乏的局面，文化部（社会文化事业管理局）与中国科学院（考古研究所）、北京大学自1952年至1955 年联合举办了四期考古工作人员训练班，学员总数达369人，当时留在大陆的文物考古界知名学者几乎都参与了授课。对于新中国的文物考古事业，这是一场空前绝后的‘救火’行动，同时也成为一场文化的盛宴，后来的学生再也无此殊荣。从上世纪80年代开始，这四期学员被誉为考古界的‘黄埔四期’。”**（孙秀丽：《考古的“黄埔四期”——记1950年代考古工作人员训练班》，《中国文化遗产》2005年第3期）**

9月19日

高教部批复清华大学院系调整方案。院系调整后，清华大学取消文、法、理学院，仅保留工学院，由综合性大学变成一所“多科性工业高等专门学校”。先生任教的清华大学哲学系整体并入北京大学，营建学系则撤销了工艺美术组，重新改为建筑系。先生负责的清华文物馆也随之裁撤，文物馆藏品一部分被调拨至中国历史博物馆、清华大学建筑系、中国科学院、中央民族大学等单位，其余保存在清华大学图书馆。

“清华哲学系1926年成立。西南联大时期，与清华心理系及北大哲学系合并成立哲学心理系。清华迁回北京后，哲学系恢复独立。教学研究组织方面，分辩证唯物论历史唯物论教学小组、逻辑教学小组。教师9人，其中教授8人：金岳霖、邓以蛰、冯友兰、沈有鼎、张岱年、任华、王宪钧、王逊（与营建系合聘），讲师1人，为周礼全。本科生不分组，修业年限四年，一年级8人，二年级4人，三年级5人；研究生修业年限二至三年，二年级1人，研究数理逻辑，三年级2人，研究逻辑与杜威批判。”**（《清华大学史料选编》第五卷）**

“（清华营建系工艺美术组）活动均因1952年的院系调整而停止。文物馆的藏品多数被送交新成立的中央民族学院。邓以蛰教授转北大哲学系后退休，高庄、李宗津、常沙娜和王逊由于徐悲鸿先生的邀请，都调往中央美术学院去了。梁林家仍然‘谈笑有鸿儒’，但这几位都杳如黄鹤，工艺美术活动也中止了。”**（吴良镛：《王逊学术文集·序》，海南出版社2006年）**

“80年代初，应清华图书馆的约请，我和几位考古学界友人来校观察原文物馆收藏的文物。通过我相当熟悉的大阅览室，走进书库，看到狭长的铁架，透明的地板，文科的中外图书依然完好地库藏着。经王逊先生、陈梦家先生等搜求入藏的甲骨、青铜器之类珍贵文物，无人研究。这使我感觉到，作为文科学者，在这里实在大有可为。”**（李学勤：《回归清华》，“清华校友网”2004年4月）**

9月

先生正式调任中央美术学院教授，不久接替蔡仪（1953年调社科院文学所）主持美术理论教研室工作。先生1950年代初在中央美院主要开设“中国美术史”“中国雕塑史”“中国工艺美术概论”“中国艺术批评史”等课程。

10月2日

“亚洲及太平洋区域和平会议”在京召开，这是建国后中国政府举办的第一个国际会议。同日，苏联文化工作者代表团访华。先生配合林徽因、常沙娜等为这两个国际交流活动设计制作了景泰蓝礼品。

11月6日

首都各界举行盛会庆祝十月社会主义革命35周年。

11月10日

中国人民保卫世界和平委员会、全国美协主办的“亚洲及太平洋区域和平会议拉丁美洲艺术家作品展览会”在京举行。

本年

全国美协和美术界开展文艺整风运动。

中国新哲学研究会会刊《哲学研究》创刊。

画家郭味蕖本年起任先生助教，协助先生进行美术史理论和史料的准备工作，其间完成《古代建筑与雕刻》（1954年）、《汉画研究》（1955年）、《宋元明清画家年表》（1956年）等著作。

郭味蕖（1908～1971），山东潍坊人。著名画家、美术史家。擅花鸟兼及山水，1951年起在中央美术学院研究部、民族美术研究所、徐悲鸿纪念馆从事理论研究。1962年任中央美术学院国画系花鸟科主任，“文革”期间受迫害致死。

1953年　癸巳　38岁

1月7日

晚，先生出席全国美协、中央美术学院联合举办的“画家齐白石九十三岁诞辰庆祝宴会”，周扬代表文化部授予齐白石“人民艺术家”荣誉奖状，周恩来出席祝寿晚宴。**（《光明日报》1953年1月8日）**

1月13日

中央人民政府举行会议，确定召开由人民用普选方法产生的乡、县、省（市）各级人民代表大会，在此基础上召开全国人民代表大会，制定宪法；批准国家五年建设计划纲要和选举新的中央人民政府。“人民代表大会制的政府，仍将是全国各民族、各民主阶级、各民主党派和各人民团体统一战线的政府。”**（毛泽东语）**

1月

轻工业部在景德镇成立“建国瓷制作委员会景德镇分会”，负责“建国瓷”的生产制作。轻工业部派专家组前去指导工作，先生与高庄、祝大年、沈从文等先后赴景德镇，指导老艺人们恢复了釉里红、钧红、窑变花釉（又称“钧红花釉”）、郎窑红、豇豆红（又称“美人醉”“桃花片”）、霁红（又称“祭红”）、天青釉等7种失传色釉，可与历史上最高水平媲美。此外还研制出了蓝花釉、孔雀蓝、仿宋钧三种新色釉，使景德镇制瓷工艺达到了百年来最高水平。

2月28日

文化部批准成立中国绘画研究所，即民族美术研究所前身。

黄宾虹先生90寿辰。中华全国美术工作者协会杭州分会与中央美术学院华东分院联合举办“画家黄宾虹先生九十寿辰庆祝会”，授予黄宾虹“中国人民优秀画家”荣誉奖状。

2月

《文艺报》第4期发表先生的《工艺美术的基本问题》，《新建设》4月号予以转载。1952年底，《文艺报》发表了田自秉的《关于工艺美术教学的一些问题》。先生出于“曾有过长时期对工艺美术的关心”，对田文提出的一些观点发表了自己的见解。针对当时一味强调“专业化”、反对“通才教育”的时髦观点，先生有所保留：“工艺美术的专业化在目前是有一定限度的”，工艺美术教育是要求“懂得设计的道理，不完全是技术”，“一个美术设计者当然需要对制作过程有所了解，……他之掌握技术知识，不是直接为了制作的需要，而是直接为了设计的需要，他是从设计的角度掌握技术知识的。”在谈到工艺美术中“技术和法则”的关系时，先生指出：“艺术价值产生于高尚的艺术思想。没有一定的艺术思想的指导，搬弄了花纹模样的结果不一定就产生美的效果”，“工艺美术系的中心训练是如何熟悉设计的原理，即熟悉各种不同的设计工作中普遍适用的一些法则和原理，并且熟悉在不同的物质条件和技术条件下，这些原理在不同设计工作中的具体实现”。最后，文章还重点强调了“民族遗产”和“科学法则”之间的关系——

“我们所谓理解遗产，便是分析遗产中的科学内容。把遗产与科学对立起来或分离开来都是错误的。把古代遗产当作单纯的素材，似乎以为学习遗产便是去买‘菜’，把所谓科学方法，当作‘烹饪技术’，而‘创作’便是科学‘炒’遗产，显然地，这不是正确地对待遗产的态度。

学习遗产就是学习其中的‘科学’，学习其中的现实主义。例如学习古典图案纹样，就是学习古人如何观察自然界和人生，如何对待生活中的种种事物，如何领会其中的意趣，如何反映人民的喜悦和愿望，如何为了达到反映自己情感和理想的目的而提炼形象、而运用优美的想象力进行现实主义的集中和变形。这一切就是我们所谓的‘科学’，而在各民族是有其不同的特殊方式的。图案构成和工艺设计的法则都是历史的生成的，图案和工艺作为民族文化的一部分，都具体地表现了民族的共同心理状态，同时图案以及工艺的形成也帮助了民族的共同心理状态的形成。所以科学地研究图案和工艺的工作，首先是分析并总结出遗产中所具有的一些特点，然后从人民生活和人民的思想感情来理解这些特点。科学研究和学习遗产是不可分的一件事。”（**《工艺美术的基本问题》**）

3月5日

斯大林逝世。

3月7日

先生参加全国美协、中央美术学院组织的到苏联大使馆吊唁斯大林活动。

3月8日

先生致信蒋兆和、常任侠，讨论美术家曾竹韶加入中国民主同盟申请。

“兆和同志、任侠同志：

曾竹韶同志入盟申请书已送来，如果等下次支委会则时间太迟，只好轮流看看作为审查。如果没有意见就作为正式通过。请兆和同志看过后转任侠同志，再退还给我。

敬礼！

王逊

三月八日”

（《冰庐锦笺：常任侠珍藏友朋书信》）

3月

1952年，张伯驹先生将花费巨资收购的《展子虔游春图》捐赠故宫博物院，先生参加了对画作的鉴定。《人民文学》本年3月号发表这幅名迹，并请先生撰写介绍文字。先生高度评价这幅古代绘画杰作是“我国山水画初兴时期的一幅具有代表性的优秀作品”，同时指出：“在这幅画的前端，有赵佶（宋徽宗）题写的‘展子虔游春图’六个字。但是若与敦煌画比较起来，却不一定是六朝末年的名画师展子虔（约在550～600年前后）的作品，在他的风格和技法上，都表现出了应该是属于盛唐时代（大约为650～755年之间）的特点”。

“1965年，我从中央美术学院毕业，由国家统一分配到吉林省博物馆工作。……当时，省博物馆新分配来几位大学毕业生，与张老同住长春市西安大路一幢旧式小白楼。张老与夫人潘素住在楼下东边内间，房舍不大，只有二间，客厅、居室、餐厅在一起。我与薛永年同学等住在外间，与张老比邻。晚间或周末有时去张老住处请教或聊天。我俩是学美术史专业的，上大学时，曾听王逊教授讲，我国传世最早的两幅书画名迹，西晋陆机《平复帖》、隋代展子虔《游春图》，都是由张伯驹夫妇变卖家产收藏，没有被不法之徒盗卖国外。解放后张老夫妇将其捐献国家，现藏北京故宫博物院，对张老夫妇由衷敬慕！”**（王泽庆：《我记忆中的张伯驹先**

生》，《收藏·拍卖》2008年第11期）

展子虔是北齐至隋代的著名画家，《游春图》历来被认为是他的作品，“自《宣和画谱》备见著录，为存世最古之画迹。”**（张伯驹：《隋展子虔游春图》，《烟云过眼》，中华书局2014年）**近年学术界指出这幅作品是出自唐人之手，对此，先生当年就发表了自己的鉴定意见。值得注意的是，先生在对这幅作品进行鉴定时，运用敦煌绘画实例与古代文献相参证的双重证据法，判断其“风格和技法”不属于展子虔，为古代书画鉴定提供了科学研究的范例。

6月14日

先生、沈从文参加筹备的“楚文物展览”在故宫午门西廊举行预展。陈叔通、林伯渠、章乃器、章伯钧、周扬、胡愈之、叶圣陶、徐悲鸿、赵树理、俞平伯等文化界人士300人前往参观。**（《纪念我国伟大爱国诗人屈原 北京历史博物馆举行楚文物展览》，《文物参考资料》1953年第5、6期）**

6月15日（端午）

为纪念屈原逝世2230年，文化部社会文化事业局、北京历史博物馆举办“楚文物展览”，展出长沙出土文物420余件，这是建国后考古成就的一次成功展示。先生撰写的《介绍楚文物展览》发表于《文艺报》本年第13期。“1951年中国科学院配合长沙近郊的建筑工程组织了工作团，进行了三个多月的科学发掘和整理工作，这是楚文物第一次有了完整的出土记录，而使科学研究得到了实在的基础。”“长沙发现的这些楚文化遗物恰与屈原同时，它们直接联系着屈原和他的作品。”这里，先生再次强调了考古工作是艺术史“科学研究”的“实在的基础”，体现了他对构建美术史学科科学研究体系的重视。

楚文物展览的成功举办，在国际上也引起很大反响。本年，世界和平理事会将屈原、哥白尼、拉伯雷、何塞·马蒂列为世界四大文化名人。9月27日，中国人民保卫世界和平委员会在京举行隆重纪念活动。1954年10月，北京历史博物馆出版了《楚文物展览图录》。

6月17日

为筹备第二次全国文代会，全国美协在京召开理论座谈会，在京美术家50人参加会议。座谈会由王朝闻主持，会议主题是“社会主义现实主义问题”，先生与江丰、蔡若虹、力群、蔡仪、华君武等被安排作重点发言。

“下午，到全国美协开会，王朝闻主席。力群、华君武、汪刃锋、胡蛮、蔡仪、王逊发言，主要谈现实主义和社会主义的现实主义的区别和联系。”**（康乐编：《胡蛮记新中国美术活动》，中国书店出版社2014年1月）**

“这是解放后第一次在美术界举行的研讨社会主义现实主义问题的会议，大家讨论是很认真的，但由于当时局限于大家的思想理论水平，对问题只能谈到这样的程度，不能往更深的层次发掘。现在看来，当时的讨论仍未免流于从理论到理论，与创作实际联系得不够。此外，也还未摆脱教条主义的影响，唯苏联文艺理论马首是瞻，缺乏独立思考的能力，这种倾向直到1956年5月陆定一的‘百花齐放、百家争鸣’报告出来以后，才开始有所转变。”**（王琦：《艺海风云——王琦回忆录》，人民美术出版社1998年）**

6月31日

北京中国画研究会举行第一届展览会，展出197人的361件作品。先生撰写了《介绍北京的国画展览》，发表于《文艺报》1953年第15期——

“北京中国画研究会最近在北海举行了第一届展览会。……过去一年中，曾产生过像齐白石、于非闇和其他许多画家为保卫世界和平运动所作的作品。这次展览会中，于非闇、王雪涛、田世光等人的花鸟，吴镜汀、胡佩衡、潘素、惠孝同、周元亮、启元白、陶一清等人的山水所表现的严谨的创作态度，和因新社会才产生的对于自己祖国以及美好生活的热烈赞美的心情，都具体地说明了新的社会也使我们国画界具备了新的发挥创造力的条件。……我们要肯定的是：凡是能准确地抓住物形的特征，而简洁地创造出真实生动的艺术形象的'笔精墨妙'，就是我们应该承袭的遗产。虽然我们所珍重的遗产的内容并不只此。若只就笔墨来说，为技巧而技巧的笔墨游戏，是要加以反对的。"

6月

中国绘画研究所成立，先生与贺天健、邓以蛰、傅抱石、李可染、潘天寿、李苦禅等26人被聘为研究员。先生负责研究所工作，为研究所收集了大批民族美术资料，并组织专人开展研究。1954年，该所更名为"民族美术研究所"，即今"中国艺术研究院美术研究所"前身。

"美研所是怎么回事呢？是1953年，文化部副部长周扬派我去建立民族美术研究所（国画研究所），要我去杭州邀请黄宾虹来当所长，国家发200余元的补助费，理论研究工作不必做。……我发动王逊等人，花了很多功夫收集、购买资料，后来美术学院党委书记陈沛要把这批资料收归美术学院，我坚决不干，所以，这批资料才保存下来。"**（张晓凌：《学术人生　艺术人生——王朝闻先生访谈》，《美术观察》2002年第1期）**

"1953年民族美术研究所成立时，最基本的任务就是搜集资料——搜集民族美术的资料。当时黄宾虹任所长，但人在杭州，所里有王逊、史怡公等人，研究人员很少，研究先从资料工作做起。资料，是研究工作的基础，也是最起码的条件，文化部每年拨专款给美术所，用于收集资料，有40000元，高于中央美术学院的教学经费。资金多，收集工作也重。……50年代收集民族美术资料，立足点就是抢救与保护，还很少用于研究。那些资料都是一捆捆的，用手提回所里。有时多了，就用洋车一车车拉。后来，美术所从帅府园的中央美术学院搬到恭王府，有些箱子一直没有打开，不知至今情况怎样。恭王府的保存条件不好，霉气重，因受历次政治运动影响，有不少资料都来不及登记入册。（陈志农）……美术研究所资料室有很多宝贝，50年代收集的十多万册的书籍以及许多古字画，都没来得及上账，不知现在情况怎样？（华夏）”**（郑工：《人间正道是沧桑——访美术研究所四位学术老人陈志农、王树村、华夏、毕克官》，《美术观察》2004年第1期）**

7月27日

朝鲜停战协定签字，朝鲜战争结束。

7月

全国美协改组机构，下设创作委员会、民族（古典）美术研究委员会、普及工作部、编辑部、展览部。先生负责民族（古典）美术研究委员会工作。

8月15日

艾青《谈中国画》发表。1953年初，来自解放区的画家、诗人艾青在“上海美术工作者政治讲习班”上作了一次重要讲话，后以《谈中国画》为题发表在《文艺报》1953年第15期上。艾青在文章中提出了“新国画”的概念，认为“新国画”须“内容新”“形式新”。文章认为山水画是中国画中仅次于人物画“最有严重的问题”的领域，提出“画山水必须画真山水”，“画风景的必须到野外写生”。艾青这篇文章和先生不久后发表的《对于目前国画创作的几点意见》在国画界引起很大反响，引发了建国后第一次中国画论争。

9月1日

中央美术学院开学。本学年，先生继续开设中国美术史课程，他教学严谨认真，语言生动形象，深入浅出，引证磅礴，深受美院师生欢迎，还吸引了大量外校教师、学生和文博机构的研究人员来校旁听，如唐兰先生组织故宫陈列部全体人员、中央戏剧学院舞美系师生都长期来校旁听先生讲课。由于听课人数众多，先生的中国美术史课改在美院大礼堂上。

“最初接触王逊先生是在1953年的课堂上，当时我是中央美术学院绘画系二年级的学生，中国美术史是学生的必修课，由刚刚调到美院的王逊教授主讲。建国初期人们学习民族遗产的热情很高，参加听课的除学生外，还有很多教师参加，中央戏剧学院舞台美术系的同学也来旁听，教室容不下，就改在大礼堂上课。

王逊先生具有儒雅的学者风度，讲起课来不紧不慢，总是从容地娓娓道来。我本来酷爱历史，也看过一些美术史著作（那时多半是绘画史），大都比较简略，只是按朝代罗列些画家，抽象地对风格略加叙述。王逊先生的美术史课却大不相同，他从原始社会彩陶讲起，历朝历代的贯穿下来，生动具体的社会历史背景讲述，重点对美术现象、美术家和美术作品艺术思潮进行分析，结合幻灯（那时还只有反射幻灯）的形象教学，生动具体，使人进入中国艺术遗产的宝库之中。讲先秦美术，联系到殷墟考古发掘的成果；讲汉代霍去病墓雕刻，使听者了解到年轻将军的丰功伟绩和坟墓独特的艺术意匠；讲敦煌联系到佛教的传入和丝绸之路的文化交流，重点分析重要洞窟的内容和艺术特色，阐明宗教和宗教艺术的关系及在中国美术发展中的地位；讲顾恺之与魏晋绘画就联系玄学和美学的问题；讲宋代《清明上河图》把作品置于那一时代的美术发展长河之中，从史料到理论剖析，深入浅出，具有很高的学术含量。听这样的课真是极大的文化享受。那时的美术史教学还处于草创阶段，没有现成的教学资料和设备，讲课用的图片等都要亲自筹选，王逊先生的教学作得严谨而完备，每节课都发给学生较详细的提纲讲义，在图书馆的走廊上还结合讲课进行图片陈列，付出的工作量是很大的，像这样完备的教学今天已很难看到了。”**（薄松年：《王逊先生二三事》，《艺术》2009年第12期）**

“我在故宫博物院曾随王世襄、朱家溍先生一起从事文物陈列工作多年，1952年后负责院文物陈列与陶瓷馆、绘画馆建馆的陈列布置工作。五十年代中期，由于工作需要随唐兰先生一起到中央美术学院美术史系旁听王逊先生讲的《中国美术史》课程，然后共同完成了‘历代艺术综合陈列’。五十年代末建立了‘历代艺术馆’，尔后每年改陈一次。”**（郑珉中：《论鉴定古琴的两种方法——我是怎么认识唐琴的》，《故宫博物院院刊》1995年第1期）**

“那时候不是那么严格，上学校听课不是那么费事。老师和学生还是原来华北大学的，我去听，连学费都用不着。那多方便啊，听什么课都行，老师没有说钟点费的。那时候王逊讲美术史课，常任侠、蔡仪啊，那些有名的美术家讲课都是很认真的，还有那些个搞文物的。这些人才是真正的名牌的教师，有所成就的人，不是空论的，都有实例。”**（姜彦文：《我的研究才刚刚开始——对话王树村先生》，《天津美术学院学报》2009年第4期）**

9月中旬

“建国瓷”展览在故宫博物院保和殿举行。先生与高庄、莫宗江陪同徐悲鸿、梁思成、林徽因参观展览。第一批由景德镇生产制作的“建国瓷”包括中西餐具共50个品种的样品。1953年至“文革”前的国庆，凡设国宴均使用“建国瓷”，1959年人民大会堂建成后，“建国瓷”成为大会堂正式餐具。

根据周恩来指示，“建国瓷”于1953年在苏联、保加利亚、瑞典、东德、蒙古展出，1954年在苏联、波兰、捷克斯洛伐克、东德、罗马尼亚、印度、缅甸、叙利亚等十四个国家展出，1955年在蒙古、朝鲜、瑞士、英国、法国展出。

以历史上著名的“官、哥、汝、定、钧”五大名窑为蓝本的“建国瓷”，在先生等人的参与下得以高质量地完成，按用途可分为国家礼品瓷、陈设瓷、展览瓷、旅游瓷等。“建国瓷”的设计和制作是1949年后第一次有组织、有计划、有目标地恢复和发展中国传统制瓷工艺，也是中国陶瓷史上第一次真正意义的美术家与工匠艺人的合作。由于先生等众多美术家的积极参与，“建国瓷”摆脱了以往宫廷陶瓷繁缛庸俗的装饰风格，纠正了民间以至主流艺术竞相追逐宫廷风格的浅薄趣味，艺术家的创造性与材料工艺、表现技巧完美融合，成为我国陶瓷艺术发展史上又一新的里程碑。

9月16日～10月10日

全国美协主办的“第一届全国国画展览会”在北京北海公园举行，展出200余位画家的254件作品，其中有姜燕的《考考妈妈》、刘子久的《给军属拜年》等反映现实生活的“新题材”国画。王朝闻在《人民日报》撰文说：“这许多作品，内容是多样的，表现方式也是多样的。它们证明：运用传统的国画技法反映新事物，没有严重的障碍。”

第一届全国国画展览开幕当日，《新观察》第18期发表了先生的《国画为人民服务》一文。先生指出，建国4年来国画界出现了显著变化：“画家们都力图用他们的画笔来接触生活了。不，应该说，生活的手指已经触到了我们那曾经显得衰弱的古老的绘画，像春日清晨第一缕阳光一样，给中国古典绘画艺术重新带来了生命。”

“中国古典绘画有它许多独特的长处。它具有鲜明的民族特色，令人一望而知其为中国的绘画。中国古典的绘画也有它的巧妙的地方，它不仅善于表现生活中事事物物的美丽，比如一木一石、一花一鸟——种种极其平凡的东西，都可以画得非常逗人喜爱，充满生活的乐趣。中国的绘画有着精确入微的、高度简洁的表现技巧：只寥寥几笔，就勾出了生动的、富有情趣的形象，而取得了形神兼备的效果。……代表着旧社会的残余的坏影响是：脱离现实，把绘画当作笔墨游戏，盲目地模仿古人，玩弄几个山和树的空洞符号，作品内还含有悲观颓废的情绪。代表着新社会要求的是：面向现实、面向人们的生活和趣味；不仅要画得像，而且要表现新的生活，新的事物，新的思想情感，要有鼓舞人民前进的、积极的乐观主义精神。”（**《国画为人民服务》**）

9月20日

上午，先生出席全国美协委员扩大会议，会议通过章程草案、代表名单、主席团名单。

9月23日～10月6日

中国文学艺术工作者第二次代表大会召开。郭沫若致开幕词，周恩来到会作政治报告。中华全国美术工作者协会改组为中国美术家协会，推选齐白石为主席，江丰、刘开渠、叶浅予、吴作人、蔡若虹为副主席，华君武为秘书长。

大会期间，全国美协主席徐悲鸿于9月26日去世，先生与出席二次文代会的800名代表一起参加了徐悲鸿先生公祭大会。9月29日，全国美协组织专题报告会，由先生讲民族遗产问题；蔡若虹讲创作题材问题；王朝闻讲形象刻画问题；叶浅予讲国画创作问题。

10月4日，全国美协副主席江丰代表中国美术家协会作工作报告，报告中对先生参与的清华大学工艺美术组挽救景泰蓝的工作和“建国瓷”的设计成果给予充分肯定。会后全体代表在中南海怀仁堂与毛泽东、朱德、刘少奇、周恩来等中央领导合影。

“四年来，美术创作的质量也逐步有一些提高，产生了一些比较优秀的，在形式和风格方面有独创性的作品，如：油画‘开国大典’(董希文作)……清华大学建筑系的景泰蓝设计，中央美术学院实用美术系的瓷器设计，沈福文的漆器等等。……以上作品，在美术界和群众中都有良好的影响。美术创作上所获得的成绩，当然是作者们努力的结果，但那些为创作服务的美术组织工作者、美术理论研究者、美术编辑和出版工作者以及培养青年的美术教育工作者的辛勤劳动，也起了重要的作用。”**（江丰：《四年来美术工作的状况和全国美协今后的任务》，《美术》1954年第1期）**

10月7日

上午，先生参加全国美协在中央美院召开的国画座谈会，下午与二次文代会全体代表参观故宫绘画馆。

10月～12月

受文化部艺术教育司委托，先生在京主持召开“中国美术史教材编写研讨会”。出席研讨会的著名美术史家有俞剑华、史岩、叶恭绰、常任侠、王伯敏、金维诺，会期3个月。研讨会主题是美术史教材编写、美术史课程设计及对历代美术家的评价等问题。先生组织大家分专题进行理论学习，集中研讨，分工编写教材。本次会议是建国后第一次全国性的美术史教学和研究会议，为处于酝酿发轫期的美术史学科建设奠定了良好的理论和人才基础。

“1953年，文化部委托中央美术学院美术史教授王逊，召集全国部分美术院校美术史教师去北京，集中讨论中国美术史教材的编写。地点就在帅府园，先后学习讨论了三个月。当时到会的有：王逊、俞剑华、史岩、叶恭绰、常任侠、我和金维诺。资料管理为郭味蕖。讨论的问题主要是如何学习并运用历史辩证法，如何站在人民的立场上对待历史事件，如何吸取传统中的精华、剔除糟粕；再就是如何评价历史人物。当时大家觉得很新鲜，对学习、讨论都比较认真。这个时候，还没有‘扣帽子’、‘抓辫子’、‘打棍子’，所以大家还敢发言，抱着‘知之为知之，不知为不知’的态度，即便说错了，一经大家指出，改正了就好了，因此心情都还比较舒畅。事后，各人回到单位，都很努力，尽力编写中国美术史的讲义。首先是王逊编写成了《中国美术史》，接着，史岩与我也都辑出了讲义，记得当时还受到文化部教育司的表扬。”（**《骋骛书林翱翔艺苑——王伯敏先生访谈录》，《美术教育研究》2010年第1期**）

王伯敏（1924～　），浙江台州人，著名美术史家。1947年毕业于上海美专，历任浙江美术学院教授、杭州画院院长、杭州市美术家协会名誉主席。

研讨会期间，先生还审订了俞剑华编著的《中国画论类编》一书。

俞剑华　（1895～1979），山东济南人，著名美术史家，中国画家。1928年起历任上海新华艺专、上海美专、暨南大学等校教授。1952年后任华东艺专、南京艺专、南京艺术学院教授，民族美术研究所研究员。

“俞剑华的画论研究世所公认，远播海内外，其中最享盛名的是《中国画论类编》。该书原名《历代画论大观》，自孔子至清末编辑历代各种画理、画法、画品、画跋集为一书，约一百万字。每篇加以标点、考证、校雠、小传，并附著录版本，历代对于该文研究评论，最后述写自己的心得体会。后来不断续有辑录。解放后又重编，改名《历代中国画论集成》。1953年经过叶恭绰、王朝闻、蔡若虹、王逊等理论家审阅，俞剑华又删去二十余万字。1955年定稿为《中国画论类编》，1957年底由中国古典艺术出版社出版。全书集俞剑华二十多年心血收集、整理而成，分为上下两卷六编，共计七十五万余字。通过这部书清晰的呈现中国画论的形成和发展脉络，各类画论的基本要义和特点以及各篇之间的内在联系。出版以后，再版多次，流传至今，被尊为画论经典。”**（黄戈：《俞剑华与傅抱石画学研究之比较》，刘伟东主编：《俞剑华先生学术研讨论文集》，东南大学出版社2009年）**

11月1日

故宫博物院绘画馆正式开放并举办首次展览，展出晋唐以来历代名画500多件。此前，先生直接参与了故宫绘画馆的设计、陈列等筹备工作，并对展出的部分绘画名迹进行了鉴定。绘画馆成立之际，他应文化部文物局和故宫博物院之请，撰写专文《古代绘画的现实主义》予以介绍，文章发表于《文艺报》本年第22期，《新建设》《文物参考资料》《新华月报》等期刊纷纷转载。

故宫绘画馆成立之前，由于无缘得见古代绘画、尤其是像唐宋这样艺术史巅峰时代的名画巨迹，人们对绘画传统的认识普遍停留在17世纪后那种“不求形似，逸笔草草”（倪瓒语）的笔墨游戏阶段，提到国画传统，就是笔墨皴法、文人趣味，明清以来的绘画艺术已衰颓到无力表现现实生活，这是不争的事实。先生指出：“故宫绘画馆的开幕，……使我们具体地认识到祖国古代绘画艺术极其优异的成就，也使我们认识到反映当时现实生活的古代杰出画家们的才能。这五百多件古代画迹，多方面地说明了祖国绘画艺术传统中现实主义的丰富和它的艺术的光辉。”先生以《纨扇仕女图》（唐）、《韩熙载夜宴图》（五代）、《清明上河图》（北宋）等绘画史上不朽的杰作为例，深入具体地分析了唐宋时代的杰出画家，是如何精微地观察生活，真实地描写和概括；如何“挖掘出生活中的诗和戏剧”，巧妙地予以表现；如何发挥想象，达到艺术生动再现现实的目的，最终实现“真实、单纯、精粹”的艺术效果。

“这种真实、单纯和精粹的效果，就表现了画家在进行真实的描写与巧妙的表现时，追求艺术形式完美的努力。画家在提炼形象、表达微妙的个人感受中间发挥了丰富的想象力的作用。元代以后的许多作品依然在这一点上承继了现实主义传统。尤其17世纪，如僧道济、罗聘、李鳝、梅清、华岩等人的作品，可以看出，都善于集中前代的智慧，而成为现实主义传统中的新的收获。”（**《古代绘画的现实主义》**）

本文还是学术界最早对《清明上河图》进行研究的论著。绘画馆开幕时，重新面世不久的《清明上河图》被借来展示（当时尚保存在沈阳东北博物馆）。先生对这幅历史名迹进行了细致的考证研究，明确指出它完成于“北宋末年”（之前一直被认为是南宋时期作品），“所绘地域系汴京”，“所绘时节为清明节”，“所绘内容即风俗民情和商旅活动”等，“许多争论了50多年的问题，今天又回到了王逊先生的研究结论上”。先生不惜篇幅对《清明上河图》所取得的巨大艺术成就详加论证，认为这幅作品标志着宗教题材的绘画向市民题材绘画的重大转变，“堪称绘画史上最重要的作品之一”，是古代绘画现实主义传统的杰出代表。

“大凡研究宋画者，不可不面对张择端的《清明上河图》，王逊先生可谓开山者之一。1953年11月，故宫博物院绘画馆开馆，该图首次在北京面世，王逊先生当即撰写了题为《古代绘画的现实主义》，相继发表于《文艺报》1953年第22号，《文物参考资料》1954年第1期，《新建设》1954年第1期和《新华月报》1954年第3期，可见当时社会影响之广。

作者首次对展览中的唐五代和宋代名画进行了基本研究，重点对张择端《清明上河图》的绘画内容、结构乃至生活细节等进行了准确的考订。他一见到该图就感受到它‘真实的具体的艺术描写所产生出极大的历史文献价值’，认为张择端‘发掘出了生活中的诗和戏剧，那才真正把生活变成了艺术。’他从北宋社会经济发展的角度分析了出现该图的必然性，并将它与当时的市民文学相比较，认为‘这是画家第一次直接以现实的社会生活为对象，进行大规模的表现，画家不厌其烦地加以异常详尽的、充满真实细节的描写。这也就不能不使人想到，是代表了艺术思想的重大改变和艺术传统的重大发展，标志着以宗教画为中心，以描写贵族生活为中心的时代是过去了。’作者富有哲人思辨的结论，给该图确立了牢固的艺术史地位——‘绘画史上最重要的作品之一’，‘作为现实主义作品，是以它的真实的描写和巧妙的描写接触到表现历史真实的高度水平了’。许多争论了50多年的问题，今天又回到了王逊先生的研究结论上，如该图作于北宋末，所绘地域系汴京城，所绘时节为清明节，所绘内容即风俗民情和商旅活动等。

王逊先生借研究《清明上河图》对现实主义有了更深的阐发，他认为张择端‘不是因为贪图把人画得越多越好，而是因为有了追求最大概括力的经营与意匠……不会拘于距离远近、大小尺寸的比例反而伤害到生活的繁荣性质的真实表达’，他区别了科学的概括与艺术的概括之间的本质差异：‘科学工作虽然也是一种概括，然而大大有别于艺术的概括……艺术的真实不是局限于外表上与对象类似，而且我们知道现实主义完全允许描绘的结果可以和描绘的对象在外形上有差别，甚至可以有很大的差别。差别的可以被允许的限度只决定于这样的描绘是否能够在最大的程度揭示事物的根本特点’。”**（余辉：《怀念一位中国美术史界的开拓者》，《艺术》2009年第12期）**

11月26日

先生出席全国美协常务理事会议，讨论1954年全国美协工作计划。

12月7日～1954年1月3日

文化部主办的“全国民间美术工艺品展览会”在劳动人民文化宫开幕。展出陶瓷、染织、刺绣、金属工艺、漆器、编织、雕塑、年画、剪纸、玩具等民间工艺品近3000件。刘少奇、周恩来、朱德等国家领导人参观了展览。文化部还邀请各地著名民间艺人18人与在京美术家座谈，先生应邀参加了座谈。

1954年《美术》创刊号上，先生发表了《美术工艺的制作问题——参观全国民间美术工艺品展览会》。文章结合展会中来自不同地域、不同民族的种类繁多的美术工艺品，从材料、用途、创作手法、艺术风格等方面进行了分析和概括，提出了促进工艺美术发展的指导思想、基本方法和美术工艺的美学原则。这些思想、方法和原则，主要来源于先生多年来的亲身实践，是在工艺美术实践中不断思考、总结、提炼出来的，体现了他的工艺美术思想和主张——

“我们所说的民间美术工艺的丰富还不只是外表上的多而繁，而主要地应该是：中国劳动人民在处理各种材料，通过各种技术，目的在于同时解决生活的各种实际需要和美感的要求的创造性的活动中，多方面的发挥了高度的才能，并积累了丰富的艺术经验。”

“在美术工艺范围内，我们欣赏的不是以材料的贵重为主，因为那贵重究竟还是大自然的产物，是大自然的赠予；我们欣赏的是人的创造性的劳动。我们珍视人们何等聪明地把一些平凡的、毫无出奇之处的材料，充分利用起来，而成为有用的东西和美丽的东西。”

“美术工艺既然是美与实用相结合的，美术工艺品的美的形式是要首先利用在制作中可以直接产生的一些构成形式感的要素，如色泽、纹理、形状等。首先是要利用在制作中产生的满足着实用目的的形式，而不是无视于这个基础，独立地发挥自己的美妙想象，进行想象单纯在画板上描画那样的艺术创造。所以，美术工艺品之能够成为美的事物，其制作过程要和装饰过程统一起来。这也就是，美术工艺的创作应该是充分考虑到在制作过程中既产生了有用的形式，也就同时产生了美的形式，而即使进行加工装饰时，也应该是能够进一步提高、加强、突出如此产生的形式的艺术效果的。”（**《美术工艺的制作问题》**）

12月11日

先生参加全国美协、中央美术学院举行的“徐悲鸿先生纪念会”。江丰、吴作人、田汉、廖静文等作报告，郭沫若等文化界人士500余人出席纪念会。

12月15日

全国美协古典美术研究委员会召开会议，先生主持会议。

本年

本年起至1960年代，先生在中央美术学院先后指导过来自捷克、波兰、苏联、匈牙利、保加利亚、瑞典、越南等国的留学生，包括后来成为国际著名汉学家的捷克留学生约瑟夫·海兹拉尔博士、波兰留学生苏贝慈、匈牙利留学生米伯尔、瑞典留学生雷龙等。

约瑟夫·海兹拉尔（Josef Hejzlar，1927～2013），国际著名汉学家、美术史学家。1951年起在北京大学学习语言、历史、文学，同时在中央美术学院受教于王逊教授。长期致力于工艺美术设计、建筑设计和中国艺术研究。著有《中国山水画》《中国水墨画》《中国古代版画》《中国民间艺术》《越南艺术》等。1970年因《齐白石》一书获Odeon出版社最佳奖。

先生还为中央美术学院实用美术系编辑的《敦煌藻井图案》《中

国锦缎图案》**（人民美术出版社1953年）**两书作序；与北京西路皮影传人路景达（当时在中央美术学院民间美术研究室工作）合作编辑了《北京皮影》**（人民美术出版社1953年）**，并为该书撰写了前言《谈皮影戏》。此外，校订了王朝闻的美学论著《面向生活》**（艺术出版社1954年）**。

《敦煌藻井图案》辑录公元5世纪北魏至14世纪元代约一千年当中有代表性的20幅敦煌图案，是研究敦煌图案艺术的重要资料，由常沙娜、张定南、范文藻、郭世清、陈碧茵、温练昌、吴淑生等美术家临摹。

《中国锦缎图案》主要选辑明代“正统藏”佛经封面锦缎图案，其中包括唐宋以来主要锦缎图案式样，由美术家姜宗褆、马安娜、温练昌、黄能馥、沈颖昌、刘守强、黄映宇、傅敏生、吴智音、张金梁、胡载生等摹绘，沈从文、庞薰琹、雷圭元、张光宇校订。

《北京皮影》是国内最早出版的系统整理和介绍皮影艺术的专门著作，书中收录皮影作品15幅，均为著名皮影艺人路景达刻绘。

“北京西路皮影的路家从清代至今有六代的历史，薪火相传不亚于京剧的谭派，特别是第四代路景达和路景平全面掌握了编、唱、演、雕等的种种技艺。路景达尤其擅长皮影雕刻，借鉴了京剧的扮相服饰及唱做念打的风格，雕刻的影人形象栩栩如生，形神兼备，精巧绝伦。上世纪五十年代曾在中央美术学院民间美术研究室工作，与著名美术史论家王逊合作编辑出版《北京皮影》大型画册。”**（《浅谈中国传统皮影戏的继承与传播》，《青年文学家》2013年第5期）**

先生父亲王兆咸病逝于辽宁本溪。

1954年　甲午　39岁

1月20日

中国美术家协会机关刊物《美术》在京创刊，王朝闻任主编，先生任执行编委。

《美术》第1期（创刊号）发表了江丰代表中国美术家协会所作的工作报告：《四年来美术工作的状况和全国美协今后的任务》。同期发表了先生谈工艺美术的重要论文《美术工艺的制作问题》。

1月

中国绘画研究所更名为“中央美术学院民族美术研究所”，黄宾虹任所长，王朝闻任副所长，先生任研究室主任。因黄宾虹不在京，王朝闻工作较多，民族美术研究所日常工作实际由先生负责。

先生的介绍文章《景泰蓝工艺》发表于《新观察》本年第1期。

“北京景泰蓝的新风貌，主要的是它有了一些新鲜的感觉，新的时代气息，表现了一些新的思想感情，同时在进行改进时，从古代的工艺品中吸取了一些优美的因素来应用在景泰蓝上，目的是在促进器形上的健康合理、花纹的生动活泼、色彩的鲜明夺目，使景泰蓝表现出富有生气的新精神，而不是让它回到古代去。这一方面获得的成绩在群众中无疑留下了深刻的印象，这也说明了有创造性的新工艺是群众所欢迎的。

北京景泰蓝工艺的改进的成绩是在美术家与工匠师傅的合作中获得的。景泰蓝新图案的设计者曾长期的经常向老匠师们学习，并根据作坊中实际制作时提出来的意见修改图案。这种工作方式所产生的实际效果就不只是使新产品可以省工省料，而且不断地提高了设计者自己的水平，并改变了作坊中的保守思想。”（**《景泰蓝工艺》**）

先生协调解决画家于非闇的工作问题，决定由民族美术研究所聘为研究员。

2月

从1953年下半年起，先生即着手《中国美术史》的编著工作。先生写作美术史是按照“搜集资料（包括文献、实物）—撰写个案—梳理历史—总结规律—指导创作”的科学研究方式进行的，这就使他的美术史研究突破了以往画史仅仅停留在画家传记或鉴赏层面的局限，既能“以精辟的艺术分析见长”，又有史的高度，同时对创作实践具有指导意义。这样的研究方法是和他长期接受的系统正规的学术训练联系在一起的，也为中国美术史学界奠立了以科学方法整理遗产、进行美术史研究的学术轨范。

联系到不久前刚结束的“中国美术史教材编写研讨会”，本月发表在《美术》杂志第2期的《夏圭〈长江万里图〉》，可以视为他提供给美术史学界参考的个案研究范例。对于《长江万里图》这幅画史名作，先生首先以优美洗练的文学语言加以再现，如“……江水平稳，淡墨染出的对岸在远景中沉没。近处岸下，洄澜绕流。而一段山路突兀地横出于前。更触目的是半山间两株古松，弯环斜抱，夭矫如龙，藤萝垂挂，阳光微弱的幽谷间飘起了寒风。这一段巧妙的穿插，代替了直接描写，非常省力地交待了长江两岸地理形势的重要变化。”在精准叙述的同时，先生对画作主题、取材、构图、形象创造、表现方法和艺术技巧等逐一深入解析，更联系作品产生的时代背景，指出“《长江万里图》中除了表现各种人的活动而有风俗画的意味外，我们看见，无论是表现戏剧性的紧张或抒情诗的优美，每一段落所呈现的完整的意趣都具有那一时代的烙印，充溢着那一时代所崇尚的诗意，流露出那一时代的生活理想和美感观念。”在盛赞作品取得的卓越成就的同时，也指出：“但这并不是说《长江万里图》便可以作为我们今天创作山水画的标准。……如果《长江万里图》可以作为榜样，也只能是下面这一个意义：‘过去的山水画家适应着他那一时代的思想水平而创造，那么，如何按照艺术家自己所处的时代的思想水平和审美观念，深刻理解大自然的意义和情趣，或把已经深深植根于人民欣赏与爱好中的诗情画意加以发展，提高到当前的时代水平上来，便应该是今天的风景画家、山水画家的任务，也是今天的山水画家应该向传统的山水画艺术承继的重要部分。’”

4月

由于绘画史上众多名迹未能流传下来，作品个案以外，先生更多是以画家为中心展开个案研究，发表于《美术》第4期的《唐代人物画家——周昉》就提供了这样的范例。作为画史上“人物画完全摆脱宗教画的羁绊，又重新独立前进”的里程碑式的画家，周昉的艺术风格是非常鲜明的，以致后人将他的仕女、佛像风格称为“周家样”，广泛用于雕塑、壁画，流风甚至远播敦煌、新罗、日本。对于这样一位绘画史上的重要画家，先生通过对《调琴啜茗图》《宫中图》这两幅体现周昉风格的存世作品的分析，指出“追求心理状态的描写在这一历史阶段的绘画作品上成为被重视的艺术技巧”，“画家通过描绘外型和动作，而在一定程度上成功地表现出了恰如其分的心理和情感活动”，先生将这种风格与绘画史上“能得赵郎情性笑言之状”的周昉，以及“风格柔丽”的敦煌菩萨像联系起来，概括出周昉使“宗教美术明显地世俗化了，尤其佛像形象充分体现了来自人间的、现实性的美感要求，而使菩萨仙女体态丰腴、容貌端丽，具有惑人的风姿”，“唐代美术的这一现象应该认为是绘画艺术向前发展的现象，因为它代表着艺术进一步走向了反映现实生活的道路。周昉就是产生在这一发展趋势中而成为它的具体的代表者”。

“一些史料基础扎实的中国美术史教材，如王逊的《中国美术史》之所以至今仍有参考阅读的价值，很大程度上归功于教材中的一些史料是编者亲自发现的第一手资料。可见深入坚实的专题研究是编写优秀教材的学术基础，也是避免中国美术史教材低水平重复的保证。”**（蒋英：《守正与创新——论美术史教材编写中的几个关系》，《南京艺术学院学报》2010年第2期）**

春

山水画家吴镜汀、惠孝同、董寿平、周元亮、王家本在全国美协和北京中国画研究会的安排下，共同到安徽黄山和江浙富春江一带写生旅行。先生对画家写生活动给予了积极评价：“这些写生活动是很好的，好处是肯定了画家们今后努力的方向，大家认识到现实的祖国山河是美丽的，是值得直接描写的，而且真切地感觉到把真实的美丽的景象画下来正是画家应走的道路。”**（《对于目前国画创作的几点意见》）**

5月3日

中国人民对外文化协会成立。

5月13日

《人民日报》公布“胡风反革命集团”第一批材料。

5月21日

为做好基本建设文物保护和抢救工作、加强历史教育和爱国主义教育、推动民族新文化的创造，文化部在北京历史博物馆举办“全国基本建设工程中出土文物展”。这是建国后第一次举办的全国范围出土文物展，展出文物3660件，展期半年，在国内外引起了广泛关注，毛泽东也先后三次前来参观，文化部还编辑出版了《全国基本建设工程中出土文物展览图录》**（中国古典艺术出版社1955年）**。

先生参加了本次展览的筹备工作。结合这次展览，先生撰写了《出土古文物与美术史的研究》一文，发表于《美术》第7期。文章强调考古工作与美术史研究的重要关系：“我们的遗产的科学整理工作还不过刚开始，尚待从考古及发掘方面获得更多的资料，以补充文献材料和传世的材料的不足，而扩大研究工作的科学基础。”先生以这次展览中出现的河北望都彩绘壁画、山东沂南和福山画像石、四川成都等地的画像石和画像砖为例，说明它们从风格表现、技法特点上都和以往熟知的以武氏祠为代表的汉代绘画有很大不同，“增加了我们对于汉代绘画艺术水平的新认识”；而1953年发掘的陕西咸阳底张湾唐墓壁画，则在敦煌洞窟基础上，进一步补充了“与盛唐时期的文化和政治中心的长安的绘画艺术直接相关的资料”。先生是国内最早将考古成果用于美术史研究的学者之一，他对考古工作的重视和提倡，他采用的考古实物与文献资料互证的研究方法，不仅使美术史研究有了科学基础，还使包括古代书画鉴定在内的古美术（文物）鉴定有了学理依据和科学鉴定方法，从而发展成为具有现代意义的独立学科。

“要从作品中抽引结论，首先必须保证被抽引结论的作品，在时代和真伪上具有可信性。为了解决这一问题，自考古学在国内广泛兴起，美术史家便重视取用可信的考古出土文物。1954年7月，王逊在《美术》上发表了《出土古文物与美术史研究》，对此加以强调。”**（薛永年：《二十世纪中国美术史研究的回顾与展望》，1999年11月主讲于香港中文大学，刊于《文艺研究》2001年第2期）**

“直到20世纪40年代，美术史学与考古学的结合总体上是比较紧密的，学术界对美术史学的定位与西方比较一致。中国美术史学的这种传统在新中国成立后被大大继承下来。1954年，王逊发表《出土古文物与美术史研究》一文，强调美术史研究中对于考古学材料的重视。1957年中国第一个美术史系在中央美术学院建立以后，也十分强调对于考古学的学习和考古学材料的重视。这种传统在某种意义上说，一直保持到今天。”**（郑岩：《论“美术考古学”一词的由来》，《美术研究》2010年第1期）**

“中国艺术史与考古和文献的结合研究，对于中西方而言都是比较欠缺的。在国外，由于某些原因，汉学家避开了中国的艺术研究，他们大部分的工作一直处于其他领域，认为艺术历史的研究并不属于他们，许多艺术史家则更青睐于那些难以捉摸的所谓美学敏感和对图象风格的阐释，对陶器、铜器、绘画等所涉及的浩瀚的文献材料及对上个世纪中国田野考古的大量原始材料望而却步。在中国本土这种情况也是如此，清代考据学派就开始蔑视画学，不把画学放到学术领域中来加以论列。他们疏释校刻古籍虽多，却绝无一人稍肯作一点疏释校刻画学古籍的工作，给今天留下了极大的遗憾。到近现代稍有进步，1954年7月，王逊在《美术》上专门发表了文章：《出土古文物与美术史研究》，对此加以强调，对中国绘画鉴定研究起了很大作用。”**（张立：《评罗森〈中国古代的艺术和文化〉》，《艺海》2010年第8期）**

5月

画家李可染、张仃、罗铭到无锡、太湖、杭州、苏州、富春江、黄山等地写生旅行，回京后于本年9月在北海公园联合举办展览。**（《水墨画写生展览会》，《美术》1954年第10期）**

6月9日

全国美协创作委员会国画组在京召开黄山写生座谈会。刚从黄山写生回来的山水画家吴镜汀、惠孝同、董寿平、周之亮、王家本等，与北京画家徐燕荪、胡佩衡、吴一柯、溥松窗、陈少梅出席会议。会上，“大家一致认为，作为一个新中国的画家，脱离了实际生活是不会搞出好的作品来的”。座谈会后，徐燕荪撰写了《北京国画家山水写生活动》一文，发表在《美术》第7期。

6月～11月

政务院总理周恩来指示，中国政府于本年6月29日开始在捷克斯洛伐克首都布拉格；11月1日开始在匈牙利首都布达佩斯；10月4日开始在波兰首都华沙；10月12日开始在保加利亚首都索非亚；11月19日开始在缅甸首都仰光；11月30日开始在苏联首都莫斯科及列宁格勒、里加、基辅，举办“中国工艺美术展览会”或“中国民间美术工艺品展览会”。先生受命负责筹备本次展览，在这项工作中投入很大力量。

“当时外贸部门在筹备赴东欧举办展览，辟有工艺美术部分，王逊同志便约我代他们设计布展，我们一起还去崇文门‘鲁班馆’（当时修理出售中国古典家具的铺子和工场）挑选展品等，投入了不少力量。”**（吴良镛：《王逊学术文集·序》）**

7月12日

先生出席全国美协组织的江丰、王式廓访苏观感座谈会。

7月11日～25日

“北京中国画研究会第二届展览会”在故宫乾清宫举办，展出作品280余件。先生在参观展览后写下了《对目前国画创作的几点意见——北京中国画研究会第二届展览会观后》，发表在《美术》杂志第8期，

（收入《美术论集·中国画讨论专辑》，人民美术出版社1986年；《二十世纪中国美术文选》，上海书画出版社1999年）引发了建国后第一次大规模的“国画论争”。《美术》杂志于翌年1月起组织“关于国画创作接受遗产”问题大讨论，许多著名美术家都撰文发表意见，讨论一直持续到1957年反右运动。

文章首先肯定了北京国画界创作思想的改变：“学习现实主义逐渐变成了国画界的普遍愿望，更多的画家转变到了接近生活、接近人民的前途光明的道路上来了”，之后主要“针对一些前进过程中的问题提出些意见”，指出“我们今天国画创作中最根本的问题乃是属于思想范围的审美思想和创作思想的问题。无论人物、花鸟、山水所遭遇的问题是共同的：画家要与人民共忧喜，同爱恶，画家才能最后达到根据生活以创造艺术的目的。”针对画展中出现的大量面向生活的新题材作品，先生认为“新题材作品的重要缺点，目前还不在笔墨，是在其他方面。第一、题材范围仍不够广阔，描写也比较表面。……第二、新题材的选用和扩大都应该采取到生活中直接观察的方法，不能完全凭主观的编造。”先生反对“那些拘束于编造的情节、拘束于陈旧的风格，缺乏创造、缺乏生气的作品”，先生将造成这些问题的原因归结为“是因为没有自由表现的能力，有力不从心之苦的”，提出“运用科学的写实技术可以得心应手地描绘眼之所见的任何事物，所以是活的方法。有志于改进国画现状的画家有必要先学会这样一种直接描写生活、表现生活的活方法，并且用这种科学的写实方法整理传统的技法，保存其准确、精炼、巧妙的优点。”

“在生长中的新题材的作品是有很多缺点的。缘故就是：它们是在生长过程中。这些作品特别是在笔墨上容易遭受到轻视。我们知道，单纯以笔墨为评判艺术价值的至上标准的时代已经过去了。如果讨论艺术技巧，我们首先要注意的是题材的选择是否得当，题材内容是否得到了真实的生动的表现等等，而不是把笔墨提到第一位。我们当然也希望每件作品都达到甚至超过古代绘画在勾勒、着色以及皴擦点染方面所达到的成就。应该相信，在各方面都完全成熟的作品的诞生会是很快的，只要画家们由衷地愿意按照群众所希望的方向作不懈的努力。”（**《对目前国画创作的几点意见》**）

“二十世纪五十年代初期有关中国画论争主要是由王逊文章引起的。1954年，北京中国画研究会举办了第二届展览会，王逊在参观展览后撰写了《对目前国画创作的几点意见》发表在《美术》杂志八月号上，文章认为，其一、当前绘画作品的艺术价值，‘最主要的是题材的选择是否得当，题材内容是否得到了真实的生动的表现等等，而不是把笔墨放在第一位。’其二、王逊在文中高度赞扬了汪慎生一幅苹果作品，这是由于汪‘老老实实直接描绘着苹果，令人感到真是有那么一棵发出诱人香气的苹果。’据此得出‘古人的笔墨在我们手中不是武器，而是阻碍了我们接近真实的自然景物。’但是如果要解决这个矛盾，则必须要用‘西洋绘画中科学的写实技法’即‘活的方法’去整理艺术遗产。针对王逊的言论，传统国画家邱石冥随即撰文《关于国画创作接受遗产的意见》，指出：第一，国画遗产中所包含的方法及其形式，绝不是技术上的‘科学的写实方法’，如素描等所能概括或代替的；其次，传统的写实方法具有一定的历史意义，写实与学古并没有矛盾。文章一经发表就引来了建国后有关国画问题的一次大规模讨论，即‘国画创作与接受遗产问题的争论’。

对王逊文章进行分析不难得出，其主张涉及‘题材’与‘技法’两个方面，那么，就题材而言，他特别赞扬霍右村的《红星集体农庄新建办公室》，理由是‘这一幅画很能够表现出土地的广阔和建立了新的建筑物以后广阔的土地上的新风光。画面上洋溢着新鲜、热烈、有力的生活气息……’同时对赵树启的《荒山坡变成生产地》，黄均的《庙会归来》都给予了极高的评价。只要对画面稍作分析，我们不难解读出，就题材方面王逊所赞成的作品都有一个共同点，即‘运用了写实的技法来描写新中国的新题材’，而这种认识是有深刻的时代背景的，并且早在‘新国画展览会’上便初露端倪。

1949年5月举办的‘新国画展览会’，展出了许多新内容、新题材的作品，描写了劳动人民的生活，如《翻身游行图》《庆祝五一》等，这些作品表达了美好的新生活，其中包括土地改革、欢喜的人民庆祝解放等。江丰指出此次展览是‘具有划时代意义的大事情，因为它标志着那些供给有闲阶级玩赏的封建艺术——国画，已经开始变为为人民服务的一种艺术。’彭革则在他的文章中同样谈到‘许多新内容、新题材的画，可以称之为新的艺术。这些作品描写了劳动人民的生活，虽然有的还只是浮面的描写，但作者的确在努力把握新的事物、新的题材。’从中我们可以明确的看到，此次展览会突出的一个特点就是‘创作内容’的变化。正如蔡若虹所言‘创作内容的转变，是改革国画的重要关键，也是新国画区别旧国画的主要标志。’正是在这种形势下，‘新国画展览会’后仅两个多月（1949年8月10日）就成立了以‘革新国画’为宗旨的‘新国画研究会’。由此可见，王逊所主张的题材是当时形势下普遍达成的共识，这种‘共识’，在1949年召开的‘中华全国文学艺术工作者第一次代表大会’上得到了更进一步的印证，在会上毛泽东所作的简短‘讲话’中，数次提及艺术与‘人民’之关系，而周恩来在讲话中又将‘人民’二字进一步具体化为‘解放军’、‘中国农民’和‘工人阶级’即‘工农兵’，也就是说文艺最主要的功能就是‘为工农兵（人民）服务’。由此可见，王逊文中所持的‘题材’的观点，其实在某种意义上说是党的政策在美术领域里的一个具体体现。

之所以要叙述这些是因为如果不把论争放在具体的历史语境下

去分析，那将是毫无意义的。显然，在建国初我们不得不把论争的政治因素考虑在内，王逊的观点如果从艺术发展自身的视角来判断无疑是值得商榷的，但在当时的语境下却是符合主流意识的，并且与江丰、徐悲鸿、艾青等人的观点有着紧密的联系。

就王逊所谈论的另一点（技法）而言，也是有其根源的，当然，这在大的层面上与江丰所代表的延安学派、徐悲鸿引进的欧洲写实技法都有相当程度的关联，但联系最为直接的当属艾青文章《谈中国画》，在此文中，艾青提出了所谓的‘新国画’，即一要‘内容新’；二要‘形式新’。那么具体改造国画的办法则是‘写生’，‘必须以对实物的描写来代替临摹，作为中国画学习的基本课程。画风景的必须到野外写生，画花鸟虫鱼的也必须写生，对人对自然都必须有比较深刻的观察……我们要以科学的现实主义作为我们批评与衡量我们的艺术的标尺，一幅画的好坏必须首先看他是否符合社会的真实和自然的真实。’”**（葛玉君：《20世纪50年代初期中国画论争解析》，《美术》2007年第12期）**

7月25日

先生出席全国美协等单位主办的“出国美术工艺观摩会”座谈会，讨论筹备在东欧各国举办“中国工艺美术展览”事宜。

8月3日

先生在中央美术学院组织在京美术理论家讨论《苏联大百科全书》“中国”第20节“造型艺术与建筑”一文的修改问题。

8月20日

匈牙利民间艺术展在京开幕，先生前往参观。

8月31日

《人民日报》发表国家文物局郑振铎局长《在基本建设工程中保护地下文物的意义与作用》。

9月15日～28日

第一届全国人民代表大会第一次会议在京召开。

9月30日

苏联人民美术家、苏联美术院院长亚·盖拉西莫夫来我国访问，先生参加会见。

10月1日

先生负责筹备的“中华人民共和国工艺美术展览会”在匈牙利布达佩斯开幕。

先生受邀出席国庆5周年观礼活动，同在天安门右观礼台观礼的美术界代表还有王朝闻、胡蛮等。**（康乐编：《胡蛮记新中国美术活动》，中国书店出版社2014年1月）**

10月10日

“徐悲鸿纪念馆”在故居北京东单东授禄街16号建成，先生出席开幕式并参观徐悲鸿遗作展。

10月12日

郑振铎、王冶秋在丰泽园宴请苏联东方文化博物馆中国部主任格鲁哈廖娃，先生出席。

10月30日

全国美协举办的“苏联人民艺术家亚·盖拉西莫夫旅行中国水彩写生观摩会”在中央美院开幕，展出作品27件。

盖拉西莫夫在中央美术学院作题为《社会主义国家的艺术》的报告，先生参加报告会。

12月13日～14日

先生出席全国美协召开的座谈会，主题是“检查《美术》编辑工作”。

12月21日

全国政协二届一次会议开幕。

黄宾虹先生当选全国政协委员，在京期间主要由先生负责陪同接待。

年底

林徽因病情恶化住同仁医院，先生前往探望。

本年

先生为中央新闻电影制片厂编辑彩色纪录片《敦煌壁画》并撰写解说词。（**《中央新闻纪录电影制片厂纪录片目录大全》，编号：31954**）

1955年　乙未　40岁

1月15日

本年第1期起，《美术》杂志发起“关于继承和发扬民族绘画传统问题”的讨论，对先生文章《对目前国画创作的几点意见》展开学术争鸣，前后持续一年多。此外，《人民日报》《文艺报》等报刊也都发表了关于国画创作问题的讨论文章。这次讨论被称为“20世纪中国画三大论争”之一，也是美术界参与人数最多、持续时间最长、影响范围最大的一次理论争鸣。这场论争在后期由学术讨论演变为政治斗争，至1957年反右运动开始，论辩双方的代表人物，如先生和江丰、徐燕荪、秦仲文等都被划为“右派”，他们各自的学术观点，也都成为“抗拒党的文艺政策”的“罪证”。**（水天中：《中国画革新论争的回顾》，《中国现代绘画评论》，山西人民出版社1990年）**

“继承和发扬古典绘画的优良传统以反映现实生活，是我们目前迫切需要进行研究的问题。本刊现在发表的邱石冥先生的文章，对于为了反映现实，适应新内容的需要，如何运用传统技法并如何发展传统技法的问题，联系本刊一九五四年八月号发表的王逊先生的《对目前国画创作的几点意见》一文发表了意见。对于这一问题，希望大家结合当前国画创作和国画创作中的问题，进行分析和研究。本刊欢迎讨论这一问题的文章和意见。”**（《美术·编者按》，1955年第1期）**

“当‘电线杆、火车、写实风格的房屋、穿干部服的人物’等新的形象和一些新颖的细节，出现在1954年由北京中国画研究会举办的第二届展览会中的时候，这些‘新国画’受到了普遍的好评。中央美术学院教授王逊在看了这个展览之后，写下了《对目前国画创作的几点意见》，表述了他对目前国画创作的整体看法：‘我们今天国画创作中最根本的问题仍是属于思想范围的审美思想和创作思想的问题。无论人物、花鸟、山水所遭遇的问题是共同的：画家要与人民共忧喜，同爱恶，画家才能最后达到根据生活以创造艺术的目的。’王逊进而指出了一些不足：‘写生之作还不能摆脱老一套的束缚，正如花鸟画还不能完全摆脱旧画稿，人物画不能接触更广阔的题材，是因为没有自由表现的能力，有力不从心之苦的。所以技法的提高必须争取早日解决。’

与之不同的是，以北京画院画家秦仲文为代表的被视为保守阵营中的一些人，站在文人画的立场上，却对这些‘新国画’提出了批评。显然，作为画家的秦仲文还没有认识到眼前所发生的山水画变革的社会意义，也忽视了作为画家为了寻求水墨画生路而走向风景写生这样一种不得已而为之的无奈，当然，他确实不知道是‘经过何人的指示’，可能更不知道1942年毛泽东在延安文艺座谈会上的一次讲话已经奠定了中国共产党的文艺方针，而这正是现时的指导方针和文艺工作者必须遵循的原则。所以，秦仲文只能从技术的层面上就事论事的评价山水的写生和写生的山水，他的观点很明确：写生不等于创作。但是，鼓励和提倡山水写生的人则更多的是从高于技术层面的社会学的角度，关注它对传统水墨画的改造和促进新山水画形成的意义——这正是文人与现实之间的矛盾。所以，由此引发了‘关于国画创作接受遗产’问题的讨论，《美术》杂志前后发表了10篇文章，这是1949年以来关于国画问题的第一次大规模的讨论。”**（陈履生：《20世纪水墨画的时代流向（1950—**

1970）》，《中国美术馆》2009年第3期）

作为这场论辩的开端，《美术》第1期发表了邱石冥对先生的辩驳文章——《关于国画创作接受遗产问题的意见》。

“《美术》1955年第1期发表了邱石冥的《关于国画创作接受遗产问题的意见》一文。……他对王逊的反驳不由得让人想起了1947年的有关中国画的论辩，当时论辩的一方也是邱石冥，只不过往日的徐悲鸿由现在的王逊所代替。其实徐悲鸿与王逊的艺术主张有很多相似之处，他们都受到西方自然科学进化论的影响，认为中国画不科学，由此才会衍生出‘科学的写实的方法’来‘整理传统’。”**（蔡青：《国画发展踯躅前行——50年代国画创作接受遗产问题的论辩》，《云南艺术学院学报》2009年第4期）**

2月19日

苏联著名油画家、斯大林奖金获得者、苏里柯夫美术学院教授康斯坦丁·麦法琪叶维奇·马克西莫夫到达北京，任中央美术学院顾问。此后，马克西莫夫在中央美院执教油画训练班，对中国美术界产生了广泛影响。先生参加接待马克西莫夫的工作。

2月

《美术》第2期发表线天长、潘绍棠的《对〈关于国画创作接受遗产的意见〉的商榷》、徐燕荪的《对讨论国画创作接受遗产问题的我见》。

3月25日

黄宾虹在杭州逝世。王朝闻继任民族美术研究所所长。

3月27日～5月15日

文化部、全国美协在北京苏联展览馆举办“第二届全国美术展览会”，展出国画、油画、年画、连环画、宣传画、漫画、版画、雕塑、插图、水彩、素描、速写等作品900余件。

4月1日

林徽因病逝于北京同仁医院。

4月3日

先生到北京金鱼胡同贤良祠参加林徽因追悼会。

4月22日

先生出席全国美协召开的“批判胡风反动文艺思想座谈会”，会议重点是批判胡风文艺思想和国画界“保守主义”思想。

“1955年党中央发动了对胡风文艺思想的批判。作为响应，中国美术家协会在4月22日召开了‘批判胡风反动文艺思想座谈会’，与会者认为胡风给党中央的《关于文艺问题的意见》是资产阶级唯心主义思想对工人阶级文艺思想的攻击，目的在于以资产阶级唯心主义来代替党的文艺方针政策。5月23日，中国美术家协会的成员江丰、刘开渠、叶浅予等人联名给中国文联写信，建议将胡风从文艺界队伍中清洗出去。《美术》第6期发表了此信，这一期还发表了刘开渠、朱丹、胡一川、于非闇、王逊、庞熏琹、米谷、倪贻德、艾中信等人的批判文章。”**（陈明：《历史的选择与艺术的错位——美术革命、新文艺政策与新中国初期的国画改造思潮》，“中国国家画院”学者文库2011年12月）**

4月

《美术》第4期发表秦仲文的《国画创作问题的商讨》、方既《论对待民族绘画遗产的保守观点》。

5月3日

《人民日报》发表社论《争取我国美术的进一步繁荣和提高》。

5月5日～16日

中国美术家协会召开第一届理事会第二次扩大会议。会议由江丰主持，中心议题是“中国画继承传统与创新问题”。5月14日，先生在会上作重点发言，发言内容引起热烈讨论。会议期间，中宣部副部长、中国文联副主席周扬到会并作报告，提出反对虚无主义和保守主义两种倾向。**（《中国美术家协会第一届理事会第二次会议集刊》，1955年6月）**

先生在发言中谈到，对于国画创作问题的讨论已经酝酿很久了，开始于1953年。关于民族形式问题，先生认为，民族遗产有好有坏，不是简单的笔墨或者散点透视之类的问题。国画要先从内容开始发展，国画改造首先是内容改革的问题，“单纯以笔墨来评判艺术的时代已经过去”，艺术技巧和技法是有区别的两个概念——技巧是指如何深入生活表现主题，技法是描写的方法，包括描写事物的外形，是造型的方法；关于写实基础的问题，先生强调，传统技法是卓越优秀的，但在概括生活的能力上有一定局限，其中有两方面的问题：“愿不愿”是思想问题，“能不能”是技术问题。传统技法和科学写实是能够统一的，“我亦主张用传统技法画国画，目的在发挥它的高度性能，皴法要活用，提倡科学写实技术，不是说传统技法不科学。科学的东西可以超越，但不能违背，可以灵活运用，但不能拘束。传统的一定不科学，恐怕不能这样说。”**（《在全国美协第一次理事会第二次会议上的发言》）**

对本年开始的“国画问题讨论”及1956年对先生美术史论思想的讨论，先生一直抱欢迎态度。他认为这样的学术讨论有利于理论和创作的发展，也有利于弥补个人认识的不足。对这两次讨论，他本人写有答辩文章，但不久开始的反右运动，使他的文章再无发表的机会。他在全国美协座谈会上的这份发言摘要，是目前仅见的对这次讨论的回应。

“他在学术上又是十分执着和认真的，1956年《美术》上曾刊载文章对王逊的一些论点提出异议，王逊认为可以遵照百家争鸣的方针通过大家讨论促进学术发展，他写过一篇文章对自己论点作进一步阐述，后来由于反右未能公诸于世。”**（陈少丰、薄松年：《辛勤耕耘 风雨不辍——怀念著名美术史论家王逊先生》，《美术》1994年第12期）**

6月6日

先生出席文化部在京召开的“全国艺术教育会议”。

先生校订的《中南少数民族染织图案》**（喻侠夫、陈少平 编，湖北人民出版社1955年）**出版，其中收入少数民族染织图案49幅。先生并请齐白石为本书题写了书名。

6月26日

全国美协和中印友协联合举办的“印度艺术品展览会”在北京中山公园开幕。其间，先生陪同全国美协主席江丰会见了印度艺术家代表团。

6月

《美术》第6期发表蔡若虹的《关于“国画”创作的发展问题》、张仃的《关于国画创作继承优良传统问题》。

8月

《美术》第8期发表黄均的《从创作实践谈接受遗产问题》、西北艺专美术系理论教研组的《关于国画创作接受遗产问题的讨论》、南京师范学院美术系四年级全体同学的《对继承民族绘画优秀传统的意见》。

9月

《美术》第9期发表“来稿摘录”：《对国画创作和接受遗产问题的意见》。

10月2日

轻工业部主办的“全国陶瓷展览会”在北京举行，展出各地陶瓷制品2000余件，其中包括先生参与设计、景德镇生产制作的“建国瓷”。

10月9日

由敦煌文物研究所、故宫博物院联合举办的“敦煌艺术展览”在故宫奉先殿开幕，展出敦煌壁画临本近300件。1951年举办的“敦煌文物展览”，展品主要是敦煌艺术研究所于1944年～1950年临摹的敦煌壁画，这次展出的则是1950年～1955年的临摹新作，为研究敦煌艺术提供了更丰富的素材。

结合本次展览提供的实例，先生撰写了《敦煌壁画和宗教艺术反映生活的问题》，发表于本年《美术》第11期。文章强调，敦煌艺术之重要，在于它弥补了自魏至元这一漫长历史时期中国美术史的空白，“并代表了我国民族绘画史上的一个重要阶段——宗教绘画的阶段”。研究这一时期的美术史，必须首先对宗教及其哲学有深入的了解。先生认为，“宗教产生于生产力水平和科学认识水平都比较低下的时代，那时人们还不能正确认识自然和人生，特别是不能正确解释各种痛苦”，但是，“宗教，它毕竟揭示了人民痛苦的存在和产生痛苦的某些社会原因的存在，在某些方面它触到现实生活的深处，并且成为人民群众关心的中心。经过人民群众的加工创造，就具有更充分地反映现实的意义。”

因此，宗教艺术“表现了人民的善恶判断和在痛苦生活中产生的理想和要求”。从敦煌绘画可以看出，“南北朝、隋、唐等时代的佛教绘画，固然根据了佛教经典及其传说，同时也是人民群众用来自现实生活的艺术形象对宗教的内容进行解释的结果。古代艺术家在……宗教主题限制下，用艺术形象广泛地表达了自己对于现实生活的认识”，代表着一定历史条件下人们的生活理想和美的理想。文章以北魏末期和唐代两个时期的壁画为例，具体阐发了古代艺术家是如何通过对生活的精微观察和理解，发挥巨大的想象力，灵活运用表现技巧，最终创作出优美动人的艺术形象的创作过程。先生指出：“佛教艺术是艺术认识生活的结果，是用艺术形象解释宗教的结果。”文章体现出先生对宗教哲学、宗教艺术的长期探索和深厚修养，“首次比较全面地运用唯物史观，探讨了敦煌艺术与现实生活之间的关系，从另一个角度论证了敦煌艺术的价值，加深了人们对敦煌艺术的认识。”**（《中国敦煌学史》，北京语言学院出版社1992年）**

10月

先生的论文《关于概括与具体描写——兼论中国绘画的现实主义传统》发表于《美术》第10期。先生一向认为，美术史的研究是和艺术创作实践相互联系的，研究美术史、用科学方法整理民族美术遗产，主要目的就是为了继承和发扬民族美术传统、探索艺术规律、发现艺术价值，并以此来指导创作实践。中国绘画的真正传统是什么？艺术的本质规律是什么？这是美术史家首先要回答的问题。《关于概括与具体描写——兼论中国绘画的现实主义传统》这篇文章，就体现了先生对古代绘画传统和艺术本质规律的思考，他认为，“概括”和“具体描写”是民族绘画传统中特别值得关注的问题。“中国古代绘画善于描绘，也善于进行富有概括力的生动的表现，这从任何一幅优秀的古代作品都可以得到证明”。“艺术是用艺术形象，不是用逻辑概念，来概括生活，以达到认识世界的目的。艺术如果不能用艺术形象揭示生活的真实内容，它就丧失了艺术的力量，所以艺术的概括就是现实主义艺术的中心问题。”“艺术概括不是任何固定的表现手法，然而是艺术技巧高低的标志。……在考察古代作品的概括能力时，要是只注意它的一些独特的手法，如散点透视、俯瞰法等等，认为这就是概括力的来源，甚至当作民族绘画的重要特点，就是表面的看法。……古代画家为了做到艺术概括，创造了很多异常大胆而优美的表现手法”，“艺术概括能力的高低取决于作者对于生活了解的深刻性和观察与选择的敏锐性。”先生反对晚近以来绘画形式化的公式主义，“公式主义就是不能根据生活的真实创造鲜明生动的形象……公式主义中最不可取的一种是连思想都没有，仅只把古人创造的艺术形象从笔墨上加以模仿、抄袭，结果就形成了造型的符号的堆积。”

12月

全国高等院校选送留苏学生2000名（包括学习美术的留学生），总领队罗工柳。其间，为筹建中央美术学院美术史系，先生与留苏学生邵大箴等联系，请他们把列宾美术学院美术史论系的课程设置和各门课程的教学大纲译成中文，寄回国内参考。

邵大箴(1934～　)，江苏镇江人，著名美术理论家。1960年毕业于苏联列宁格勒列宾美术学院。历任中央美术学院美术史系教授、全国美协书记处书记，《美术》《世界美术》《美术研究》主编，列宾美术学院客座教授等。

“我们除接受中国驻苏大使馆留学生管理处的领导外，还通过人民日报等报刊及时了解国内的形势，关心国家大事，并与国内有关美术机构如全国美协、中央美院等保持密切联系，听取他们的要求和建议，并把学习的情况、学院的教学方案和措施向他们汇报。如中央美院江丰院长1956年组建美术史系的决定，便是听取了留苏同学的意见，吸取苏联的经验作出的。我们把列宾美院美术史论系的课程设置和各门课程的教学大纲译成中文，寄回国内，供江丰、王逊先生等参考(后因反右运动，建系计划推迟到1960年付诸实施)。”**（邵大箴：《难忘的岁月，珍贵的记忆——我们在苏联的学习和生活》，2013年4月“20世纪中国美术之旅——留学到苏联大型美术作品展”前言）**

本年

先生姑姑王葆廉去世。

薄松年（毕业于中央美术学院绘画系）、岳凤霞（毕业于北京大学）担任先生助教。

薄松年（1934～　），美术史家。1955年毕业于中央美术学院绘画系，师从著名美术史家王逊教授。现任中央美术学院美术史系教授、中国美协年画艺术委员会委员、炎黄艺术馆艺术委员会副主任、中国大百科全书编委、中国民间美术全集编委及顾问、《中华艺术通史》特约审稿专家。1985年将王逊先生遗著《中国美术史》整理出版。

岳凤霞（1927～　），美术史家。别名岳侠，1951年毕业于北京大学博物馆专业科，师从沈从文、王逊、启功。1952年参加由北京大学、科学院考古所、中央文化部文物局联合主办的“第一届全国考古工作人员训练班”学习及考古实习。1955年调入中央美术学院，协助王逊教授中国美术史课及辅导留学生。

“1955年，薄松年先生毕业后，担任王逊先生的助教工作，经过王逊先生的引见，薄先生从启功、徐邦达等老先生那里又汲取了许多学术养料，他随王逊先生到故宫博物院观看启功、徐邦达等先生如何鉴定、研究书画；他从王逊、启功那里看到了高尚的师德和情操。薄先生全面承接了王逊先生编写美术史教科书、宋元绘画研究、民间美术调查三个方面的学术衣钵。当时薄先生除了协助王逊先生课堂教学以外，还专门辅导来自苏联和东欧的留学生，如捷克留学生海兹拉尔与薄先生同居一室，每晚为其辅导美术史及古代画论，并协助其搜集了不少民间美术作品，现今海兹拉尔已是捷克赫赫有名的汉学家和美术史家。”**（余辉：《师德者寿——浅析薄松年先生的美术史教研成就》，《艺术》2014年第1期）**

“令我最不能忘怀的是先生给我创造向社会一些学者学习的机会，当时故宫常召集专家作书画鉴定，每次都带我参加旁听，由于先生的介绍，我认识了启功、徐邦达、张珩等先生，外地的学者（如谢稚柳、傅抱石、俞剑华先生）来京开会，也总是鼓励我们前去拜访。还由于先生的介绍我认识了戏曲史家周贻白先生，因而我有机会到中央戏曲学院旁听了中国戏曲史课，周先生在戏曲方面的精深学识使我获益良多，我在民间美术研究中有关戏曲的知识有很多就是在周先生的课堂上学到的。王逊先生的作法曾引起了故宫博物院院长吴仲超的注意，他特别提出故宫也应当像王逊先生这样培养青年。”**（薄松年：《王逊先生二三事》，《艺术》2009年第12期）**

1956年　丙申　41岁

1月1日

全国美协举办的“西南地区少数民族图案展览会”在京开幕，展览包括苗、布依、彝、藏、侗、傣、景颇、瑶、佧佤、傈僳、水家、羌、拉祜等西南少数民族刺绣、挑花、蜡染、补花、编织、毛织及建筑彩绘图案临摹作品200件。这些展品是全国美协1955年从西南美术专科学校、贵州省美术工作室、中央民族学院、中央民族文工团、中央美术学院、人民美术出版社和美协重庆分会等单位征集的，先生参加了本次展览筹备工作。**（《西南地区少数民族图案展览会》，《美术》1956年第1期）**

先生一直关注少数民族美术研究，在国内最早提出要编写一部少数民族美术史，后未能如愿。**（参见钟志金：《当代中国少数民族美术综论》，《西北民族大学学报》2003年第6期）**

1月14日～20日

先生出席中共中央在中南海怀仁堂召开的知识分子问题会议。周恩来代表中央在会上作《关于知识分子问题的报告》，指出：“我国的知识界的面貌在过去六年来已经发生了根本的变化”，“他们中间的绝大部分已经成为国家工作人员，已经为社会主义服务，已经成为工人阶级的一部分。”会议提出制定科学技术发展远景规划的任务，号召全国人民“向现代科学进军”。这次会议令先生深受鼓舞。

1月15日

北京各界20多万人在天安门广场举行大会，庆祝北京市农业、手工业全部实现合作化和在全国第一个实现资本主义工商业的全行业公私合营。

1月30日～31日

全国美协召开常务理事扩大会议。会议讨论通过了全国美协调整工作机构的方案和1956年的工作计划和工作任务。决定撤销普及工作委员会、古典美术研究委员会、《美术》编辑部，加强《美术》月刊及《漫画》月刊的编辑委员会，在创作委员会中增设理论批评组，设立对外联络部，并对人员重新进行了分工。先生承担“美术史”“美术理论”对外宣传任务。

2月5日～29日

全国美协在京举办“新旧年画、民间玩具展览会”，展出新旧年画500件。针对当时出现的“图解政治”的说教式“新年画”创作，先生撰写了《谈民间年画》，发表于《美术》第3期（**“民间年画笔谈”专辑**）。文章强调民间年画的优秀传统是从生活出发，表现了人民“压不熄的对生活的爱”。先生指出，传统民间年画的美学价值在于它的思想价值和艺术表现能力：“优秀的民间年画的主题都是从肯定生活和对于生活的理想出发，并以积极的乐观主义回答，答复了人民群众在生活中和斗争中最关心的问题：‘明天会怎样？’”；就艺术表现而言，传统民间年画是通过外形美丽、动作有力的人物形象，主题突出的构图，鲜明强烈的色彩来完成它的表现任务，“可以启发我们如何更周密地，或者说，更能按照艺术所必须遵守的规律，思考艺术上的问题。”

“一九五四年《美术》二月号上发表力群的《谈几幅优秀的新年画》，对新年画的‘说教’和‘乏味’做首次发难。……之后，这场关于年画的讨论持续了两年，最终，以《美术》一九五六年三月号上的一组题为‘发扬民间年画的优良传统’集体笔谈为收束。王逊、郁风、张光宇、王树村、力群等参加了这次笔谈，他们不约而同地将新年画的改革落实到‘发扬民间年画的优良传统’上来。这场日后被美术史称为新年画运动的讨论，从某种意义上说，是针对新年画的偏离民间趣味而发起的。……因此，经过一九五四至一九五六年那场由年画家、理论家和民俗学家共同出谋献策的新年画运动之后，年画明显发生转调，女性和儿童形象加入了工农兵的行列，政治的色彩减弱而生活色彩突出。”**（姚玳玫、王璜生：《面对“月份牌”的新年画》，《读书》2005年第8期）**

先生重视对包括民间年画、民间工艺美术在内的民间美术的研究，他认为民间美术历来为美术史家所忽略，而又是中国美术发展的深厚土壤和不竭源泉，其中蕴含着极其丰富的创造性和艺术表现，应引起美术史研究者足够的重视。对此，他除了身体力行开展调查研究、广泛搜集资料、将民间美术充实到美术史著作外，还指示年轻一代美术史工作者对此予以特别关注。

“（我）后来到北京中央美术学院学习，1955年留校从事中国美术史教学，特别感到在当时的中国美术史著述中很少提到民间的创造，著名美术史家王逊教授发现我对民间美术的感情和兴趣，特别指示我可以在这方面投入一些力量，以弥补这项空白。从那时起我利用一切机会对民间美术进行调查，其中对年画投入最多。”**（薄松年：《中国年画艺术史·前言》，湖南美术出版社2008年）**

2月24日

中共中央发出《关于知识分子问题的指示》。

2月25日

在中央美术学院院长室，先生主持召开“美术史料科学研究问题”会议。

“昨天接到中央美术学院院长江丰同志和附属民族美术研究所副主任王逊同志的通知信，关于讨论美术史料科学研究问题。今日上午九时起在院长室开会。”**（康乐编：《胡蛮记新中国美术活动》，中国书店出版社2014年）**

2月

本月起，先生承担指导各地艺术院校教师进修任务。经先生指导的教师，如广州美术学院（当时的“中南美术专科学校”）陈少丰、迟轲，中央戏剧学院王绍尊，西安美术学院（当时的“西北艺术学院”）王崇人，上海戏剧学院陈麦，四川美术学院李来源等，后来都成为卓有建树的美术史、美术理论家。先生严谨治学的师表风范，对青年教师的无私关怀、悉心指导，令他们终身难忘。

进修期间，先生还利用寒暑假组织进修教师和中央美院青年教师分别考察了东南、西北、中原各地美术遗存和博物馆（院）。其间，先生在南京博物院受曾昭燏院长委托鉴定院藏古代绘画，当时题为唐阎立德所作的《职贡图卷》，经先生考鉴，应为梁元帝萧绎所作。

迟轲（1925～2012），山东宁津人。著名美术史家。1948年毕业于华北联大美术系，历任广州美术学院教授、终身教授，广东美学学会会长。在西方美术史、西方美术理论研究方面成就卓著。

陈少丰（1923～1997），河南南召人。著名美术史家。广州美术学院终身教授。1981年整理编印王逊先生的《中国古代书画理论》，1985年与薄松年共同整理出版王逊著《中国美术史》。

王绍尊（1914～2005），河北蓟县人。著名画家。历任中央戏剧学院舞台美术系、山西艺术学院、山西大学艺术系教授。

王崇人（1931～2009），甘肃平凉人。著名书法家、美术史家。1953年毕业于西北艺术学院，历任西安美术学院教授、陕西省书法家协会名誉主席。

陈麦（1925～　），福建莆田人。舞美设计家。1949年国立艺术专科学校毕业，上海戏剧学院教授。

李来源（1933～　），四川南充人。著名美术史家。1956年毕业于四川美术学院，入中央美术学院攻读中国美术史研究生。四川美术学院教授。

“1956年2月，中南美专选派陈少丰到中央美术学院跟随王逊学习中国美术史，这成为了陈少丰学术生涯中的最重要转折点。从此，陈少丰与中国美术史教学和研究结下了不解之缘。1957年8月，陈少丰回到中南美专，开始担任该校的中国美术史教程。1958年，该校迁往广州，改名为‘广州美术学院’。……毫无疑问，对陈少丰的学术生涯产生过最大影响的导师是王逊。王逊是新中国美术史论教育事业的奠基人之一。他的严谨扎实的学风和在逆境中自强不息的治学精神，曾影响和造就了新中国一大批在高等院校和文博系统从事中国美术史论教学和研究的专门人才。”**（李公明、李伟铭：《陈少丰的治学和为人》，《美术》1993年第8期）**

“王逊、启功、徐邦达常带我们一起在故宫陈列室里品评讨论。我非常欣赏王逊、启功那样的大学者，从来不咬文嚼字也没有洋腔洋调，总是用通俗的北京话阐述艰深的学理。

……近年，陈少丰、薄松年两教授整理了王逊先生的《中国美术史》遗稿使之正式出版，像这种竭尽‘弟子之谊’的高尚行为，在今天也是难能可贵的。”**（迟轲：《人和艺术——学习文艺理论和**

美术史的片断回忆》，《广州美术研究》1990年4月总第4期）

“众所周知，王逊先生是新中国美术史论教育事业的奠基人。……1956年寒假，由王逊先生带队，参观、考察了东南各地的古代美术遗存和博物馆，此外，又利用其他课余和暑假的时间，先后到中原、西北等地区调查考察。正是这一时期的知识积累，奠定了（陈少丰）先生日后对中国古代雕塑艺术进行系统研究的基础。……毫无疑问，作为一个教师，先生已经毫无保留地把他一生的心血献给了他的学生，他的敬业精神和他在人格上所产生的感召力，已经远远地超出了他的著述所能涵盖的容量。我相信，随着时间的推移，从先生——包括从王逊先生以及其他许许多多的前辈学长——身上体现出来的这种传统的师道精神，将会越来越强烈地显示出它的珍贵的价值。我们的教育事业包括我们的学术事业的发展，正是由于这种精神的存在、承传而获得了历万劫而不衰的巨大的内驱力。”**（李伟铭：《我的老师陈少丰》，《美术学报》2013年第3期）**

“上世纪50年代的西安美院，由于美术理论师资的匮乏，老院长刘蒙天决定选派部分优秀青年教师外出进修，（王崇人）先生于1956年至1957年期间被派到中央美术学院史论系以及中央文化部民族美术研究所研修。那时的先生就立志要在这一领域好好学习研究，将来有所作为。在北京的日子，先生抓住难得的学习机会求教于老一辈美术理论家和书画家，向他很早就感兴趣的‘齐派’书画家请教学习。研修后期，先生又随中央美院史论专家王逊先生赴甘肃敦煌莫高窟考察近半年时间，期间他不但临摹了大量的敦煌壁画，并在常书鸿先生和王逊先生的指导下，开始明晰自己美术理论研究的方向。一年多在北京的研修学习和在甘肃敦煌莫高窟的壁画考察研究，对先生日后艺术上的理论探索和创作实践影响深远。返校后，他先后担任了西安美术学院美术史论专业教师及美术史论教

研室主任等职。”**（侯小春：《博古通今 笔酣墨饱——王崇人先生的艺术人生》，《美术观察》2008年第11期）**

“1956年王逊先生带我们到南方考察，在南京博物馆看到《职贡图卷》，记得该画卷题名作者是唐代阎立德，当时他就提出此画的原作年代要早于唐代，因为画卷上的有些国家在唐代已不存在了。还和我说这件作品非常值得研究，可以成为一篇学位论文。后来经过他的研究论证确定此图系梁元帝萧绎的画本。”**（薄松年：《王逊先生二三事》，《艺术》2009年第12期）**

3月9日

全国美协召开会议，讨论纪念鲁迅先生逝世20周年。先生应美协约请撰写纪念文章《鲁迅和美术遗产的研究》，这是他在“反右”运动前正式发表的最后一篇研究文章。文章系统总结了鲁迅在文艺理论和美术遗产方面所提出的观点和意见，指出“作为一个伟大的文化战士，鲁迅思考过中国文化传统和新的革命的各方面的问题，他的思想也经历了新旧斗争的变化。在他早年，整理、研究文学和美术遗产，作出一些重要的贡献；在他晚年，新的革命的美术引起他的关切的爱护，在他的亲切帮助下，新美术得到重要的发展，民族美术的传统也更有了新的估价。”在介绍鲁迅对美术遗产的主要观点时，先生特别结合当时实际，对美术史研究方法、研究目的以及美术史研究与创作的关系等重要问题提出了自己的看法——

“鲁迅很重视古代美术遗产和当前美术创作的联系。研究古代美术而要着眼当前的发展。这不能不说是鲁迅提出了关于美术遗产研究工作中的一个重要的观点。……他的整理和研究是带有推动新美术的目的，与不联系实际，把史料的堆积、或单纯的考订就当作美术史的研究的作法不同；而且也可以看出他钻研史料的慎重而严格地对待科学研究的基础工作，这又与只讲欣赏、不问历史，或以为凭空就可以提出独到的见解的作法是不同的。……鲁迅在治学方法上积聚大量研究资料的勤奋的精神，处理史料的严谨审慎的态度，而同时又具有联系实际的研究目的，这就都为美术遗产的研究工作树立了榜样。”

“鲁迅很重视民族绘画的尊重生活、尊重现实要求、风格健康的传统。他对于后期绘画史上的偏离开了这一传统而产生的弊病提出了尖锐的批评……对于某种‘懒惰的空想’大不以为然。……‘文人画’这个名词是数百年来所沿用的，由于在过去推崇过当，所以近年来颇引起一些怀疑和反对的意见。鲁迅就对于他的前途持怀疑态度。……鲁迅肯定了宋元文人山水画的历史价值，却不肯定其未来的前途。同时，鲁迅指出了历史上中国美术从域外美术吸收营养的善于学习的传统，并且明确地表现出对于非士大夫的民间美术（包括石刻画像以及民间年画）更大的重视。这一切对于我们今天研究民族美术遗产和承继发扬民族传统的工作上都有重要的意义。”（**《鲁迅和美术遗产的研究》**）

3月14日

国务院成立科学规划委员会。

3月20日

应文化部代部长钱俊瑞之请，先生出席文化部召开的“关于艺术科学研究工作的长远计划和成立艺术科学研究机构问题”座谈会。

3月28日～5月15日

国务院组织制订“国家十二年科学发展规划”，规划分“自然科学”和“哲学社会科学”两大项目，包括音乐、美术、戏剧、舞蹈、电影、曲艺等学科在内的艺术科学列入哲学社会科学范畴。先生担任美术学科召集人，主持制订了《艺术科学研究工作美术部分十二年远景规划草案（初稿）》**（国务院科学规划委员会文件，哲学社会科学长远规划办公室印，1956年4月）**。“规划”主要内容是：建立美术研究机构，在全国设立若干美术研究院所；培养美术史、美术理论研究人才，包括研究生、博士生培养计划和留学生派遣计划；落实美术学科教材、学术论著出版，组织专人编写《中国古代美术史》《中国近现代美术史》《美术概论》及各时期美术断代史、美术各专业发展史、《艺术概论》等。

“1956年1月的中共中央关于知识分子问题会议为中国第一个科学技术发展远景规划的制定和实施做了总动员。3月，负责1956～1967年科学技术发展远景规划制定工作的国家科学规划委员会成立，十二年规划的制定工作正式开始。至1956年8月下旬，在国务院科学规划委员会的领导下，完成了几百万字的《1956～1967年科学技术发展远景规划纲要(草案)》，并在讨论和修正后，由中共中央和国务院批准执行。《十二年规划》配合国民经济和社会发展的需求，确定了‘重点发展，迎头赶上’的方针，提出了国家建设所需要的57项重要科学技术任务和616个中心问题，提出了各门学科的发展方向。……周恩来在《关于知识分子问题的报告》中有关制定科技规划的讲话正反映了这一战略的基本思想：‘按照可能和需要，把世界科学的最先进的成就，尽可能迅速地介绍到我国的科学部门、国防部门、生产部门和教育部门中来，把我国科学界所最短缺而又是国家建设所最急需的门类尽可能迅速地补足起来，使12年后，我国这些门类的科学和技术水平，可以接近苏联和其他世界大国。’正是这种恰当的以学习、追赶为目标的科技发展战略使中国的科学技术得到了长足的发展。”**（胡维佳：《“十二年科技规划”的制定、作用及其启示》，《中国科学院院刊》2006年第3期）**

“国务院科学规划小组邀请各方面的专家参加各科学部门的12

年规划工作，有关艺术科学的规划工作也要立即上马。江丰指定王逊和我还有薄松年、刘守强等一同进行12年的美术科学规划，地点在西苑大旅社，我们都集中地住到那里，避免干扰，专门从事这项工作。和我们同住一个旅社的还有音乐界的李元庆、董兼济，舞蹈界的王克芬、董锡玖，戏剧界的沙新、周贻白、杜颖韬等人。大家集合起来成立了12年艺术科学规划工作小组。各个学科分头进行工作，有些共同性问题在一起开会讨论。……

我是在3月28日那天住进西苑旅社的，我们拟定在五一节以前便把规划草案搞出来。所以每天上下午像在机关上班一样地工作，在屋子里共同研究规划方案，并分别进行起草工作，有时外出进行调查研究。科学院哲学社会科学部的刘桂武同志负责艺术组和自然科学组的行政管理工作。我们出入都配备有小汽车供使用，每天三餐享受着很好的伙食待遇，有时还在中南海怀仁堂举行招待晚会。

……

规划的初步草案弄出来了，开了若干次分门别类的小型座谈会，征求意见。在这些会上，我得以认识了叶恭绰、徐邦达、沈从文、张珩、陈梦家、吴仲超等文物专家，从他们的发言中，使我对他们渊博的学识和严谨的治学精神深表钦佩。最后一次综合性的大型座谈会是在西苑举行，大家对几度修改过的规划草案仍然提出不少宝贵的意见。”**（王琦：《艺海风云——王琦回忆录》，人民美术出版社1998年）**

4月8日～5月10日

“北京中国画研究会第三届展览会”在京举行，展出北京国画家168人的279件作品。

4月17日~5月17日

文化部连续在晚间召开美术思想批判会议，组织批评“轻视国画”问题，周扬、钱俊瑞主持。会议印发的“轻视国画”材料主要包括艾青、王逊等人批评国画创作现状的文章，提出“主要是领导思想的问题”，实际是针对全国美协主席江丰。江丰不服，会上形成争议。先生参加了部分会议。

“会上，周扬同志、华君武同志、蔡若虹同志对王曼硕同志发言很不满意，蔡在发言中批评了江丰同志。蔡揭发了美院的徐悲鸿派宗派主义情况。……江丰发言中对国画措施仍是认识不足，对他自己的个人主义略有检讨。钱、周两部长对国画问题提出肯定意见，对江丰进行了批评，提出初步规划的主张。夜二时散会。”**（康乐编：《胡蛮记新中国美术活动》，中国书店出版社2014年1月）**

4月25日

毛泽东在中共中央政治局扩大会议上作《论十大关系》报告，强调调动国内外一切积极因素，为建设强大的社会主义国家而奋斗。报告还提出了共产党和其他民主党派“长期共存，互相监督”的方针。

4月28日

毛泽东在中共中央政治局扩大会议上说，艺术问题上的“百花齐放”，学术问题上的“百家争鸣”，应该成为我国发展科学、繁荣文学艺术的方针。

5月2日

毛泽东在第7次最高国务会议上提出“百花齐放、百家争鸣”的方针。

5月11日～19日

先生带领民族美术研究所全体工作人员9人考察大同云冈石窟，对洞窟内现状逐一进行核查登记。**（岳凤侠：罗尗子《北朝石窟艺术》〈上海出版公司1955年，民族美术研究所资料室藏本〉题记）**

5月21日

政务院批准成立中央工艺美术学院，邓云浩任院长，庞薰琹、雷奎元任副院长。

5月26日

先生出席在中南海怀仁堂举行的报告会，政务院副总理、中科院院长郭沫若主持会议。中宣部部长陆定一在会上作《百花齐放、百家争鸣》报告，向科学和文化艺术工作者系统阐明了“双百”方针，指出中央主张的“百花齐放、百家争鸣”，是提倡在文学艺术和科学研究工作中有独立思考和辩论自由，有创作和批评的自由，有发表自己意见、坚持自己意见和保留自己意见的自由，是提倡建立在科学基础上的学术论争。同时，文化艺术和科学工作者要学习马克思列宁主义，要以马克思列宁主义的科学理论作为我们各项事业，包括科学和文化事业的指导。政务院总理周恩来出席会议，对十二年科学规划问题作出指示。当晚周恩来宴请参加全国科学规划工作的专家学者，并逐一握手致意。

“1956年5月是令人难忘的5月，在这一月里，科学、艺术界出现两件振奋人心的大事，一件事‘百花齐放、百家争鸣’的报告的发表，一件是科学规划工作的完成。可是当时谁也未曾想到，在1956年下半年，国际上发生了震动人心的波匈事件。第二年，在我国爆发了轰轰烈烈的反右运动。‘百花齐放、百家争鸣’的方针从一开始不久就未能得到认真贯彻执行，而12年科学规划也成了一纸空文，不仅未得到实施，而且还在大批判中当作批判的对象，认为是走‘专家道路’的样板。不少参加过这份规划的学者专家也都被错划成右派分子，其中也包括和我一同负责起草美术科学规划的王逊。”**（王琦：《艺海风云——王琦回忆录》，人民美术出版社1998年）**

5月

故宫博物院举办“五省（陕西、河南、热河、辽宁、江苏）出土文物展览”。

先生多次主持召开美术学科十二年发展规划草案座谈会，亲自出面邀请叶恭绰、邓以蛰、梁思成、沈从文、张珩、陈梦家、吴仲超、徐邦达、启功等著名专家参加座谈。

6月1日

第二届全国政协会议上，叶恭绰、陈半丁提出《继承传统、大胆创新、成立中国画院》的议案，引起党和国家领导人重视。本日，政务院通过决议，提出为培养中国画画家，设立北京、上海两个中国画院。上海画院由上海市人民政府领导，北京画院由文化部直接领导，规定画院不仅吸收学理水平较高的画家，还要吸收虽学理水平不高但手艺高的人。老画家不必在画院工作，可在家进行创作，采用带徒弟的方法教学。画院纲领为：“继承中国古典（包括民间）绘画艺术的优秀传统，并且使它进一步发展和提高。”画院的具体任务是繁荣中国画创作，培养中国画的专门人才，并对中国画作理论的探讨，及负责院外中国画创作的推动和辅导工作。筹备中国画院期间，文化部曾上报国务院，拟将中央美院和中央美院华东分院的彩墨画科师生、设备分别归并到北京、上海两地国画院，以实行中西美术教育分开办学的设想。

6月9日

中国美协召开党组扩大会，“帮助江丰同志自我检查”。

6月13日

中国美协召开党组扩大会，继续讨论“美术领导思想”问题。

6月14日

毛泽东、周恩来、刘少奇、朱德、陈云、邓小平等中央领导人在中南海怀仁堂接见参加拟制全国十二年科学规划工作的科学家并合影留念。先生参加了接见。

全国美协召开党组扩大会议，其间蔡若虹谈到《美术》编辑部收到一些对先生、刘开渠、胡蛮等人的批评稿件，准备陆续发表。

6月28日

波兰爆发群众抗议共产党政府的“波兹南事件”。

6月

《美术》第6期发表杨仁恺的批判文章《论王逊对民族绘画问题的若干错误观点》。文章认为，“王逊先生在两年来所发表的有关民族绘画问题的文章，……是从虚无主义观点出发的。他的这种虚无主义观点，在今天的美术界中，有他一定的代表性和普遍性。”文章列举先生“否定民族绘画的传统技法”、“用形式主义的观点，描述古代画家及其作品，代替实事求是的具体分析”、“用主观主义的考证方法判断古典作品的真赝，……造成视觉混乱”、“以自然主义的创作标准衡量今天的创作”等4种“错误观点”，认为 “根源是他在长时期中接受了陈腐的资产阶级美学理论的影响，形成了顽固的思想体系，这个思想体系的基础，就是资产阶级的唯心主义。”

文化部代部长钱俊瑞在首都剧院作报告，点名批判中央美术学院“压制民族遗产”，“排斥国画”，建议实行“双轨制”，即传统国画技法和素描双管齐下。

《文艺报》第11期也以“发展国画艺术”为题发表了于非闇的《从艾青同志的“谈中国画”说起》，俞剑华的《读艾青同志“谈中国画”》，《文艺报》并加发“编者按”。此后各期又陆续发表了张伯驹的《谈文人画》，秦仲文的《读艾青“谈中国画”和看中国画展后》，刘桐良的《国画杂谈》，宋仪的《发扬传统不能因噎废食——俞剑华同志〈读艾青同志‘谈中国画’〉一文读后》，邱石冥的《关于国画问题》等讨论文章。

7月3日

政协北京市委员会约请在京部分国画家座谈有关国画发展的问题，陈半丁、胡佩衡、徐燕荪、蒋兆和等画家提出一系列“当前国画工作中的重要问题”。

7月6日

江丰、王曼硕在全国美协党组扩大会上对文化部文件作申辩发言。

7月9日

民盟北京市委员会邀请盟内绘画、雕塑、音乐工作者座谈“百花齐放、百家争鸣”方针问题，先生出席座谈会。

7月10日～22日

由文化部和全国美协举办的“第二届全国国画展览会”在北京中国美协美术展览馆开幕。这次展览共收到全国各地1400多位画家的3500幅国画，经评审有944件作品入选。

7月25日

全国美协召集在京国画家和各地来京国画家60余人座谈会，对“第二届全国国画展览会”交换意见。会上对虚无主义、保守主义思想进行了批判，对国画的特色、继承遗产、吸收西洋、重视生活等问题也展开了讨论。文化部副部长夏衍到会讲话，希望进一步贯彻“百花齐放、百家争鸣”方针，鼓励国画界展开自由辩论。

8月10日

周恩来在《关于国画界的情况问题的若干反应》（**《统战工作简报》第45号，1956年7月**）上批示：“送钱、陈两部长并提处理意见”。文化部召开会议讨论处理意见。

8月24日

文化部、中国音协在北京联合举行第一届“全国音乐周”。闭幕后，毛泽东在中南海怀仁堂邀集部分音乐家座谈，涉及文艺上“中西关系”“古今关系”“雅俗关系”问题：“近代文化，外国比我们高，要承认这一点。艺术上是不是这样呢？中国某一点上有独到之处，在另一点上外国比我们高明……我们接受外国的长处，会使我们自己的东西有一个长进”；“说中国民族的东西没有规律，这是否定中国的东西，是不对的。中国的语言、音乐、绘画，都有它自己的规律。过去说中国画不好的，无非是没有把自己的东西研究透，以为必须用西洋的画法。当然也可以先学外国的东西再来搞中国的东西，但是中国的东西有它自己的规律”；“应该越搞越中国化，而不是越搞越洋化。这样争论就可以统一了。要反对教条主义，反对保守主义，这两个东西对中国都是不利的。学外国不等于一切照搬。向古人学习是为了现在的活人，向外国人学习是为了今天的中国人”；“琴棋书画，无产阶级不去占领，资产阶

级必然去占领。”**（毛泽东：《同音乐工作者的谈话》，《毛泽东文艺论集》，中央文献出版社2002年）**

8月

《美术》第8期发表洪毅然的《论杨仁恺与王逊关于民族绘画问题的分歧意见》，岳松、王忱的《关于杨仁恺一些论断的商榷》，继续讨论先生美术史论思想。同期还发表了蒋兆和的《从国画展览会中所得到的启示》，他肯定“新国画”：“今天被人认为‘不是国画’，明天将会被人认为是新中国的国画”。

9月1日

先生出席授予齐白石国际和平奖金仪式。

9月15日～27日

中共八大召开，宣布社会主义改造取得决定性胜利，社会主义制度已基本建立，国内主要矛盾是“人民对经济文化发展的需要同当前经济文化不能满足人民需要之间的矛盾”。

9月

教育部、文化部首次评定教授级别，高等院校教授共分四级。高等艺术类院校此次未评定一级教授，中央美术学院叶浅予、庞薰琹、王式廓、李桦4人定为二级教授。先生为三级教授（有回忆称先生为一级教授，不知何据）。

10月16日

《人民日报》发表何其芳的《论阿Q》。文章从解剖阿Q的典型形象入手，提出“阿Q性格的解释问题，实际上是一个典型性和阶级性的关系问题。……在实际的生活中，在文学的现象中，人物的性格和阶级性之间都并不能划一个数学上的全等号。”文章发表后受到围攻，认为何文没有用阶级分析的观点看问题。先生却对这篇文章深表赞赏，认为文章提出了一个重要问题。

“何其芳的《论阿Q》在报上发表的第二天，王逊对我称赞了这篇文章，说它提出了一个重要问题。不久《论阿Q》受到一些人的围攻，何其芳并未退让。正像后来他坚持‘民歌体未必是新诗的最好形式’一样，没有随风转向，表现了一个学者的责任感和真诚的作风。直到晚年他还发表文章记述了毛泽东曾用‘口之于味有同嗜焉’来解释‘既有带阶级性的美’也有‘不带阶级性的美’。这当然是一个重要的论断，这个问题不解决，就无法解决传统文化对后代的教育作用，以及不同的社会和民族之间艺术交流的意义。”**（迟轲：《人和艺术——学习文艺理论和美术史的片断回忆》，《广州美术研究》1990年4月总第4期）**

10月23日

匈牙利爆发反苏“十月事件”。

10月30日

《人民日报》发表社论《发展国画艺术》，提出国务院决定成立中国画院、提倡国画创作和培养国画人才等措施。

先生参加中国美术家与墨西哥画家西盖罗斯座谈会。**（《美术家通讯》第3期，1956年12月）**

10月

《美术》第10期出版“纪念鲁迅先生诞生七十五周年逝世二十周年纪念特辑”，刊发先生的《鲁迅和美术遗产的研究》**（后收入《学习鲁**

迅的美术思想》，人民美术出版社1979年）。

应欧阳予倩（当时主持艺术科学十二年远景规划制定）之请，先生为“中国舞蹈史研究小组”成员讲授唐代乐舞，并为舞蹈史陈列室（1958年设在中国文联大楼并对外开放）搜集展品。

“1956年初，在周恩来总理的关怀下，由中国科学院主持召开了‘哲学社会科学十二年远景规划’舞蹈部分的‘十二年远景规划草图’……研究中国舞蹈史，是规划中的重点科研项目之一。同年十月，在中国艺术研究会组建了‘中国舞蹈史研究小组’……欧阳予倩老师非常重视取得各方专家对初创舞蹈史学的支持与帮助。由于老师德高望重，受到许多人的尊重与爱戴，他经常能请到专家来教导我们。常常帮助我们的专家有：阴法鲁、杨荫浏、周贻白、傅惜华、王逊、吴晓铃、任二北等。有时是请专家到欧阳老师家客厅作专题讲座，有时是写信嘱托或亲自带我们到其他老师家去求教。美术史专家王逊、藏书家傅惜华、文史专家沈从文等都对我的搜集舞蹈文物、文献等，给予了许多帮助，我的舞蹈室资料陈列室中，就有他们提供的展品。”**（《欧阳予倩与中国当代舞蹈——忆恩师欧阳予倩的谆谆教诲》，《北京舞蹈学院学报》2005年第4期）**

“1956年的秋天，欧阳予倩先生主持的舞蹈史研究小组，请王逊先生讲敦煌壁画中的舞蹈，地点是在欧阳老的家里，先生讲课时带去了一批画册，讲座前首先表示对欧阳老派的任务‘不敢来，又不敢不来’，因为自己对舞蹈史实在没有研究。但他在讲座中对唐代乐舞及在敦煌壁画中的艺术呈现讲得生动而具体，引起听讲者浓厚的兴趣，并获得欧阳老的高度称赞，告勉研究组的成员要像王逊先生那样扎扎实实地做学问。”**（薄松年：《王逊先生二三事》，《艺术》2009年第12期）**

“研究中国舞蹈史，除了本身的业务知识之外，必定涉及到历史学、考古学、民俗学、音乐史、美术史、戏剧史等各个方面。还得要研究本国各民族、民间的舞蹈，以及国外，主要是东方国家的舞蹈。这样一个艰巨的工作，是不是一个人关起门来埋下头去就行呢？事实上，必须充分发挥集体的力量，并多向各专业部门的专家们请教，老老实实作学生，才能够较快较好地完成。……我们尊重专家，尊重老教授，正因为他们善于总结各方面的经验，做出结论，任何的发明、发现，都是许多人许多年代劳力的累积。”**（欧阳予倩：《争取艺术科学研究的大跃进——在文化部召开的艺术科学研究座谈会上的报告》，《音乐研究》1958年第2期）**

11月1日

中央工艺美术学院举行建院典礼。

11月4日

苏联入侵匈牙利。

11月8日

文化部牵头成立“中国民族画院”筹委会，叶恭绰任筹委会主任。不久，又以文化部名义补助救济国画界老画家5000元。

11月

先生以中国民主同盟中央美术学院支部名义主持召开“印象主义艺术”文艺沙龙。在京著名美术家江丰、王曼硕、王式廓、王临乙、艾中信、吴作人、李宗津、李桦、许幸之、滑田友、冯法祀、蒋兆和等50多人参加了研讨。这是建国后中国美术界第一次对西方近现代艺术进行集中研讨，在当时及以后均产生了十分重要的影响。此后，本年12月至翌年1月间又组织过3次专题研讨活动。中国讨论印象主义是由苏联美术界对印象主义的讨论引起的，根据苏联和法国间的文化协定，法国印象派绘画在苏联作过一次展览，苏联美术界对此开展了讨论。

“这一年冬天，美院由民盟支部举办了一次颇具规模而为时较长的‘法国印象派学术研讨会’，地点在美院外宾接待室，参加会的有美院各系科的部分教师和校外部分美术家共约五十余人。这是美院成立以来最有影响的一次学术研讨会。……在每次对印象派问题的讨论中，参加者都是济济一堂，座无虚席，而且都是争先恐后地发言，有时是面对面地交锋，坚持己见，各不相让，但大家的态度都是十分坦率、友好，形成了一股难得一见的正常、健康的学术讨论空气。……研讨会的主持人王逊在会上说：‘对印象派问题的讨论引起了大家很多精彩的发言，使我们对印象派艺术有了更多更好的认识。但这场讨论还未结束，今后还有待于大家进一步去进行深入的探讨。’”**（王琦：《艺海风云——王琦回忆录》，人民美术出版社1998年）**

先生与美术史家尚爱松谈宋代山水画家李成传世作品真赝问题。

尚爱松（1918～2006），江苏铜山人。著名美术史家。早年毕业于中央大学，任昆明北平研究院史学所助理研究员、中苏友协副主席、中国科学院研究员等。1956年经好友王逊先生调入中央美术学院，参与筹建美术史系。1961年调任中央工艺美术学院教授，为中央文史馆馆员。

“宋初李成是我国山水画发展史上一位极为重要的画家。早在北宋，刘道醇《圣朝名画评》便认为他‘当时称为第一’；《宣和画谱》更认为他是‘古今第一’；明代王世贞在其所著《艺苑卮言》中更将他与画圣吴道子并列，认为‘人物画以道子为圣，山水画以营丘为神’。李成地位之崇高，于此可见。关于他的绘画作品，历代画史、画论虽多有论列，遗憾的是，我们今天已是很难看到一幅真迹。现在收藏在海内外如辽宁博物馆、台湾故宫博物院与日本、美国诸美术馆、博物馆中的约廿件作品，多年来经鉴赏家、美术史家论证，已很难确定究竟哪一幅是李成的原作。……李成真迹既如此难言，忆一九五六年秋冬之际经与友人王逊教授反复论证，一致认为现藏日本大阪市立美术馆之《读碑窠石图》，最值得重视。王兄对此图之看法，已在其所著《中国美术史讲义》中公开发表。”**（尚爱松：《读李成、王晓合作〈读碑窠石图〉杂记》，展梦夏编：《尚爱松文集》，山东美术出版社2011年）**

12月22日

中共中央同意国务院科学规划委员会《关于征求〈一九五六——一九六七年科学技术发展远景规划纲要（修正草案）〉意见的报告》。

12月

中国美术家协会召开会议制定1957年工作计划，在“邀请专人分工撰写我国对外介绍的美术概况资料”工作中，先生承担“美术史”“美术理论”两部分内容。**（《美术家通讯》第6期，1957年3月4日）**

本年

先生完成《中国美术史》教材编著。教材编出后，“作者本人虚怀若谷，他认为这只是初稿，很不成熟，有待集思广益”，随后因“反右”“文革”等接连不断的政治运动，此书一直没有机会出版。直到“文革”结束，经薄松年、陈少丰两先生整理校订，1985年由上海人民美术出版社出版。时任中国美术家协会主席、中央美术学院院长吴作人为本书题写书名，已故中国美术家协会主席江丰撰写序言，称先生此书“代表了那时中国美术史的研究的水平”，“它在中国美术新史学的创建过程中，已取得了可喜的成绩，直到今天，仍葆有其生命力。”**（江丰：《〈中国美术史〉序》）**

为满足各地美术院校和文博机构教学研究之需，1956年中央美术学院（铅印）、故宫博物院（油印）分别将此书以《中国美术史讲义》《中国美术史讲稿》为名内部各印行1000册。先生在《中国美术史讲义·序论》中说，本书编写的主要目的是以“科学的、有分析的态度……区别精华与糟粕地继承遗产，以利于发展新文化，提高民族自信心。”此书问世后，一直是我国当代最有影响的中国美术史论著，长期以来，不断为人们传抄、翻印、摘录、引证，直到今天，仍是难以超越的《中国美术史》经典著作，多次再版重印，嘉惠一代又一代学习和研究中国美术史的读者。

“王逊在中外文学、哲学、历史学及美学等方面有深厚的修养，对绘画、雕塑、书法、建筑、工艺美术史及艺术理论方面有渊博的知识和独到的见解，在力图运用马克思主义的立场、观点、方法研究和撰写中国美术史著述上做出了有益的尝试和贡献。他在1956年所著《中国美术史》，比较简扼而全面地阐述了中国美术发展状况及若干规律，并注重其赖以产生、发展、变化的社会历史条件，以及它们与哲学思潮、宗教信仰、文化艺术等各门类间的相互联系。除大量引用文献资料外，尤其注意考古发现的实证性，对于不见经传的工匠创作和民间美术也给予应有的历史地位；对于古代画家和艺术的论述也时有独到的见解，是五十年代有突出影响的美术史论著之一。”（**《中国大百科全书·美术卷·王逊传》**）

“著者以其在中国美术史各门类的渊博知识和在文史、哲学、美学等方面的深厚修养，故能在有限的篇幅内相当全面、系统而扼要地阐述了绘画、雕塑、建筑艺术、工艺美术等美术门类在各个历史阶段的成就和大致发展规律。这部著作既集中体现了他自己多年的研究心得，提出了他自己的许多新颖而精辟的见解，同时也在一定程度上概括了前人的研究成果。因而无论是内容、结构、体例以及文字表述，都具有相当大的创造性和新鲜感，可以认为他在使中国美术史成为一门独立完整的科学的进程中迈出了重要的一步。”

（薄松年，陈少丰：《中国美术史·校订后记》，上海人民美术出版社1989年）

“五十年代美术史著作中一类引人瞩目的成果，是多种中国美术通史教材。而编写教材是政府十分重视的工作，王逊讲义编出后，文化部即曾组织为期半年的讨论。从美术史研究而言，从个别和局部进行，比通史更易深入，但通史之所以受到欢迎，根本原因在于其有利于用马克思主义进行宏观的阐释，在于这种阐释有利于对遗产的批判继承，古为今用。当时的编者普遍相信马克思主义是一种可以揭示美术发展客观规律的科学，运用它进行阐发，则可以使美术史研究变成科学，进而洞悉客观法则，区分遗产的精粗，以利于当前的创作。对此，王逊的《中国美术史讲义·序论》也认为，这种阐释为的是以‘科学的、有分析的态度……区别精华与糟粕地继承遗产，以利于……发展新文化，提高民族自信心。’

当时，由于从事美术史教学与教材编写的人员，像建国前一样，多出身于画家，虽有人从事过研究，却没有接受过马克思主义美术史学的训练，派去苏联学习美术史者也尚未学成归来，所以翻译出版苏联阿尔巴托夫的《中国美术史》，以及其他美术史著作，再版修订的胡蛮《中国美术史》，便成了在美术史研究中运用马克思主义的直接参照。而马克思主义历史学，文艺学的著作与译作，也影响了中国美术通史的编写。……王逊是学习哲学、美学出身，又从邓以蛰修习过美术史的学者，他学习马克思主义也较努力，所以他的《中国美术史讲义》在有限篇幅内较全面系统地论述了中国绘画、雕塑、建筑、工艺多种美术门类在不同历史阶段的发展脉络和艺术成就，既重视美术赖以产生、发展、变化的社会条件，也重视美术与政治、经济、哲学、宗教、文化的相互关系，而又没有忽视美术本身在审美能力（题材）与表现能力（艺术技巧）上的自律发展，在当时是公认水平较高的一部著作。”**（薛永年：《二十世纪**

中国美术史研究的回顾与展望》，1999年11月主讲于香港中文大学，刊于《文艺研究》2001年第2期）

“故宫的老专家常常回忆起王逊先生在50年代初到北海团城时的情景，当时的文物事业管理局（今国家文物局）设在那里，他借课余时间与张珩、徐邦达、启功、谢稚柳等好友帮助鉴定局里征集来的古代书画，各位鉴定家都谈到如何向弟子传授鉴定书画的要领，徐邦达先生问王逊先生：‘那您是怎么教学生的？’王逊先生答道：‘编呗！’启功先生当即表示赞同。一个‘编’字，概括了王逊先生当时所思考的问题——编写一部中国美术史教科书，以供美术史专业的大学生使用。

在此之前的二三十年代，郑午昌、滕固分别著有《中国画学全史》《中国美术小史》等，但无法完全适合五六十年代高等院校美术史专业的教学需要。1953年新文艺出版社出版的祜曼(即胡蛮，编者注)《中国美术史》，人民美术出版社分别在1957年和1958年出版的李裕《中国美术史纲》和阎丽川《中国美术史略》，主要是为增强美术创作人才和院校美术专业学生的艺术素养而撰写的，在当时曾起到了积极的作用。

简而言之，在王逊之前的美术史教育家要解决的是如何给美术院校的学生增补艺术史养分，王逊先生除了要解决该问题之外，更要解决的问题是如何培养美术史学科的专门学者。他在建系之前的1956年，就完成了撰写《中国美术史讲义》的工作，在内部印发了1000册《中国美术史》铅印本。后来由于他被划为右派致使此书丧失了出版发表的权利，但它如甘霖一样，滋润着美术史界的后学们，不断被各地的青年学子们传抄、翻印、摘录。直到1979年，王逊先生被彻底平反，次年，在江丰先生的积极支持下，这本讲义经薄松年、陈少丰先生的整理，成为34万字的《中国美术史》，1985年6月在上海美术出版社出版了17500册，随后，经过勘误和修订后，又刊印了13500册，受益者何止千千万万！需要说明的是1960年至1963年，王逊又曾对教材重新修改、充实了其中的部分内容，可惜这些手稿皆已遗失，实在是一件憾事！

20世纪中国美术史的著述活动经历了这样一个过程：从郑午昌、滕固开启现代人撰写中国美术史的先河到王逊使之成为一门独立的美术史学科。这就是如何以科学的方法组织第一手材料，郑、滕二人尚留有草创的痕迹，在王逊那里，新的马克思主义世界观和现代的治学方法使中国美术史的研究方法愈加成熟。特别是王逊在'一边倒'的年代里，并没有追赶时髦，没有将中国美术史的材料随意贴上庸俗的政治标签，他以一个哲学家特有的冷静和理性，'力图运用马克思主义的观点和方法来研究中国美术史'这门学科，对中国古代美术史的材料进行了科学的梳理和总结。

王逊先生在叙述艺术史中充分利用当时的考古发掘和研究成果，与滕固一样，他以旧石器时代文化遗迹作为美术史发生的前提，而不是停留在传说时代，在这方面，由于王逊先生较前人占有更多的考古材料，比滕固所处的条件要成熟得多了。以汉代美术为例：郑、滕在论述汉代画像石艺术时，着重于考释内容和考证年代，而忽略它们的艺术价值和产生的社会原因。王逊先生从经济、哲学、科学技术和文化的角度简略精到地分析了汉代美术兴起的诸多社会原因，在章节的末尾对汉代美术进行了艺术分析：其美术创作的重点在于题材意义，注重思想的表现等。

建国初期，王逊先生作为新中国美术史教学和研究的开拓者，他先后在清华大学、中央美术学院教授中国雕塑史、中国工艺美术概论、中国艺术批评史等课程。此外，他还将研究的触角深入到北京的民间工艺美术，他最早系统研究并发表了关于皮影戏的论文，还在北京与林徽因等一道参与了挽救景泰蓝的工作，也撰写了相关的探究论文如《景泰蓝工艺》等。50年代初的教学、研究经历使王逊先生有条件将建筑、雕塑、绘画和工艺美术等作为一个互有联系的艺术史的总体有机地捏合在一起，根据不同的时代特性，进行完整归纳，把美术史研究的对象从单纯的绘画几乎铺展到对美术乃至工艺美术的全面研究和表述，进一步扩展和完善了美术史的研究领域，较滕固的研究对象更加完整。仅就绘画研究的范围而言，王逊先生的研究也使之更加完备和精深，绘画已经包括了文人画在内的卷轴画、壁画、版画、民间年画乃至清末画报等，可以说，他一方面将古代文人画的研究系统化，另一方面又将民间美术引进美术史领域并得到应有的地位，从而较为完整、客观地记述了古代绘画的发展历史，这不能不说是一个创建。

王逊先生在教科书中形成了成熟的组织结构和表述语言。如他三部曲的基本叙述模式：概述（政治、历史、哲学和宗教以及文化背景方面的概述）→分类具体描述重要的美术作品和工艺美术作品→综合分析研究美术成就。王逊先生建立了美术史教科书的语言风格，段落结构层次分明，在表述中抓住重点，兼顾一般；行文言简意赅，生动精炼，朴实无华，无一句冗言废语，有些语句读起来朗朗上口，极易学生阅读记忆。他严谨、精练、生动的语言风格在他的美术史个案研究中展现得淋漓尽致，这是当今不少艺术史家所忽视的表达能力。

当今，王逊先生的学术基因悄悄地渗透在许多版本的中国美术史里，无论是撰写体例、基本结构，还是史语表述方式等，他的《中国美术史》起到了良好的垂范作用，成为中国美术史专业教材的奠基石。”**（余辉：《怀念一位新中国美术史界的开拓者》，《艺术》2009年第12期）**

“王逊先生所著的中国美术史历代的脉络清晰易懂，深入浅出，论据翔实，最初作为讲义形式发表，却为后来编著的各类美术史版本奠定了非常重要的理论基础和依据。

王逊先生的这部《中国美术史讲义》的原本，在我手头已保存了半个世纪，封面早已磨损，纸张也已发黄，具有特殊意义的是，我父亲常书鸿曾带回敦煌借用了多年，也成为我父亲案头上常用的重要参考书籍，书中留下了父亲当年为保护书封亲自用粗牛皮纸做的包装，还在封面和书脊上用毛笔写下了中国美术史，书中还留下了父亲用红、黑、绿不同的颜色勾画出的重点、批语和解释，尤其是在论到石窟艺术的部分还留下写得很细密的补充语，可见父亲对王逊先生的这部中国美术史是认真精读和认可的，它也成为父亲学习研究中国美术史的重要读本。父亲借用了数年后又非常认真地从敦煌带还给我说：‘这是一部值得好好学习的中国美术史教材’，嘱咐我要认真学习它，全面了解中国的美术史。对王逊先生也给予了很高的评价。回忆这两位学者的治学水平和钻研精神给我留下了深刻的印象和教育。

父亲一直为王逊先生在‘反右’和‘文革’期间所受的苦难而不平，更为有如此才华的学者年仅54岁就早逝而感到遗憾和叹息！”**（常沙娜：《王逊学术文集·序》，海南出版社2006年）**

“薄松年先生于1952年进入中央美术学院学习，毕业后留校从事中国美术史教学和研究工作，师从于著名美术史家王逊先生。王逊先生是中国第一个美术史系的缔造者，‘他兢兢业业为建立我国新的美术史体系准备条件。发轫之功，诚不可没’（江丰先生语）。他于1956年撰写成的《中国美术史讲义》，虽然当时仅在内部油印交流，但它却是20世纪五六十年代最有代表性的中国美术史著作，其影响不仅在美术界，而且还波及到文物考古界。遗憾的是因为王逊先生在1957年被错划为右派，使其失去了正式出版的机会。1969年王逊先生在文革中遭受迫害逝世。文革结束以后，王逊的冤案得以昭雪，这部讲义由薄松年先生联合陈少丰先生重新整理，尽量保留原貌并补写了明清美术的部分内容，冠名《中国美术史》，突破了当时某些阻力，交由上海人民美术出版社正式出版。学术薪火相传，展卷翻开王逊先生的遗著，再对照薄松年先生主编的《教程》，无论是发凡起例、章节安排的思路（如隋唐以前的宗教美术），以及解析代表性美术家和作品的方法（如五代两宋及元代绘画史部分），或者是治史方法（如文献材料的钩沉和选用）、教学思想（如注重美术院校学生的特点和接受能力）等方面，前者直接启迪了后者。换言之，薄松年先生的《教程》是他与王逊先生两代人在中国美术通史研究及教学上求真务实的体现。”**（林通雁：《凝聚了60年心血的史著——薄松年先生〈中国美术史教程〉、〈中国绘画史〉述评》，《艺术》2014年第1期）**

中央美术学院决定筹建美术史系，先生任筹委会主任。为筹备创建中国高等教育史上第一个美术史系，先生从原中央美术学院理论教研室和民族美术研究所调配师资，在课程设置、教师选聘、教材编写、招生和教学计划制定等方面投入了大量精力，“为培养新一代美术史工作者做了许多有益的奠基工作”，“他兢兢业业为建立我国新的美术史学体系准备条件，发轫之功，诚不可没。”**（江丰：《江丰美术论集》，人民美术出版社1983年）**

“中央美院于1956年开始筹备，1957年建立了新中国第一个美术史论系，由王逊主持工作，当年招收本科生15人，计划学制为5年。但意想不到的是，由于反右运动的开始，史论系不到一年便即停办，直到1960年才在金维诺的主持下恢复招生。在随后的几年中，史论系本科教学逐步走向正规，到‘文革’时期中断招生之前已经培养出三批本科生和一批进修生，其中就包括原故宫博物院的杨新研究员。……从教学上看，中央美院史论系师资充沛，具有致力于不同专业方向的教学人员，如王逊先生是邓以蛰的高足，在美学、哲学方面造诣颇深，长于理论思维，又曾兼做清华文物馆的研究工作，他在治史方面接近王国维、陈寅恪的路数，曾受到滕固的赏识并受其影响。……从整个专业发展的历史来看，王逊、金维诺的治学传统影响最大，即讲究思维和逻辑的严密，重视文献与实地考察的统一。在该院，中国美术史籍概论、书画鉴定、美术考古等向来都是史论系的必修课程。其他如偏重古代美术研究，重视史论统一，比较着力于个案、断代史与专史的研究，也是其比较明显的治学特点。”**（杨冬、林木：《建国60年中国美术史论教育的格局与脉络》，中国美术家协会理论委员会、中国美术馆编：《成就与开拓——新中国美术60年学术研讨会文集》，文化艺术出版社2009年）**

“若以研究方法而论，可为近三十年美术理论研究寻求一丝源头，新旧交替之际受过严格学科研究法训练的，最为典型的为曾留学德国的滕固，其次应属哲学系科出身的王逊，可惜的是，前者因为战火弥漫的时局限制没有起到足够的影响；后者则因陷入政治斗争而未能加以完善。”**（何卫平：《理论的缺憾——作为学术链的近三十年美术理论评议》，《中国当代美术二十讲》，东南大学出版社2008年9月）**

全国第一次文物普查开始。

1957年　丁酉　42岁

1月15日

中央美术学院、中央美术学院华东分院学报《美术研究》创刊，先生任编委，组织编发了关于印象主义艺术的讨论文章，在美术界产生广泛影响。

“《美术研究》100期走的路程是曲折、艰辛的。它诞生后不久，就因为三年经济困难而停刊。1957年上半年，由当时的中央美术学院和华东分院（即后来的浙江美术学院、今日的中国美术学院）创办的《美术研究》，深受美术界的欢迎。人们为它学术视角的新颖、思想的包容所吸引。”**（邵大箴：《美术研究百期感言》，《美术研究》2000年第4期）**

“《美术研究》1957年创刊，最初是中央美术学院和中央美术学院华东分院的学报，两校轮流编辑，虽然仅仅出了几期，但刊物办得颇有生气，关于印象派问题的讨论，在当时美术界引起广泛反响。已故美术教育家、理论家江丰、金冶、王逊等为此付出了心血。时任华东分院院长的潘天寿先生为《美术研究》题写了刊名。后来由于‘反右’政治运动被迫停刊，一直到‘文革’之后的1978年复刊。”**（殷双喜：《〈美术研究〉和〈世界美术〉在历史中》，《画刊》2009年1月）**

1月

故宫博物院制定十二年远景发展规划，应故宫博物院院长吴仲超之请，先生对规划提出建议。**（刘北汜：《故宫沧桑》，紫禁城出版社2004年）**

“作为新中国故宫博物院任职时间最长的院长，吴仲超同志始终牢牢把握建院的政治方向，对建设一个什么样的故宫博物院和如何建设好故宫博物院的问题，进行了长期的研究和探索。50年代初，吴院长多次领导大家进行有关故宫博物院方针、性质的讨论，并征求郭沫若、郑振铎、夏鼐、容庚、沈从文、刘开渠、王朝闻、吴作人、王逊、阎文儒等知名专家学者的意见。基于当时的实践和认识水平，故宫博物院初步定位为集历代艺术、古建、宫廷三大体系于一体的综合型古代艺术博物馆。这一建院方针的酝酿过程，也是吴院长长期调查研究、集思广益、积极听取各方面意见的过程。在故宫博物院建设的相当一段时期内，这一方针维护了故宫的完整性。”**（故宫博物院党委办公室：《新中国故宫文博事业的开拓者——纪念吴仲超同志诞辰100周年》，《故宫博物院院刊》2002年第3期）**

应文化部文物局和故宫博物院之邀，先生对故宫博物院回购的海外流散文物进行鉴定。

2月

邓以蛰先生校订滕固遗著《唐宋绘画史》，认为此书有三大优点：①打破了数百年来根深蒂固的对绘画形而上学、阻碍发展的错误观点；②突破朝代、门类界限，着眼于绘画的“风格发展”；③从画家本位转为艺术作品本位。同时，他也对此书未能充分利用像敦煌壁画这样的实物资料提出批评。该书1933年由上海神州国光社初版，1958年由中国古典艺术出版社再版。

毛泽东在第11次最高国务会议上作《关于正确处理人民内部矛盾的问题》的讲话。

3月6日

中宣部召开全国宣传工作会议。

4月5日

为贯彻“百花齐放、百家争鸣”方针，全国美协邀请在京美术家连续举行座谈会，讨论毛泽东在最高国务会议和全国宣传工作会议上的讲话，先生出席。

4月

毛泽东视察杭州期间，浙江省委宣传部长吕志先向毛泽东汇报了原中央美术学院华东分院（当时称“杭州美术学院”，不久改称“浙江美术学院”，即今“中国美术学院”）部分老教师在国画问题上与江丰、莫朴等人的不同意见，毛泽东当即批评：“江丰、莫朴他们就是形而上学，不讲辩证法，他们是单干户，老寡妇……”，“把江丰、莫朴找来，审查他们的党籍，看他们是不是共产党员！”**（浙江省委档案《毛主席在吕志先同志汇报浙江思想工作时的插话》，1957年，中国美术学院档案室**）回京后又通过周恩来出面批评国画问题上的“民族虚无主义”倾向。毛泽东的这个决定，直接导致了美术界尤其是国画界对“虚无主义”的批判。

5月1日

《人民日报》刊登中共中央在4月27日发出的《关于整风运动的指示》，决定在全党开展整风运动。针对党内存在的主观主义、官僚主义、宗派主义的不良作风，希望社会各界提出意见。

5月14日

先生参加北京中国画院成立仪式。画院由齐白石任名誉院长，叶恭绰任院长，陈半丁、于非闇、徐燕荪任副院长。周恩来、郭沫若、陆定一、沈雁冰等文化界300人出席成立大会，周恩来致词，提出今后应称“中国画”，不再称“国画”。

“回忆建国初期，北京的国画界衰萎凋敝。北京城里画家虽多，大都仿佛是经营手工艺品的个体户作坊，无艺术的地位、价值可言，仅以卖画糊口；赫赫有势力的地方画派，则雄峙林立、党同伐异、勾心斗角、互不相下，带有浓重的旧行会帮派恶习。……而北京中国画院，正是建设在五十年代，即 1956 年毛主席最初提出双百方针时，和中国戏曲研究院同时筹建的文化部的下属机构，是新中国第一代高级的创作、科研机构，也是全国第一所画院。其中叶恭绰院长有创建之功，是不应隐没的。

1956年10月，我由中央文化部艺术科学院被转调到北京画院筹备处，做资料筹备。是由中央文化部调到该处的、最早的七个工作人员之一。……

我顺手打开《四铜鼓斋论画集刻》的函套。指着目录向叶老陈述当年在美术学院时王逊教授对我的教诲，说：‘王逊老师曾对我说过，如果你打算深入研究中国画，最好先精读郑昶的《中国画学全史》、于安澜的《画论丛刊》和余绍宋的《书画书录解题》。你应集中精力先把这几部书熟读，打好基础以后再泛览其他。’我对叶老说，我现在已经作了上千张的画学书录卡片。打算一部一部地查考，详细地作些笔记。……

半年后，叶老等被划为右派，王逊老师在美术学院被划为右派，我也被划为右派，1958 年我被送往北大荒劳动教养，二十年后平反重回北京画院时，叶老已早魂归道山了，这是后话。

回忆建院之初，由于叶院长提倡学术研究，画院里学术气氛十分浓郁。一些曾著书立说的老画师，尤其受到青年人的崇敬。如胡佩衡、于非闇、秦仲文、惠孝同、卢志清等画家都有著述计划，或大型图谱的编纂规划。大抵前辈老画家，还都有学者式的虚心好学的风度，而我置身在他们中间倒显得轻狂些。就像吴镜汀这等优秀的画家，也常对我们谦逊地说：‘我的学识少，只是窄而深罢了。’

冬去春来，春暖花开。时当被费孝通称之为‘知识分子的早春天气’里，画院筹备工作完成。1957年5月14日北京中国画院终于成立。在新建成的中央文化部大会议厅里，本院、本市的画家和各界的闻人嘉宾，济济一堂。不仅美术学院的老师江丰、庞薰琹、李苦禅、刘凌沧、黄均来了；文化部的领导又兼大作家、大艺术家的茅盾、郑振铎、周扬、郭沫若、梅兰芳来了；连民主党派的要人李济深、邵力子、陈铭枢、章伯钧也莅临到会，而章伯钧、陈铭枢还雅兴勃发地登台祝贺致辞，真是艺苑盛会。”**（陈亚平：《叶恭绰院长与北京中国画院》，1997年2月）**

5月18日

文化部召开国画家座谈会。会上一些画家谈到政府对国画的冷淡及中央美院轻视国画问题。《美术》第6期以《北京中国画画家的意见》为题进行了报道。

5月19日

《人民日报》报道文化部召开的国画家座谈会情况。

5月22日～24日

中央美术学院举行整风座谈会，邀请文化部、中宣部和全国美协领导参加。座谈会上，部分美术家对文化部和部分美协领导提出批评。

经参加座谈的文化部副部长刘芝明提议，座谈会翌日改在文化部继续举行，中央美院师生约200人抬作品前往文化部，为所谓“江丰消灭国画”辩解。这次会议事后被诬为美术界“疯狂向党进攻”的“五月反党会议”。《美术》1957年第6期以《北京美术家集会批评文化部及美协领导》为题进行了报道。先生参加了这两次座谈会并在会上发言，对江丰表示支持。

“（整风）座谈会的规模从小到大，文化部副部长刘芝明也亲自到美院来召开座谈会，听取大家的意见。座谈会在U字楼上一间教室里举行，到会的除美院部分教师外，还有校外美术家若干人，济济一堂。这次会上发言的目标是针对美协的主要负责同志。……不少人在会上为江丰极力辩护，说是美协有人利用整风来打击江丰，美协领导是搞宗派主义。有人发言说，江丰在国画问题上没有错误，是那些老国画家脱离时代脱离人民，保守、停滞不前，而不是江丰不重视国画，不团结国画家。还有人认为，文化部主要领导人（指钱俊瑞同志）为了讨好那些老国画家，不惜打击一个革命的老同志江丰，这是品质问题。……刘芝明副部长在一个上午的会上听了大家的发言后，慢吞吞地对大家宣布：‘今天的会开的很好，同志们真是畅所欲言，明天上午把会场移到文化部的大厅去开，让更多的同志都可以参加发言。同志们为了准备充分地提意见，可以三五成群地相互串联，共同研究怎样向文化部和美协领导提出意见，也可以回家把自己的意见写成书面发言在会上宣读，总之，为了开好会，采取各种方式都是允许的。’……

第二天，我从家里步行到朝阳门内文化部，在东四十字路口时，便看见许多人列着不很整齐的队伍在马路上走过来，有的人还扛着木牌，上面张贴有一些新国画作品，原来是美院的一些教师和学生扛着画一齐到文化部去参加座谈会的。……一会儿，座谈会开始了，主持会的不是钱俊瑞，而是夏衍副部长。他向大家宣布了开会以后，便坐下来点燃一支香烟，一面翻着当天的报纸。这时，第一个起来发言的是徐悲鸿的夫人廖静文女士，她以清楚流畅的语气念完了她的发言稿，当她发言完毕时，会场上立即响起了热烈的掌声。……接着发言的是美术史系一位中年教师，他靠着墙边的木牌上的作品发表自己的意见，他说：'这些作品证明，到底是江丰的意见正确，还是文化部领导的意见正确，我希望钱部长站出来和我们辩论！'类似如此声势凌厉的发言一个接一个，会场的空气比昨天美院会上的空气还要紧张激烈的多。但主持会的夏衍同志却神色自若地抽着烟。"**（王琦：《艺海风云——王琦回忆录》，人民美术出版社1998年）**

"'反右'前开始批评江丰不重视国画，江丰当时要闹，学院很多人劝他，如果这样，就变成毛主席偏听偏信了。'大鸣大放'时，江丰认为时机到了，他要讲清这些问题，他就带了他认为的革命画，如蒋兆和、李斛这些人的人物画，抬到文化部小礼堂，这被称为'五月反党会议'。在此会议上发言的，大部分被划成右派。李宗津跟理论家王逊是当时民盟美术支部的负责人，他们建议江丰，以后学校决定的重要问题，先跟党外的教授通通气，商量商量；还有些人历史上有些问题入不了党的，是否发展他们成为民盟成员。两个问题变成'以盟代党'，'向党夺权'，党决定的事情，要民盟通过，是恶性发展。"**（杨小彦、李萍：《萬维墨：李宗津往事忆念 逝世后出版第一本画册》，"雅昌艺术"2011年8月）**

6月4日

文化部再次举行国画家座谈会，江丰在会上受到攻击："解放后党始终支持中国画，但中央美术学院却和党的政策背道而驰……从新国画研究会成立时江丰的讲话，到王逊的文章，到陈少梅、王青芳之死，到李苦禅的遭遇，是一系列的事实。影响所及，彩墨科的学生寥寥无几，还要老师大力动员。现在一般中学美术教学大纲上，说是教学要在西画的基础上，适当的吸收彩墨画的技巧，这是怎么定出来的……”（**《美术》1957年第6期**）

同日，《人民日报》刊发报道《北京国画家举行座谈会认为中央美术学院领导上是排斥国画的》。

6月6日

中共中央发出《关于加紧进行整风的指示》。

6月8日

毛泽东为中共中央起草党内文件《组织力量反击右派分子的猖狂进攻》，要求各级党报积极准备反击右派分子的进攻，提出“高等学校组织教授座谈，向党提意见，尽量使右派吐出一切毒素来，登在报上。可以让他们向学生讲演，让学生自由表示态度。最好让反动的教授、讲师、助教及学生大吐毒素，畅所欲言。他们是最好的教员。”同日，《人民日报》发表著名社论《这是为什么？》，指出有人向拥护共产党的人写恐吓信，这是“某些人利用党的整风运动进行尖锐的阶级斗争的信号”。“反右”运动随即在全国展开。

6月11日

全国美协在京召开“中国画家座谈会”。

6月29日

《人民日报》发表吴幻荪的《发展国画的几点建议》。

6月

《美术》第6期发表刘海粟的《谈中国画的特征》。

7月27日

文化部组织在京美术家50余人召开会议，夏衍主持会议。钱俊瑞在会上公布“江丰右派言行”，认定中央美术学院师生5月向文化部“示威请愿活动”的性质是“小匈牙利事件”。会后，夏衍安排华君武、李庚、王式廓、艾中信、王琦、李可染、李琦、冯湘一、傅天仇9人准备批判材料。

7月28日～30日

文化部两次举行“美术工作者座谈会”，到会美术家100余人，夏衍主持会议，揭露和批判全国美协第一副主席兼党组书记、中央美术学院代院长江丰的“反党言行”。

7月29日

《人民日报》发表批判文章《藏在党内竟想煽起反党火焰，美术界找着了“纵火头目”——江丰》，公布江丰“反党言行”。

8月1日～3日

中共中央发出《关于继续深入反对右派分子的指示》。

文化部、全国美协、北京市文联联合举行“北京国画家座谈会”，揭露北京中国画研究会常务理事、北京中国画院副院长徐燕荪“一贯反党、反社会主义的言行”。

8月3日

《人民日报》继续发表批判文章《江丰破坏党对国画的政策到处纵火，几条线分头进攻自封为王，一贯抗拒领导》《他们高呼“江丰万岁”，他们辱骂党是“严嵩”，美术界反党小集团面目狰狞》等文章，组织对江丰和先生等人的批判。

8月15日

《人民日报》发表批判文章《文艺界反右派斗争捷报频传，江丰反党集团败露，美术界绝大多数人在斗争中站到党的方面》。

8月28日

《人民日报》发表对先生的批判文章《为抗拒党的政策制造群众基础和理论根据——李宗津、王逊是江丰反党集团的“军师”》。

8月

《美术》第8期第一次点名批判江丰。

先生被定为“江丰反党集团”骨干，划为右派。“江丰反党集团”的“骨干分子”有先生和王曼硕、李宗津、洪波、彦涵、秦征、冯法祀、刘迅、张凡夫、何孔德、俞云阶、杨角、张晓非、莫朴、金冶、朱金楼、金浪、郑野夫、艾炙等，牵连者多达40余人。此外，受批判的还有董希文、廖静文等人。中央美术学院在校学生朱乃正等亦被划为右派。

文化部、全国美协连续召开“美术界反右派斗争会”，先生与其他“右派”在文化部大厅（8月8日、22日、26日、29日）、中央美院大礼堂（8月10日、12日、17日）轮番接受批斗并被迫交待“罪行”。除“江丰反党集团”外，叶恭绰、徐燕荪、王雪涛等国画家也被划为“右派”。此后，各种形式的揭发检举、批斗一直持续到1958年。

关于美术界“反右”运动，当时部分亲历者回忆——

“6月初矿上转告，学院通知我即刻返校。不敢耽搁立时离抚（顺）赴沈（阳）转京……回到美院发现已是一片乱糟糟，偌大的礼堂内横向拉了数十条绳索，形成了一条条小巷，上面窸窸窣窣哗哗啦啦地挂满整张报纸大、写满毛笔字的‘文章’。（呵！这就是所谓的‘四大’——大鸣、大放、大辩论、大字报——中的‘大字报’！初次见识，前所未见。）大致浏览一下，好像矛头多指向江丰院长，也有提到油画系教授李宗津以及美术史系主任王逊教授（我们《中国美术史》课任老师，山东人。出身官宦家庭，祖父在军阀时期任山东省长。王逊先生患肺病，长期住在挨厨房炉灶不远的平房里不见阳光，极不利其健康）的大字报。其他被写了大字报的印象中有党委办公室的洪波等少数人，国画系、版画系均无教师上大字报，雕塑系多名参加《人民英雄纪念碑》创作工作的助教（属美院雕塑工作室）被点名。有天文化部副部长夏衍（美院反右领导小组组长）来院作报告，动员进一步揭批江丰，说他向资产阶级学者投降，把美院搞成‘大染缸’等等。”**（陈维楹：《陈维楹记忆》，2014年）**

“暑假结束，我带着一批在家乡的写生返校，颇受老师和同学们的赞扬，心里正美滋滋的。然而，铺天盖地的大字报贴满了校园，美院党委的江丰、冯法祀、洪波等人是跑不掉了，被扣上‘江丰反党集团’的帽子，说他们与‘丁玲、陈企霞集团’关系密切。教授中也揪出了一大批，美院有个活跃的民盟支部，说美院是‘以盟代党’，李宗津、王逊等首当其冲。大学同学中也有一大批……那时隔三岔五地在礼堂开大会，批判江丰及其同伙，我喜欢坐在最后一排，江丰总是独自坐在左边最后的地方，离我不远。上边在慷慨激昂地发言，他总是低着头一个劲儿地抽烟，散会时，地上留下一大堆烟头。

有的人前些天刚被调来美院领导反右，过几天叫回去也成了右派；有的人刚刚还在画批判江丰的漫画，不几天也被贴满了大字报，形势瞬息万变。那时美院成了美术界反右的中心，许多外单位的右派也弄来这里批判，如刘迅等人。下边热闹，主席台上也热闹，许多大人物也轮番在台上亮相，包括夏衍、钱俊瑞以及美术界的诸位领导。我看有的人春风得意，衣服也穿得很笔挺，在台上跑来跑去的，显得很重要，一副要青云直上的样子……我常常是坐在最后一排看着令我不解的这一切。后来才悟到，这是多么精彩、千载难逢的人生大舞台啊！

……

美院的领导和教授们的定案是中宣部直接掌握的，董希文先生也差点划成了右派，名单都报上去了，据说最后是周扬在台上，亲自最后圈定，下边坐着各高等艺术院校党委的代表，当念到董希文的名字时，美院的代表站起来说：‘我们反复考虑，他画过《开国大典》，在国内外影响较大，就不划右派了……’，周老板拿着朱笔在名字上晃了一下，停顿片刻，说道‘好吧！下一个……’美院的反右，大获全胜，上至院长江丰，下至附中学生，最老的70岁，最小的17岁。那时美院加附中，教职工和学生计250人左右，有四分之一划成了右派。真可谓硕果累累了！”**（姚钟华：《艺术·生活·往事》，云南美术出版社2005年）**

“翻阅那一年的《美术》杂志，今天的人们几乎无法想象当年的严酷乃至荒唐。1957年5月号的《美术》刊登了当时美协组织在京部分画家理论家对美协领导提意见的座谈会，刊登出来的座谈纪要，直接点了当时美协领导江丰、蔡若虹和华君武诸人‘不团结’的事实，他们互不买账，指挥不灵，搞小圈子。……事实上，仅仅在一个月前，也就是5月，江丰曾经组织了中央美院一批年轻的艺术家到文化部开会，为建国后的人物画评功摆好。之所以有这一次会议，和前一年，也就是1956年，毛泽东南巡杭州时，听了一些从事国画花鸟和山水的老画家对时任中央美院华东分院(也就是后来的浙江美院和今天的中国美院)院长莫朴与中国美协党组书记江丰的抱怨，抱怨内容则是，在莫朴和江丰看来，传统花鸟和山水并不能适应新中国宣传社会主义的需要，他们的极端诉求甚至包括从名义上取消‘国画’这一称谓，而用‘彩墨画’取而代之。毛听汇报后，脱口而出，说：棋琴书画，无产阶级不去占领，难道让资产阶级去占领吗？接着，毛狠狠地说：查一下莫朴和江丰，他们是国民党还是共产党。此语一出，颇让在北京的江丰不服，但又因为来自最高领袖，无从辩驳，也不敢辩驳，直到1957年提倡‘百家争鸣’，才找到机会去解释他在建国后所推进的‘革命路线’，也就是提倡人物画创作，抑制甚至反对传统花鸟和山水。1957年6月号的《美术》体现了毛所开始的反右斗争，刊登了包括江丰在内的反击右派猖狂进攻的文章。颇为戏剧性的是，到了7月号，江丰就作为中国美术界最大的右派给‘揪’了出来，成了人人喊打的过街老鼠。紧接而来的是，江丰在5月份组织的到文化部去召开的会议，也就顺理成章地成为向党进攻的‘五月会议’，与会者，除了三个由当时的文化部长周扬明确保下来之外，全都成了右派。这三个人是徐悲鸿的夫人廖静文，延安木刻运动的代表性画家古元，以及画了《开国大典》的董希文。当然，这三个人后来也都受到了不同程度的警告处分。8月号的《美术》出现了‘江丰反党集团’的说法，其中重要的‘黑手’是美术史家王逊和李宗津。”**（杨小彦：《窒息的热情——以20世纪50年代为线索的李宗津的前半生与后半生之艺术实践》，《美术研究》2011年第4期）**

“中央美术学院演节目的大礼堂，也就是我们在这里看过美术学院大马戏团的地方，看过雕塑剧世界美术全集的地方，看过李苦禅伯伯唱京戏的地方，过去这里是演绎我们梦境的地方。可是这时候，像大雅宝中院儿里晾衣服那样横七竖八地拉起了麻绳，在麻绳上挂满了大字报。好像把我们的梦都割开了，大字报把人们的关系从和谐变成了斗争。

……还有批判王逊先生的漫画，他老先生原来是清华大学文科研究所的教授，来中央美院以后就是一级教授（1956年评定为三级教

授，编者注）。”（**张郎郎：《大雅宝旧事》，文汇出版社2004年**）

9月11日

《人民日报》发表王朝闻的《批判江丰在文艺上的反党思想》。

9月16日

全国美协主席、北京中国画院名誉院长、中央美院名誉教授、1955年国际和平奖金获得者齐白石去世。本月22日，美术界举行齐白石公祭，周恩来、郭沫若等参加。

9月28日

全国美协召开“第18次反右派斗争座谈会”。同日，“北京国画界反右派斗争大会”在北京召开。

9月

先生主持创建的中央美术学院美术史系开学，这是中国高等教育史上第一个美术史系。当时先生拟定了非常完备的建系规划和课程方案，准备延请国内一流学者来系任教，第一届招收了15名文史基础扎实的学生，包括后来成为著名画家的范曾、著名美术史论家的李松涛、奚传绩等。由于“反右”运动的冲击，先生被撤职劳动改造，刚成立的美术史系无法执行原有教学计划，课程很不规范，一年后被迫停办，学生也转至其他院系。

李松（1932～　），原名李松涛，天津人，著名美术史论家。1957年考入中央美术学院美术史系，历任《美术》《中国美术》主编，炎黄艺术馆副馆长。80年代起整理王逊遗著，与张蔷主编《王逊美术史论集》。

“作为美术教育家的王逊对青年人的热情帮助是有口皆碑的，

每当找他请教和讨论问题，他总是详尽地讲出自己的见解和资料论据，即便是他未发表的研究成果或正在探索中的问题，也将‘底’毫无保留的和盘托出，常让人有问一得十之感；遇到他不熟悉的问题则直率表明对此缺乏研究，显示了老实磊落的学者风度。他鼓励学生转益多师，应利用北京的优越条件，遇有机会向张珩、启功、徐邦达等专家请教，1956年俞剑华先生来京办画展，王逊让青年教师登门拜访，请俞先生讲课。”**（陈少丰、薄松年：《辛勤耕耘 风雨不辍——怀念著名美术史论家王逊先生》，《美术》1994年第12期）**

“美术史系筹建工作很快就绪，而且在暑期中便招考了第一批学员，我也参加了了口试。这一期考生中录取的便有范曾、李松涛、奚传绩、范梦、吉宝航、周建夫等。可是由于反右运动的影响，系主任王逊被打成了右派，其他主要负责筹备的同志也受到波及，院领导决定暂时停办美术史系，已招收录取的同学分别安插在美院各系，比如范曾安插在国画系，范梦和周建夫安插在版画系，李松涛和奚传绩便留在学报担任编辑工作，吉宝航分配在北大哲学系。他们在后来都在各自不同的工作岗位上经过刻苦奋斗，取得很大的成就。”**（王琦：《艺海风云——王琦回忆录》，人民美术出版社1998年）**

“蔡仪先生比较早就去了北大。当时美术史系担任教学和研究工作的，一个是王逊，一个是许幸之，一个是张安治，还有搞版画的王琦，加上我，一共5个。1958年以后美术史系就停办了。我就主要做《美术研究》的编辑工作，同时组织系里的老师们共同编写中国和外国美术史的教材。一开始主要是王逊教美术史。后来他被划为右派，又有肺病，我就留他在图书馆整理图书，让他不用下乡劳动。王逊先生在图书馆的编目工作做得很不错。当时把右派留下来是很危险的，你让他下乡去劳动，他肺病犯了是很危险的，所以我尽力把他留下来，当时我的这一决定得到了美院党委书记的支持。王逊先是在图书馆，后来又教学，所以美术史主要是他教，我则教敦煌这一段，因为我实地考察过。”（**邱忠鸣：《金维诺教授访谈录》，《北京服装学院学报·艺术设计与研究》2011年第3期**）

“中国近现代美术史的学科建立和发展，李树声无疑是第一代学人……1956年他留校分配到美术理论教研室，1957年该室改为美术史系，第一任系主任王逊先生即有针对性地教导说：什么是美术史系，美术史系就是不画画的系！所倚重的知识是文史哲。从那以后，李树声就再没画过画。”（**刘新：《沉静的拓荒者——中国近现代美术史研究与学科建设中的李树声》，《人民日报》2015年7月12日**）

“我十九岁时，中央美术学院成立美术史系，我写了几篇十分幼稚可笑的文章寄给江丰院长。文章立论当然是疏漏肤浅的，但文笔可能不坠家风；中央美术学院很快地表示欢迎我去，时在1957年。离南开时，吴廷璆先生十分惋惜地说：‘中国可能少了一个优秀的史学家，而会多一个优秀的画家。’三十年后，这位史学家的预言已化为现实。

过了暑假，到中央美院上学，美院已是一片紧张空气：江丰已成为美术界的‘头号右派’，在受着批判；美术史系的主任王逊，也成了右派；而几位著名的美术史家，如精通日本、印度文化的常任侠教授，现代著名的导演、作家和美术史家许幸之教授，博学多才的诗人、史学家尚爱松教授，虽未戴帽，也‘帽子拿在群众手里’。于是学术气氛是谈不上了，美术史系很萧条，课程也很松弛。”（**范曾：《范曾自述》，文化艺术出版社2010年**）

《美术》第9期发表华君武的《江丰反党的法宝——“宗派打击”》、李可染的《江丰违反党对民族传统的政策》、蒋兆和的《江丰对中国画虚无主义的观点》等批判文章。

10月7日

美术界反右斗争运动总结大会在中央美术学院召开。江丰以“反党集团”头目的罪名被定为右派，免去中央美术学院院长、全国美协副主席、全国美协党组书记等职务，开除党籍。先生被撤销一切职务，工资连降三级，被安排至美院图书馆做图书编目工作。

在中央美术学院图书馆期间，先生主持编制了《艺术图书分类法》，一直使用至上世纪90年代中期，为美院图书馆奠定了科学管理的基础。

“1951年由著名美术史学家常任侠教授主持中央美术学院图书馆工作，……1957年采用北京图书馆编《中小型图书分类法》，并由王逊教授主持编制了《艺术图书分类法》，配合使用至上世纪九十年代中期，同时建立了读者目录和公务目录，奠定了图书馆科学管理的基础。”（《中央美术学院图书馆简介·建馆历史》）

10月15日

中共中央发出《关于划分右派分子标准的通知》，规定“右派”标准为：①反对社会主义制度。②反对无产阶级专政、反对民主集中制。③反对共产党在国家政治生活中的领导地位。④以反对社会主义和反对共产党为目的而分裂人民的团结。⑤组织和积极参加反对社会主义、反对共产党的小集团；蓄谋推翻某一部门或者某一基层单位的共产党的领导；煽动反对共产党、反对人民政府的骚乱。⑥为犯有上述罪行的右派分子出主意，拉关系，通情报，向他们报告革命组织的机密。

10月

中国派遣访苏科学技术代表团，听取苏联科学家和专家对我国十二年科学规划的意见。

《新华半月刊》第19期发表对先生的批判文章《李宗津、王逊是江丰集团的“军师”》。

《美术》第10期发表夏衍的批判文章《我们与江丰的分歧在哪里？》，其中提到：“你批评他（江丰）不尊重传统，他就说和齐白石关系很好；你说他不团结党外人士，他就说和王逊、李宗津合作相处得很好。”

同期还发表了蔡若虹的《论“左”“右”同源的江丰反党文艺思想》，关山月的《批判江丰在中国画教学工作中的反党言行》，王琦的《江丰集团如何利用〈美术研究〉进行反党》等批判文章。

12月12日

全国美协举行第12次常务理事会，讨论对担任全国美协领导职务的右派分子的处理问题。决议撤销先生《美术》《美术研究》编委的职务。

12月

先生参加中国民主同盟会议，吴晗主持会议，会上先生和其他“右派”接受批斗。

“就是这年冬天，民盟突然召开一次会议，中央工艺美术学院的教师基本上都去了。中央美术学院王逊等人坐在后排。吴晗主持这个会，但是他自始至终一言不发。有一个素不相识的人，一开头就拍案大骂：‘你们这一帮子都是特务、流氓……’有些人也有类似发言，讲些什么，我认为没有必要去听，因为根本不符合事实。我离开会场，回到宿舍扑在床上哭了！我一生没有这样哭过。母亲死后我扑在她身上哭，因为她能了解我。今天我受到极不公正的待遇，完全是污蔑。我想不到有些人竟是这样不讲道理，不重事实。接着是大字报铺天盖地而来。有些人昧着良心胡捏、胡造，确实使我心寒。”（**庞薰琹：《就是这样走过来的——庞薰琹的艺术之**

路》，三联书店1988年）

本年

文化部建立中国艺术科学院，中央美术学院民族美术研究所划归中国艺术科学院领导，改称“中国美术研究所”。

1958年　戊戌　43岁

1月22日

全国美协传达中央对“右派”的处理办法，包括撤职、降低待遇、监督劳动等内容。

1月

《美术研究》第1期发表夏衍的《我们与江丰的分歧在哪里？》、许幸之的《批判江丰在美术史研究上的反马克思主义观点》。

《美术》第1期发表史怡公的批判文章《王逊反动的美术理论必须清算》。文章认为：“王逊这一右派分子的反动理论几年来，在我们美术界影响是很深的，可是现在揭露的还很不够”，“王逊和江丰在谈中国画问题时，始终保持一个坚定不移的策略，那就是：表面上打着继承和发展的旗帜，实际上是只要发展不要继承。”

中苏两国签订“共同进行和苏联帮助中国进行重大科学技术研究”的协定。

3月15日～19日

文化部召开第一次全国性的“艺术科学研究座谈会”，欧阳予倩致开幕词，来自全国的艺术研究和教学人员共300余人参加会议。因先生被划为“右派”，王朝闻、于非闇任美术学科召集人。

4月2日～3日

全国美协邀请北京美术家与出版界负责人40余人举行座谈会，学习讨论周扬的文章《文艺战线上的一场大辩论》。

4月

《美术研究》发表石鲁的《为什么要继承与发展民族优秀传统——批判江丰反党反社会主义的文艺路线》。

10月17日

郑振铎先生因飞机失事罹难。

本年

《中国画》在京创刊。

1959年　己亥　44岁

1月1日

上海美术馆首次举办永乐宫壁画摹本展览。永乐宫原在山西省永济县永乐镇，相传为道教祖师之一吕洞宾的故宅，是全真教三大祖庭之一。1952年永乐宫壁画被发现，1957年起，因三门峡工程动工，将永乐宫整体迁移至芮城县城北，并组织中央美术学院和中央美院华东分院国画系师生对永乐宫壁画作原状摹绘。永乐宫保留着自元至明早期道教壁画800 余平方米，是道教美术最重要的作品群，在美术史上地位极为重要。永乐宫迁建过程中，先生受命对永乐宫壁画人物题材进行考证，为研究唐宋以来道教美术的发展奠定了重要基础。

“永乐宫的迁建工程，主要是两方面的任务：一方面是把全部建筑、石刻以及相关的艺术构件拆除后运至新址，恢复原状；另一方面则是把全部壁画揭取后进行加固，搬到新址，安装复原。对于实施这样一项规模宏大的文物保护工程来说，难度最大的是附属于这组建筑上的壁画的揭取和复原。它绘制在沙泥涂抹的墙壁上，本身结构脆弱，又经历了600多个寒暑，黏力和刚度大减，极易破坏。如何把这些壁画揭取下来再搬运到22公里以外的新址加固复原，确实是一个难题。国家集中了古建筑专家祁英涛、陈继宗、杜仙洲、罗哲文及柴泽俊等，绘画专家潘絜兹、金维诺、王曼硕、陆鸿年、王逊、阎丽川、朱希元等，经过实地勘测、测绘和反复试验后，制定出迁移保护工程方案。此前，曾请捷克修复壁画专家拉尔教授亲来考察指导拆迁壁画的工作，但其做法是以软化油画之药水，将壁画软化剥离之，此非但对中国壁画不适，且索价甚高。最后，决定用中国的传统工艺铲揭壁画。”**（张亦农等：《永乐宫志·卷三》，山西人民出版社2006年）**

3月

《美术》第3期继续发表对先生等“右派”的批判文章。

“蔡若虹和叶浅予更是上纲上线，蔡在《从个人与党的关系来看江丰是否反党》中指出：‘江丰所谓政治和为政治服务，不过是拿来排斥国画家’、‘江丰故意把传统与革命对立起来’，‘江丰大声疾呼地说现在只要传统不要革命了’。叶浅予在《揭开江丰反党集团的学术外衣》中说：‘江丰小集团的反党言行的一环，最早是发生在错误地对待民族传统的问题上。几年来因他坚持错误并日益发展，到后来已不是思想学派问题，而是违反党、抗拒党的政策、党的领导的大是大非的问题。’同期还揭发出所谓江丰同党的言论，如王逊的‘用西洋的科学写实方法来整理传统技法’；王曼硕的‘中国画基本练习的要求和契斯恰柯夫的素描教学原则有何异同？中国画的造型基础已经体现在契斯恰柯夫的素描教学原则里，用不着再另起炉灶来搞什么中国画的造型基础了’；李宗津的‘从徐悲鸿到李斛就是传统，要继承传统，就继承这个！’等”。**（栗宪庭：《重要的不是艺术》，江苏美术出版社2000年）**

5月15日

永乐宫壁画摹本展览在中央美术学院礼堂举行。

7月3日

于非闇逝世。

9月15日

全国美协召开党组会议，蔡若虹批判美术界“学院派”问题，针对徐悲鸿和先生等提出的“科学写实”主张进行批判。

9月17日

中共中央下发《关于摘掉确实悔改的右派分子的帽子的指示》。

9月19日

先生参加设计、鉴定和筹备的故宫博物院“历代艺术馆”开馆，陈列了从原始社会至“五四”运动前夕的艺术品4000多件。

11月21日

全国美术工作会议开幕，主要内容是文艺大跃进、“放卫星”。

12月8日

中宣部召开“全国文化工作会议”。会议认为修正主义、资产阶级思想的影响仍然是文学艺术上的主要危险，提出必须开展一个“彻底批判资产阶级文学艺术”的运动。

年底

先生被“摘掉右派帽子”。

1960年　庚子　45岁

2月12日

台湾“中华民国行政院”与美国政府签订“中国古艺术品运美展览协定”，包括故宫运台文物在内的253件中国文物精品将赴美展出，文化部提出严重警告并发表声明。

“1960年2月12日，美国国务院在华盛顿公开发表声明说：美国同蒋介石集团已达成所谓‘协议’，准备将蒋介石集团在解放前劫往台湾的大批珍贵文物运美‘展览’，并已非法签订了合同。美帝这种掠夺阴谋，激起全国人民无比的愤怒。我文化部已对美国政府提出严重警告，并郑重声明：美国政府与蒋介石集团所签订的一切‘合同’，均属无效。全国各地文化界人士及有关机关学校等，也纷纷集会，强烈抗议。”（**《抗议美帝掠夺我国文物·出版说明》，文物出版社1960年**）

3月

文物出版社编辑出版《抗议美帝掠夺我国文物》，书中收录了文化部对台美签订故宫文物赴美展出协议的声明和文化界人士撰写的抗议文章。先生发表于建国初的《美帝国主义盗窃中国古美术品》（**《文物参考资料》1951年第1期**）亦收入本书。

“书中包括：我文化部声明、全国各地的抗议书（部分）、报刊评论及文化界人士发表的抗议（部分）等。另外，又从历史上彻底揭露了美帝一贯掠夺我国文物的史实；并选辑一部分解放前被掠夺的重要文物照片，以进一步说明美帝掠夺破坏我国文物的无耻罪行。”（**《抗议美帝掠夺我国文物·出版说明》，文物出版社1960年**）

4月15日

永乐宫展览在京举办。

6月17日～7月31日

第三届全国美展举行。

7月22日～8月13日

中国文学艺术工作者第三次代表大会在京举行。

7月30日～8月9日

全国美协第二次代表大会举行。何香凝任全国美协主席。蔡若虹、刘开渠、叶浅予、吴作人、潘天寿、傅抱石任副主席。

9月

中央美术学院美术史系恢复招生，并逐步形成“三组一室”（中国美术史教研组、外国美术史教研组、理论教研组、资料室）的教学研究机构，构建起相对完整的学科教学体系。

先生回到美术史系任教，虽不能主持系务，仍在课程设置、教学计划制订、学科教材建设、人才培养等方面投入了大量时间精力，并在中国美术史教学中处于主力地位，先后为3届美术史系学生系统讲授了中国美术通史和古代书画理论，培养出几十位第一代美术史专业的毕业生，深受学生景仰和爱戴。当年美术史系毕业的学生，如杨新、薛永年、单国霖、单国强、聂崇正、黄远林、马鸿增、李福顺、宫大中、李纪贤、万青岃、黄文昆、杨庚新、庄嘉怡等，日后都成为我国艺术史和文博领域著名的专家学者。

杨新（1940～　），湖南湘阴人，著名书画鉴定家。1965年毕业于中央美术学院美术史论系，历任故宫博物院陈列部副主任、副院长，国家文物鉴定委员会委员、北京市博物馆学会副理事长。

薛永年（1941～　），北京人，著名美术史论家、书画鉴赏家。1965年毕业于中央美术学院美术史论系，美术史学师从王逊、金维诺、常任侠，书画鉴定从学于张珩、徐邦达。历任中央美术学院美术史系教授、系主任，全国美协理事等。

先生在美术史治学方法上，主要承袭了清代朴学传统和近代以来梁启超、王国维、陈寅恪等提倡的“新史学”的影响，注重远绍旁搜、积累一手资料，注重历史文献与考古实例相参证，注重美术现象与时代社会的联系，注重对史料的科学分析，注重论证的逻辑缜密。先生奠立的这种治学风格和传统，已在中国美术史学界产生了广泛深远的影响，被誉为中国美术史研究领域的“王逊学派”。

“在中国美术史研究工作中取得重大成就的王逊先生不仅是本系的创办者，而且在教学和教材建设上做出了重大贡献，虽然在1957年遭受不白之冤，被剥夺了发表著作的权利和机会，但身处逆境仍勤奋治学，实际上也是60年代本学科教学的主力。他开设的中国美术通史、书论画论等课程极受欢迎，他对青年的无私培养，给学生们留下深刻的印象。”**（薄松年：《中国美术史的教学与研究》，《美术研究》1988年第3期）**

“前不久，美术史系资料室整理教学档案，我随手翻阅六十年代的教学方案，课程设置一项的丰富内容把我带回到攻读本科的遥远岁月，使我浮想、追怀、沉思、惊悟。记得在那五年中，二十多门的课程，曾使我们每觉应接不暇，为什么开这样多的课呢？多数同学是不理解的，及至走上工作岗位，才略有所悟，或多或少地领会了课程设置的良工苦心，才知道这一庞大授课体系总结了培养本专业人才的宝贵经验，为同学们日后之可能成才奠定了广博而深厚的基础。

在美术史系开办之前，我国从来不曾成批地有计划地培养这一方面的专业人才。当时国内从事教学与研究的美术史论专家为数尚少，而且各有自己的成长道路。有些人起步于画家与雕塑家，有些人原来是哲学家、美学家，还有些人主要是历史学家与考古学家，另些人则出身于从事文物工作的鉴定家。他们虽然最终成为了社会公认的美术史论家，但根底在相关学科，或者一直是原专业的学者，美术史论只是他们涉足的一个领域。在美术史系中培养学生，自然无需如法炮制，但如不把‘专’建立在应有的‘博’的基础上，前辈成才的经验便无法吸收，也难以使这一新兴学科迅速达到较高水平。基于此，老师们参照日本、欧美和苏联各国美术史系的课程设置，吸收国内历史、文学、哲学等系与考古专业的办学经验，囊括已有专家的治学基础，按照重点培养中国美术史论人才的需要，设置了有自己特点的专业课程体系。在专业基础课中，开设了：在延安文艺座谈会上的讲话；艺术概论；马克思主义美学；中国书画理论；中国现代美学史；中国美术史；东方美术史；俄罗斯苏联美术史；中国通史；世界通史；西方哲学史；中国哲学史；西方美学史；绘画；专业创作练习。在专门化及选修课中，设置了：考古学；博物馆学；书画鉴定；中国书画；古文字学；史籍概论；外国画论；中、外建筑史；中、外美术专题；马列文论选讲；中国历代文论选读；中、外文学史；中、外艺术通史讲座等。在六十年代，由于兼顾不同年级同时授课，凡属已开设课程，无论专业基础课或专门化课，同学们几乎无一例外地学习了，但是因为下乡‘四清’与‘社教运动’，有些课程特别是外国美术史的一些专门化课程，比如系里已充分重视的亚非拉美术史课，不得不停下来，没有进行。这些准备开设而不能如愿的课程近年正在逐渐实现。”**（薛永年：《在第一个美术史系学习》，《美术研究》1985年）**

“今天回想起来，王逊从1960～1963年在业务上和教学上简直是和生命和时间赛跑，不仅担负着繁多的课程，还撰写出大量教材，他的状况虽然有所改善，但作为‘摘帽右派’仍然顶着不小的政治压力。他指导着外国留学生的论文，但在接触上却有很大限制，他是文化部组织的编写教材的主力，但却不能参加教材的讨论和审定，他是在心情极为压抑下认真负责地为培养美术史人才而做出巨大贡献的！”**（薄松年：《王逊先生二三事》，《艺术》2009年第12期）**

“我是中央美术学院建立美术史系后的第一届毕业生，1960年入学，1965年毕业。或许因为该系是当时国内第一个美术史系，所以受到学院的特别重视。当时的主要课程都是由国内各相关专业的一流学者给我们上课。例如，中国美术史、中国画论由王逊先生主讲，他是邓以蛰的学生，学美学出身。王先生讲课能以广博的文史哲知识为背景，以美学的眼光把握美术，课讲得很有深度，又有考证的功底。”**（孙世昌：《治学思路自述》，《美术观察》2006年第9期）**

“记得一次金先生说，王逊先生认为你的著录写得不错，想找你谈谈。我于是来到了他只身索居的宿舍。他说，‘你已经会欣赏作品了，你的著录传达了罗聘小品的意境，这很好。研究美术，首先要懂得欣赏，知道画家的甘苦与匠心，但你有没有想过什么是意境呢？罗聘这几件作品为什么意境动人呢？为什么有的作品没有意境呢？搞理论研究，不但要知其然，还要知其所以然。抓住问题，要深入下去。’正当王先生对我循循善诱的时候，我们的专业创作练习也进展到一个新的阶段。先是选择一篇有影响的美术论文，剖析它的主要见解、论证方法和论述过程。接着又围绕一个专题去练习全面地收集资料，审慎地辨别资料，系统地整理资料。通过这一番细致周密的思考，脚踏实地的调查研究，同学们或多或少地发现了前人尚未解决或至今仍在争论的问题，找到了可以置足的‘前人肩膀’，明白了一切卓有建树的创见，无不产生于调查研究的末尾。这时我们已三年级了。在此以前，老师们已经注意课堂讲授与个别指导相结合，从三年级开始进一步加强了个别指导。这种指导多数是方向性的，联系自己和前辈的治学经验有意识地引导我们绕过弯路，直接向近现代卓有建树的文史哲大家去学习迥然有别于古人的治学方法，再运用到美术史论研究实际中来。”**（薛永年：《在第一个美术史系学习》，《美术研究》1985年第1期）**

“那时他住在美院食堂附近狭长的平房里，生活十分简朴，虽然政治上受到这样大的打击，但在对待学术上，仍然异常严肃而勤奋，由于中止了各种社会活动，有了较多的读书时间。他很珍惜以巨大的代价换来的这点学习机会，说是‘因祸得福’。那时，我们这些青年教师和系里的学生经常到他屋里请教学术上的各类问题，他非常耐心，而且总是毫无保留地把他所想到的和知道的和盘讲给我们。每次与他谈，都会得到不少新的启发。我们带学生外出实习回来，他不只关心学生的作业，也要我们把实习中写的东西拿给他看。他经常给我们指出在教学中存在的一些毛病。例如有的青年教师不太注意弄清文艺理论上的一些基本概念，有时把一些重要概念很不经心地当作形容词用，他认为这是治学中的一个很大的毛病，多次指出来。并且叮嘱在文艺理论课中，要注意把基本概念谈深谈透。同时要联系一些错误认识，一正一反地讲清楚。”**（李松：《美术史论家王逊》，《王逊美术史论集》序言，河北美术出版社2009年）**

“‘王朝闻学派’、‘王逊、金维诺学派’、‘俞剑华学派’

这三个学派都有较多的门人，都有较大的影响，在研究方法和治学风格上各有千秋。……王逊、金维诺是中央美术学院美术史系的创办者，重视美术发展的社会历史条件及其与哲学思潮、宗教信仰、文化艺术等联系，将考古发现的实证性与文献资料的考据性相结合。”**（马鸿增：《俞剑华的历史地位》，《艺苑》美术版1995年第4期）**

“这是中国历史上第一个美术史系，美术史从美术专业学生的附属课程成为一个独立的系科首次出现在大学里，衍生为历史学的一个分支，发展成受哲学美学影响的一个学科，无疑，这丰富和完善了我国的美术学事业。虽然在当时还很难看出她的历史意义，二十年后，她的积极效应彰显了出来：当年毕业于这个美术史系的学生很多成长为专家、学者，在国际学术讲坛上获得了话语权，60年代培养出的杨新、薛永年、单国霖、单国强、聂崇正、黄远林、马鸿增、李福顺、宫大中、李纪贤、万青另等等大学师资、博物馆人才和研究人员，一大批艺术史的材料经过黄文昆、杨庚新、庄嘉怡等名编的编辑、整理、出版，成为知名杂志和图册，影响波及海内外。如果没有这个美术史系所采取系统、完整的学科教育，当改革开放之初面对西方艺术史家纷纷叩门之时，很难想象我国中年一辈的艺术史家将会是一个什么样的学术水准，他们的下一代又会怎样呢?

当今国内高等院校中已有十多个美术史系，其中多数都获得了硕、博士学位的授予点，师生总数多达千人有余，王逊先生倘若在天有知，必定会对当今美术史教育的兴旺而感到欣慰。”**（余辉：《怀念一位新中国美术史界的拓荒者》，《艺术》2009年第12期）**

先生于1960~1963年间，结合当时的考古新发现，为中央美术学院美术史系重新撰写了中国美术史教材，曾在内部印行，并由文化部组织全国美术史和文博界专家进行了为期半年的讨论。

“《中国美术史》代表了那时中国美术史研究的水平……

一九六〇至一九六三年间，作者集中精力重新撰述了讲义的绝大部分：原始、商周、战国各段落，作了根本性的改写，分量上也有很大的增加，秦汉以下至明代各段落，都作了不同程度的修订、充实、提高。当时为了便于讨论和教学，曾分别予以铅印和油印。”**（江丰：《〈中国美术史〉序言》，上海人民美术出版社1985年）**

“……不仅已有的美术门类，利用文物考古发掘提供的新资料和新的认识大大加以充实提高，而且增加了书法艺术及其理论著述这一中国美术特有的门类。原始、商周两编，根据建国后十余年考古发掘的大量新发现和新的研究成果，进行了彻底的改写，使过去各种中国美术史或中国绘画史中一向最虚弱单薄的部分，第一次具有了相当可观的规模。但这一巨大撰写工程只进行到元代（在他的指导下还写出了明代绘画的一部分），因讲授中国书画理论课而暂停。”**（薄松年、陈少丰：《中国美术史校订后记》，1989年上海人民美术出版社）**

11月24日～12月12日

自1957年“反右”运动起，包括中央美术学院在内的高等院校接连开展各种运动，教学秩序极度混乱，元气大伤。在这种背景下，中央文教小组召开全国文教工作会议，会后向中央提交了《关于1961年和今后一个时期文化教育安排的报告》。

“上面的发展状况（指1953年～1956年，编者注），在1957年反右和1958～1960年的三年‘大跃进’中被中断。这是一个大折腾的阶段。‘反右’迁延半年，美院元气大伤，自院长以下师生有四十人左右被划为敌我矛盾，还有一部分人受批判审查，是为一‘重灾区’。接着有‘拔白旗’运动，党内‘反右倾’运动和批判修正主义与19世纪文化遗产运动，接二连三，党内外知识分子思想高度紧张不安。又一方面是主观主义的政治狂热导致的‘大跃进’而结果弄得国民经济失调以至大灾荒，生活困难，学校里反复地停课、劳动下乡，教学秩序大受破坏。美术史系刚一开始就停办，‘画室制’搁浅，招了一大批程度很不够的学生，教师业务被打乱。”**（钟涵：《谈中央美术学院的艺术教育》，《钟涵艺术文稿选》2011年）**

本年

《美术研究》停刊。

先生与江丰等美术界“右派”在油画家李宗津家聚会。

“‘文化大革命’中，我为了表示和家庭‘划清界限’，就把我的一架手风琴和一块手表交给电影学院红卫兵组织‘井冈山’，还写了一份‘揭发’我父亲（李宗津）的材料，提到他在1960年困难时期，曾在‘违法’市场买了一只高价羊，在家请中央美院的右派分子江丰、王逊、洪波、冯法祀、王曼硕等人吃饭的事。而父亲当时已被迫在学院里扫厕所，恰好在纸篓里看见了这份材料。父亲一直比较疼爱我，对此事他一点不计较，回家后还笑着问我是怎么回事。”**（李之清：《历尽坎坷见真情——我的父亲和母亲》，“艺术中国”2011年8月）**

1961年　辛丑　46岁

2月7日

中央批转全国文教会议报告，要求全国文化教育工作进入“调整、巩固、充实、提高”时期。

2月

中共中央书记处要求中宣部、教育部组成教材工作领导小组，组织高等院校教材编写工作。

3月20日

故宫博物院举办“纪念我国古代十大画家”展览。

4月11日～25日

中宣部会同教育部、文化部在京召开全国高等学校文科和艺术院校教材选编计划会议（简称“全国文科教材会”），全国各地高等院校1000余人参加了会议。会上提出全国美术院校计划编写美术史论教材18种，由文化部艺术教育司统一安排专人编写，先生编写的《中国美术史》教材被列入该计划。

会议期间，先生与美术史家王伯敏论及画史分期问题。

“凡撰画史者，写到这段历史（指顺治至道光，编者注），不愁看不到那时期的书画作品，不愁找不到资料。可是到了嘉庆之后，封建社会没落的迹象显现，清廷的腐败更加暴露，这种政治、经济状况的出现，不可能不使文化艺术在发展中受到影响。所以书画的局面，也相应地发生了变化，如果不将道光作为历史分界线划开来，而要将这段历史与道光后至辛亥革命纳入同一时期内并论，确有许多不便。记得20世纪60年代初，我曾对此与王逊谈起，他即认为应该‘用分期的办法来解决’。至于具体怎么分，界限又如何，当时由于还没有考虑成熟，所以王逊在他所写的《中国美术史讲义》中就没有体现出来。不过，王先生说得‘用分期来解决’，这句话倒给我留下了极其深刻的印象。

事实上，应该把清末民初这段时期划出来，明确地作为中国近代画史的分期。这一阶段前后阶段虽只80年，从我国长久的历史来看，无非一瞬间，但若从光阴的可贵，用分秒来计算，这将近一个世纪的时间，并不很短。这清末民初，当时既有时代的某种特殊气候，又有社会的某种特殊条件，加之有几位突出的富有创造性的画家应时而出，力挽狂澜，终于走出了绘画史上的低谷时期，谱写了近代画史的壮观一页。”**（王伯敏：《近代画史分期的一个焦点——评海派绘画》，《中国花鸟画》2005年第4期）**

6月～9月

“全国文科教材会”后，文化部组织专人在北京香山集中编写各种版本的艺术教材，包括《中国美术史》《外国美术史》等。

其间，7月15日～8月1日，文化部在北京新侨饭店召开中国美术史（原始社会至南北朝部分）教材审查会议，对先生撰著的《中国美术史》（当时以“中央美术学院美术史系”名义）进行审议，先生由于“摘帽右派”身份，不得参加会议。会议由刘开渠、蔡若虹主持，唐兰、夏鼐、曾昭燏、苏秉琦、宿白、王朝闻、俞剑华等专家与会。

“大家按时代顺序看一章教材，讨论一次，星期日也不休息，从7月15日开到30日，最后一天全日讨论的主题是如何评价佛教美术。……8月1日上午，王朝闻又系统谈了他的修改意见。当时我是中国美术史教材组的秘书，对会上的发言作过详细的记录，可惜在‘文革’期间散失了。但会上印的简报和蔡若虹写的总结应该是有案可查的。”**（李松：《作为美术史家的王朝闻》，《中国现代美术理论批评文丛·李松卷》，人民美术出版社2011年）**

9月15日

中共中央批准试行《教育部直属高等学校暂行工作条例》，总结1958年以来“教育革命”的经验教训，要求稳定教育秩序、提高教学质量。

9月

本年起至1963年，先生在中央美院美术史论系除开设“中国美术通史”课程外，还为二、三年级学生开设“中国书画理论著作”课程。他为课程撰写了细致讲稿，后在“文革”抄家时散佚。先生的课堂笔记，曾由广州美术学院陈少丰于上世纪80年代初整理编印，分别由梁江、阜阳两地师范学院艺术系各油印1000份；“文革”结束后，李松、张蔷等也根据当年听课笔记整理发表了多篇论文，在美术史论界产生了广泛影响。从这些已发表的散篇断章中，大致可以看出先生上世纪60年代潜心古代书画理论所取得的研究成果——

*《苏轼和宋代文人画》，《美术研究》1979年第1期；

*《中国古代书画理论》，陈少丰整理，阜阳师范学院艺术系，1981年；

*《郭熙的〈林泉高致〉》，张蔷整理，《美术》1981年第5、6期；

*《石涛的〈画语录〉及其绘画理论》，张蔷整理、李松校阅，《美术史论》1982年第4期，后收入吴冠中著《我读石涛画语录》（**荣宝斋出版社1996年**）。据整理者附注："本文前一部分是根据中央美术学院教授王逊先生1963年两次听课笔记整理的。后一部分是从先生同年讲《中国古代书画理论著作》中'石涛'部分整理出来的"；

*《荆浩的〈笔法记〉》，张蔷整理、李松校阅，《中国画研究》1983年第4期。整理者附注："1961年在中央美术学院讲课记录"；

*《美术史论家王逊和他对古代画论的一些见解》，李松整理，《美术史论》1984年第2、3期；

张蔷（1940～　），江苏海门人，著名美术史论家。1965年毕业于中央美术学院美术史系，创办《中国美术报》，中央美术学院教授，中国艺术研究院美术研究所研究员。

先生指导薄松年、陈少丰等参加中国美术史教材编写。

"1962年9月至1963年7月，陈少丰到中央美术学院参加编写中国美术史教材，同时旁听了王逊为美术史系学生开设的'中国书画理论'课程。陈少丰的听课笔记在八十年代曾被油印出来，成为许多学习者的珍贵读物。……陈少丰对于王师一直是奉作为人为学的楷模。在王师过早地辞世后，陈少丰毅然以传播王师的学问成果为己任，在美术史界同行中备受称赞。先是在八十年代初期，陈少丰校订整理出王师的'中国书画理论'笔记，先后两次找人油印，散发于有志学习中国书画理论的学生和研究爱好者中间，在当时有关读物还十分贫乏的时代环境中，发挥了宝贵的学术作用。然后是在1989年，陈少丰和薄松年认真校订了王师的《中国美术史讲义》，并补写了第六章'明清美术'中暂缺的各节，……陈少丰坚执不渝地维护了王师学术成果的严肃性和科学性，为此付出了巨大的劳动。

平常在给我们讲课和谈话中，陈少丰常会情不自禁地流露出对王师的缅怀之情，时常要我们认真学习和领会王师在学术上的造

诣。”**（李公明、李伟铭：《陈少丰的治学和为人》，《美术》1993年第8期）**

“大约在1962年我因教学备课问及元代绘画中的一些问题，王逊先生拿出了他作的元代画家的大量卡片资料，并且选出其中对我有用的部分交给我使用参考，只是因为政治气候的变化，这一研究没有继续下去，但这几张卡片却成为留给我的永久纪念，先生在知识上从不藏私，对学生总是把知识毫无保留地倾囊相赠。”**（薄松年：《王逊先生二三事》，《艺术》2009年第12期）**

本年

文化部颁布《文物保护管理暂行条例》。

先生组织学生赴龙门石窟考察。

先生组织学生赴西安考察，途中发现《凌烟阁功臣图》宋刻拓片4幅，当即为中央美术学院购回并加以考证，撰写出研究文章，后以他人名义发表。此宋刻拓本现为中央美术学院收藏。

“大约是在1960年，我随他参观西安碑林，在翻检书院街卖碑帖的小摊子上的一堆杂乱拓片中，发现了《凌烟阁功臣图》的宋代石刻拓本。他为美术史系以低廉的价钱买下了这一拓本（不是像有些人见了宝贵资料就归为己有），由此引申对阎立本和《凌烟阁功臣图》又下功夫做了考证。只是这些重要成果由于他身处逆境无法发表，相反却被他人剽窃，但是他的这些学术上的研究和发现的内情是许多业内专家知晓的。”**（薄松年：《王逊先生二三事》，《艺术》2009年第12期）**

1962年　壬寅　47岁

3月2日

周恩来在广州召开的全国科学技术工作会议上作《关于知识分子问题的报告》，指出对知识分子要团结、教育、改造，改善关系。陈毅在会上提出，要给知识分子“脱帽加冕”（指取消“资产阶级知识分子”称呼）。

4月

文化部在杭州召开为期两个月的“中国美术史教材审议会”，文化部艺教司司长王子成主持会议。参加会议的美术史家有徐邦达、俞剑华、黎冰鸿、潘天寿、傅抱石、伍蠡甫、于安澜、张振维、曾昭燏、郑为、黄涌泉、金维诺、史岩、王伯敏。继续审议先生撰著的《中国美术史》教材。

10月

考古学家宿白应邀在敦煌文物研究所主讲“敦煌七讲”，提出敦煌研究要关注艺术史，特别要关注王逊等美术史家的业绩。**（姜伯勤：《宿白先生论敦煌遗书研究开始于中国——读〈敦煌七讲〉》，《中国史研究》2009年第3期）**

10月15日

先生访沈从文。从30年代起，直到先生去世，他与沈从文保持着密切的交往，尤其是1949年后，两人经常在一起切磋交流文物鉴赏、美术史方面的问题，交谊甚笃。

“1955年秋，我毕业后，被国家统一分配到历史博物馆美术组。我的宿舍是东堂子胡同51号院后院的东屋，和沈（从文）先生是邻居，沈先生住在北屋，有三间房子。沈先生常带客人到家，大都是老朋友。我在中央美术学院上学时，教我们中国美术史的老先生王逊先生就经常到他家做客。王逊先生在西南联大教逻辑学时便和沈先生相识，是多年的老朋友。他们经常在一起交流学术，每次都谈得火热，友情很深。”**（李之檀：《沈从文在历史博物馆》，2012年7月21日在商务印书馆主讲“整理千年衣柜/沈从文先生的《中国古代服饰研究》是如何写成的”）**

本年

在先生的建议下，中央美院美术史系请书画鉴定家张珩、徐邦达到校开设“书画鉴定”课程，促进了“古代书画鉴定”这门学科的建立。

先生课余时与聂绀弩、向达、常任侠、尚爱松、唐云、黄苗子、黄永玉、王世襄等友人交游闲谈。

“王世襄谈起他所熟悉的友人，谈起他自己的往事，都忘不了提及芳嘉园胡同那个他住了80年的小院。在上世纪五六十年代的京城文化圈，那个位于东城芳嘉园的小院实在是一个不可多得的文人聚会的场所。

那座四合院是他父亲在他出生那年置下的家产，为三进院。1957年以前，中院只有他一家居住。之后，当代著名国画家黄苗子、郁风夫妇搬到他的小院，住进了东厢房。在这里，黄郁夫妇一住就是20多年。在那之后，漫画家张光宇一家也搬进这座小院，住西厢房。张光宇是他们早在三十年代就结识的老朋友。他的到来，使那座小院更加热闹、更加丰富多彩。

那个年代，有着相同的兴趣爱好的文人不时地相聚于芳嘉园，带给中院的他们三家满足与温馨。经常来往于芳嘉园的有聂绀弩、启功、叶浅予、沈从文、黄永玉等。他们互相借书，谈文物、谈古文诗词、谈绘画。

芳嘉园小院真可谓‘谈笑有鸿儒，往来无白丁’。王世襄在小院里摆放着一件明代大案，当年常到芳嘉园并曾在大案上作画的还有北京画家溥雪斋、惠孝同、陈少梅等先生，南方画家傅抱石、谢稚柳、唐云等，不作画只聊天的有常任侠、向达、王逊、黄永玉诸公。”**（李国文：《大俗大雅王世襄》，《今日中国》2006年第5期）**

1963年　癸卯　48岁

8月

《文物》月刊发表先生对永乐宫壁画的考证文章《永乐宫三清殿壁画题材试探》。

1963年9月，永乐宫壁画摹本和永乐宫建筑模型将赴日本展出，这是继敦煌壁画1958年在日本展出后又一次中日文化交流盛事。为筹备本次展览，先生应文化部之请，对永乐宫壁画人物题材进行考证，以纠正当时对壁画内容各种含混不清的传闻和臆测。先生查阅大量道教文献，通过科学的分析和精密的论证，将历来只停留于民间传说中的道教神祇形象逐一厘清，并将壁画主题与吴道子画派的源流、五星图形象的演变等道教美术史上的重要问题联系起来加以考订，得出令人信服的结论。文章显示出先生渊博的学识和深湛的考据功力，令学术界深为叹服，也为美术史研究提供了一个范例。这是先生自1957年被剥夺发表作品权利后发表的唯一一篇文章，也是他人生中最后一篇力作。

“王逊先生在摘掉右派帽子之后发表的唯一的论文即《永乐宫三清殿壁画题材试探》，永乐宫三清殿元代壁画是我国古代最完整、最丰富的道教壁画遗存，在中国绘画史的发展上具有重要的地位，而确认壁画中庞大的神仙体系和神祇的名目是研究其历史价值和艺术价值所必须首先解决的问题，但当时却没有人能讲清楚，甚至还流行有‘三百六十个值日神’等谬误而含混的传说。由于1963年永乐宫壁画摹本要去日本展出，而永乐宫的三清殿壁画的神像内容必须有明晰的解说，配合展览发表一篇有份量的学术论文，当时把这一任务交给王逊先生，王逊对宗教美术及佛道教的神祇形象本来就有丰富的知识，但把三清殿壁画中二百多位复杂的神像体系讲清楚还是有一定难度。他面对这一艰巨的任务充满信心，为了查阅卷帙浩繁的《道藏》等有关资料，一头扎进中国社会科学院的图书馆，当时已是盛夏季节，那时的条件根本没有什么空调设备，暑气如蒸，王逊先生支撑着孱弱的身体像战士一样投入工作，终于在较短的时间完成了论文。

论文显示出作者对宗教和宗教美术渊博的学识，他从繁复庞杂的大量道教文献中对神祇的发展组合理出头绪，对照永乐宫壁画给予诠释，联系《朝元图》的发展，吴道子画派的延续，五星图形象的演变考订，最先破译了长期模糊不清的神像内容，虽然有些见解未必全部完善，但为永乐宫研究打下了重要基础，一位国外的美术史家对这篇文章非常敬佩，当他得知是在很短的时间写出等背景后，更表现出异常的惊讶，说这简直是凝聚了一辈子的功夫！”**（薄松年：《王逊先生二三事》，《艺术》2009年第12期）**

“王逊先生虽更长于理论思维，经常探讨规律性问题，但是，他为了搞清永乐宫三清殿壁画的题材内容，竟不厌其烦地去阅读卷帙浩繁的《道藏》，一一考订壁画神祇的名目，用力之勤、考释之详，就是文物学家也深为叹服。”**（薛永年：《奠立 发展 开拓——美术史系三十年》，《美术研究》1988年3期）**

“1963年9月，永乐宫壁画摹本在日本展出之前，王逊承担了辨识三清殿所绘二百八十六众的天神、地祇这一项十分复杂、细致的工作。由于当时对宋元道教的图像掌握得不充分，还不可能完全利用已有的道教图像来和三清殿的《朝元图》相印证，不能不主要依靠文献资料。为了辨明《朝元图》的神祇，他曾经花费了极大的精力，把道藏经中的有关内容全部翻检一遍。他从大量文献材料中初步确定出道教神祇的大致范围和几个主要时期的变化，进而探索有较直接关系的材料，提出自己的假设，从而为以后的研究工作奠立了重要的基础。永乐宫壁画是唐宋元明宗教绘画发展中的一个重要环节，王逊先生在考订其内容的同时还联系有关文献，探讨了绘画史上诸如吴道子绘画艺术面貌等一些问题。他就当时所能掌握的资料作出的那些假设，不无可以商榷之处，但他发表于《文物》上的《永乐宫三清殿壁画题材试探》一文在古代美术的研究方法上还是提供了一个可资借鉴的范例。”**（李松：《美术史论家王逊》，《王逊美术史论集》序言，河北美术出版社2009年）**

先生迁入东城区罐儿胡同（后称“京西巷”）中央美院宿舍，与黄永玉、宗其香、冯湘一同院居住。

“据人说，我现住处是过去娘娘庙旧址，娘娘庙，海神也，岂不可取名为娘娘仙馆？我们在南房，恰系娘娘正殿，生活起居有娘娘指导，当不致犯各类型之错误了。此处较宽，各据一方，共四家，北房一国画家宗其香，其人如颜鲁公书法，胖而黑，不甚说话，上月自桂林背回假山石十来块，日日陶醉其中，无甚可谈，相距亦在二十余米左右，颇相安。东房系一搞理论之女同志冯湘一，在校尉营亦系比邻，党员，头脑甚开阔，人豪迈如男士，不小气，可算相得。西屋将搬来好友王逊，搞美术理论的，单身一人。全部人马如此，在北京说来，一个院子配备如此之少，实乃典型羡慕对象了。自然，能有单独四合院住住则更好，目前不敢想望也。”**（黄永玉致黄裳，1963年8月9日）**

9月

先生与黄永玉访潘素。

“北京今年秋天来得快，昨今两天大冷，今晚与王逊兄骑自行车到潘家小饮咖啡，潘夫人大显身手，咖啡甚佳，为潘家有史以来最好的一次（潘夫人每次都骂我喝其咖啡而说其咖啡如何如何为不讲良心，殊不知喝咖啡乃一严肃之科学研究工作……）。”**（黄永玉致黄裳，1963年9月24日）**

本年

文化部颁布《文物保护单位保护管理暂行办法》。

1964年　甲辰　49岁

2月13日

毛泽东主持召开教育工作座谈会，提出要改革学制、课程、教学方法。

春

文化部在北京香山组织召开“中国美术史教材编审会议”，提出对原有美术史教材一律重新审议。

9月11日

中共中央、国务院发出通知，组织高等院校文科教师参加社会主义教育。

中宣部到中央美术学院直接领导开展“社教”运动，开始了为期一年的“城市学校四清试点”。“四清”即“清政治”“清经济”“清思想”“清组织”的社会主义教育运动。运动期间，重点批判30年代文艺界代表人物，中央美院党委书记陈沛被撤职，美术史系停课。

其间，先生除在中央美院参加“四清”运动外，还随美院师生多次下乡参加农村“四清”（最初是清账目、清仓库、清财物、清工分）。

“好景不长。下一阶段是1964年～1966年。在大形势上，这是毛主席发动‘文化大革命’的准备，他对文艺界的整顿早从1963年已开始，先后两个批示说文艺界‘已跌至修正主义边缘’，引起文艺界一再整风。他开创的‘四清’运动从农村到城市，美院在1964

年秋后开始了为期一年之久的‘城市学校四清试点’，而在这以前美院师生已经有几个月的下乡‘四清’。同时，文艺整风到美院已引起了不少同志带头进行的对党委‘修正主义’的严厉批判。1965年秋后起，全院下乡河北邢台又参加‘四清’一年，1966年夏一回来，学生在路上就准备好了斗争用的‘大帽子’。所以我把这几年统称为‘四清阶段’。毛主席关于文艺的‘批示’和‘四清’，目标都是反对他所谓的‘修正主义路线’，两方面一起落在中央美院头上，而且来势极大，由中宣部、文化部、北京市委共同组成了几十名干部的工作队，江青已经在接见美院教师时斥责美院‘稀烂了’，还在暗中大大策动了学校里的一些同志，要打翻美院这只‘修正主义大染缸’。有几位学生决心离校下乡当农民去了。模特制使用外国古典雕塑教具‘合二为一’等成为美院‘对抗中央’的罪名。虽然工作队规定在‘四清’期间仍然上课，而且还把成绩公开展览以表示革命成果，但整个教学秩序和人心全都乱了。当时的革命不仅是政治上的，而且是艺术上的，教育上的，全面批判。说是针对党内走资派，实际上许多教师都知道火要烧到自己身上，例如‘黑画’展览就把靳尚谊等好多教师圈进去了，在一定意义上可以说，‘文革’在中央美院预演或提前了两年。”**（钟涵：《谈中央美术学院的艺术教育》，《钟涵艺术文稿选》2011年）**

本年

先生经老友吴祖光、新凤霞介绍，与京剧旦角演员张曼君女士结婚。

“1964年冬的‘四清’运动中，我在南海上的一条小渔船里，收到了王逊的最后一封信，告诉我，经过了多年的坎坷之后他第二次结了婚。可惜，两年之后‘文革’爆发，他含恨病死在医院中。”**（迟轲：《人和艺术——学习文艺理论和美术史的片断回忆》，《广州美术研究》1990年4月总第4期）**

1965年　乙巳　50岁

9月

中央美院全体师生到河北邢台参加为期一年的“四清”，先生随队前往。

“1962年以后，美院又开始了接连不断的政治运动，并数次下乡参加四清运动，王逊也下去过。最后一次是1965年美院社教运动之后，全校师生到邢台参加四清，我和王逊先生同在一个大队，他对搞这种阶级斗争显然是力不胜任的，但工作起来却也是十分认真，一如对待学术研究那样。1966年夏天，美院全校师生全部返京之时，他已经再一次成为运动的批斗对象了。不过由于他这些年只是兢兢业业地教学，与现实无涉，所以对他的冲击比之另外许多老教师就轻多了。”**（李松：《美术史论家王逊》，《王逊美术史论集》序言，河北美术出版社2009年）**

1966年　丙午　51岁

2月2日～20日

江青在上海召开“部队文艺工作座谈会”，提出“文艺黑线专政论”。

5月7日

毛泽东在给林彪信中提出：“学制要缩短，教育要革命。资产积极知识分子统治我们学校的现象再也不能继续下去了。”此信后被称为“五七指示”。

6月1日

《人民日报》发表社论《横扫一切牛鬼蛇神》。

6月

先生随美院师生从邢台返京，入校即作为“反动学术权威”接受批斗。不久，先生参加文化部在社会主义教育学院举办的“文化大革命集训班”。集训班集中文艺界主要干部和创作人员600余人，“揭批以周扬为首的文化部、中宣部文艺黑线”。文化部副部长颜金生任集训班主任，另从部队抽调千余干部组织集训。先生被编入第三队第10组，同组

15人，有彦涵、李可染、常任侠、黄永玉、郭味蕖、古元、李桦、叶浅予、王琦等。此次集训班持续近2个月，后先生等人被中央美院红卫兵强行接回学院接受批斗。

8月8日

中共八届十一中全会通过《关于无产阶级文化革命的决定》。

8月9日

中央美院红卫兵举行第一次大规模批斗会，批斗原党委书记陈沛，先生和其他美院教授作为“牛鬼蛇神”陪斗。

8月18日

北京天安门广场举行“庆祝无产阶级文化大革命群众大会”，毛泽东在天安门第一次接见红卫兵。

中央美术学院美术史系再度停办。先生平时积累的大量藏书、研究资料、书稿、信札等在抄家中被美院红卫兵用卡车全部拉走，下落不明。

先生与吴作人、黄苗子、常任侠等“牛鬼蛇神”被关在美院版画系“牛棚”，白天监督劳动，晚上接受审查、批斗，有时还被押至校外“游街”。

“当时抄家，闯进来一批人，开着两辆大卡车，把书啊信啊都装走，一张纸都不许留。我当时都吓懵了，什么都没剩下。……后来学院通知来领，我哪儿敢要啊！”**（先生夫人张曼君女士回忆）**

“近年来，薄先生又在酝酿出版王逊先生的遗著。他一直遗憾和不能释怀的是：在文革期间，王逊先生的一批手稿被封存在美术史系资料室后竟下落不明，他非常希望这些手稿能重见天日经过整理面世出版。”**（余辉：《师德者寿——浅析薄松年先生的美术史教**

研成就》，《艺术》2014年第1期）

“文化大革命开始了，我们被关在一起。版画系一排房子两头一堵，凑成我们几年成为同窗缘分，并从而开始了我们忘年的、牢不可破的友谊。在牛棚里他（吴作人）一点也不活跃，他曾经有次想活跃一下思想，跟王逊、李亦然给常任侠各写了张大字报，常任侠从容不迫地在各人的大字报底下贴了张巴掌大的‘小字报’，于是，全哑了。他根本不善于给人提意见，他没有写大字报的才情和胆略，从此，我再不见他给谁谁提过意见。”**（黄永玉：《屈辱中的潇洒——缅怀作人先生》，《新民晚报》2008年5月31日）**

“所有被揪出来的‘牛鬼蛇神’都被集中关押进学校的‘牛棚’里，住的地方是版画系的石版画工作室，与水槽为邻，在地上铺上草和日本式的‘榻榻米’，一个挨一个地在地上睡觉，一间工作室大约挤了十几个人，室内还摆有小木桌若干，供每个人写检查交代材料用。我们的生活便是：白天整天劳动或写检查交代，晚上开会总结，开展批评与自我批评，随时接受革命群众的批斗。……

学校里贴满了揭发‘牛鬼蛇神’的大字报，都是对外开放的。校外的许多红卫兵到美院来看大字报，可以通过管理‘牛鬼蛇神’的红卫兵自由提审牛棚里的任何人。”**（王琦：《艺海风云——王琦回忆录》，人民美术出版社1998年）**

10月21日

沈从文致信子女，称“王逊已解放”，意指先生已从“牛棚”放出（应系误传）。

“（黄）永玉也不会有什么，因为王逊便已解放。我因为做事多了些，不可免错处也多些。好在和‘三家村’‘阎王殿’均无关系，当不至于如巴金、冰心困难。这自然也只是比较上说的。只有好好学习下去，老老实实等待外批、内检。解放也大致是上头有一定安排，即总的安排。例如卞叔叔（卞之琳）处揪了卅多人，津津于《红楼梦》繁琐考证的吴世昌，因新回国，即得解放。诗人虽是小头头，李健吾在戏剧问题上哗拉哗拉多，和钱钟书等均已解放。冯至是周扬搞外文重要副手，也听说要解放。甚至于俞平伯还在解放商讨中。协和医大只有一个权威待批，别的全无事。以彼例此，我们即太不重要，十分渺小了。”**（沈从文：《沈从文家书1966—1976》，新星出版社2012年）**

本年

《美术》停刊。

1967年　丁未　52岁

1月11日

《人民日报》发表文章，称全国美协是“裴多菲俱乐部”。

本年

先生继续在“牛棚”关押。中央美院派系武斗，又揪出彦涵、蒋兆和、夏同光等。

1968年　戊申　53岁

本年

先生仍被关在“牛棚”，不时被揪斗、审查。同被关押的除中央美院师生外，还包括全国美协一批人，总数达100多人。

中央美院军工宣队进校，批斗被停止，先生肺病咳喘加重，仍囚禁在学校后院的简易房里交待问题。

1969年　己酉　54岁

1月

毛泽东发布“清理阶级队伍”的号召，此运动成为“文化大革命”中造成冤案最多的运动。

先生从牛棚中被放出，因长期营养不良、风寒，肺病进一步加重，经常咯血。

3月21日

先生因受迫害，病逝于北京协和医院（当时称“反帝医院”）。

“王逊本来身体状况就不好，曾经患过肺结核病（后来治愈），文化革命开始作为右派和反动学术权威就受到揪斗，后来作为‘江丰反党集团’成员又遭审查，在寒冷的季节被囚禁在学校后院的简易房里交代问题，薄薄的墙板和屋顶本来就不能抵御风寒，加之时当隆冬，孱弱的体质哪能经得起如此考验，终于在放出‘牛棚’后没几天，在来学校的路上口吐鲜血，被送进了医院。

我知道王逊之死是在他逝世的几天之后，当时正处于运动高潮，我们被分期到地下锅炉房烧暖气，换班回到组内时才知道早已火化，一代学者的故去，没有办法表示追悼和哀思。王逊夫人把先生的全部藏书捐献给学校，当时的领导——‘军工宣队’竟当作抄家物资全部处理给旧书店，使这一批先生多年聚积的图书资料遭到无法弥补的损失。”**（薄松年：《王逊先生二三事》，《艺术》2009年第12期）**

1979年，文化部、中宣部、中央美术学院、民盟北京市委对王逊错划“右派”一案进行重新审查，平反改正，恢复名誉。同年12月19日，“美术史、美术理论家王逊追悼会”在京举行，中央美术学院院长陈沛致悼词。

“王逊同志(1915～1969)，北京市人，中国民主同盟盟员，中央美术学院教授、《美术》杂志编委，美术史、美术理论家。对运用马克思主义的立场、观点、方法研究中国美术史，曾作出了重要贡献，有独到的见解，并为培养我国美术史、论人才，做过大量的工作。1957年，被错划为右派分子(在粉碎‘四人帮’后得到平反改正)。在政治上遭到迫害的情况下，仍以顽强意志，带病投入教学和教材的修改工作。王逊同志热爱社会主义祖国，拥护中国共产党，为我国美术事业作出了贡献。因受到林彪、‘四人帮’极左路线的残酷迫害，在有为之年不幸逝世。”**（《王逊追悼会在京举行》，《美术》1980年1期）**

王逊著译年表①

1934年

散文《四月》，署名“王孙”，《清华周刊》1934年5月7日第四十一卷第7期

随笔《说闲暇》，署名“王孙”，《清华副刊》1934年10月第四十二卷第2期

随笔《疯狂了的热情》，署名“王孙”，《清华副刊》1934年11月第四十二卷第10期

评论《儿童游戏的教育意义》，署名“逊”，《兴华》周刊1934年11月第三十一卷第40期

1935年

随笔《从幼年到成年》，署名“王孙”，《清华副刊》1935年1月1日第四十二卷第11/12期“新年号”

---

①以发表时间为序。

评论《学术机关？职业学校？》，署名“王孙”，《清华副刊》1935年1月1日第四十二卷第11/12期“新年号”

诗《秋天》，署名“王孙”，《清华周刊》1935年1月10日第四十二卷第13期

小说《童养媳》，《黄流》1935年4月第一卷第2期

诗《叶》，署名“王孙”，《清华周刊》1935年6月12日第四十三卷第5期

诗《黑衣僧》，署名“王孙”，《清华周刊》1935年6月12日第四十三卷第5期

诗《五月小唱》，署名“王孙”，《清华周刊》1935年6月12日第四十三卷第5期

诗《山》，署名“王孙”，《清华周刊》1935年7月7日第四十三卷第9期

翻译《最近西太平洋形势的分析》，署名“里予”，《清华周刊》1935年8月第四十三卷第10期

评论《如何掠夺》，署名“予里”，《清华周刊》1935年8月第四十三卷第10期

散文《病赘》，署名“王孙”，《清华周刊》1935年8月27日第四十三卷第11期

小说《鬻儿》，《黄流》1935年10月第一卷第5期

诗《战争》，《黄流》1935年12月第二卷第1期

评论《艾登旅行的收获》，署名“逊”，《湘声》月刊1935年第一卷第1期

1936年

诗《雪》，《黄流》1936年1月1日第二卷第2期

诗《春蚕曲》，《风化》1936年“创刊号”

论文《美的理想性——美的性质的孤立的考察》，署名“黎舒里”，《清华周刊》1936年5月27日第四十四卷第7期

论文《再论美的理想性——人格之实现》，署名“黎舒里”，《清华周刊》1936年6月10日第四十四卷第9期

散文《十年流水》，署名“王孙”，《清华副刊》1936年第四十四卷第10期

散文《我的故乡》，署名“王孙”，《清华副刊》1936年第四十四卷第11期

言论《清华文学会“非常时期与国防文学”座谈会发言》，笔名“王孙”，《清华周刊》1936年7月3日第四十四卷第11/12期“救亡专号”

诗集《谢了的紫丁香》，“黄流文艺丛书”之一，商务印书馆1936年8月

小说《壮士归》，《黄流》1936年10月1日第三卷第1期

书评《看了冰心的〈南归〉后》，《文艺月报》1936年10月1日第四卷第1期

论文《什么是民族文学和怎样写民族文学》，《文艺月报》1936年11月1日第四卷第2期

散文《重阳病愈初起》，署名“黎舒里”，《清华周刊》1936年11月8日第四十五卷第2期

杂感《吊与贺》，署名“王迈”，《清华周刊》1936年11月15日第四十五卷第3期

散文《明日的园子》，署名“黎舒里”，《清华周刊》1936年11月22日第四十五卷第4期

杂感《保侨》，署名“王迈”，《清华周刊》1936年11月22日第四十五卷第4期

论文《国防文学的文学意识》，《文艺月报》1936年12月1日第四卷第3期

散文《黑色的行列》，署名“黎舒里”，《清华周刊》1936年12月6日第四十五卷第6期

散文《一切都静止了的时候》，署名“黎舒里”，《清华周刊》1936年12月6日第四十五卷第6期

散文《白菜、青豆，和冬笋》，署名“黎舒里”，《清华周刊》1936年12月6日第四十五卷第6期

杂感《人话与鬼话》，署名“王迈”，《清华周刊》1936年12月23日第四十五卷第8期

随笔《十一月语录二则：上帝和他的子》，署名“黎舒里”，《清华副刊》1936年12月第四十五卷第3期

随笔《十一月语录二则：灵魂的居所》，署名“黎舒里”，《清华副刊》1936年12月第四十五卷第3期

翻译 *Opportunity*（中英文对照），《英语周刊》1936年第新卷第198期

1937年

论文《调查民族文学阵容刍议》，《黄流》1937年1月1日第三卷第3期

杂感《关于宣传》，署名“王迈”，《清华周刊》1937年1月10日第四十五卷第10/11期

杂感《漫谈出路》，署名“王迈”，《清华周刊》1937年1月25日第四十五卷第12期

诗《出动》，《文艺月报》1937年1月30日第四卷第4期

论文《现代音乐的反抗》，署名“黎舒里”，《今日评论》

1937年第一卷第3期

论文《玉在中国文化上的价值》，《教育部第二次全国美术展览会专刊》，全国美展筹委会编印，1937年4月

1938年

论文《玉在中国文化上的价值》（原刊《教育部第二次全国美术展览会专刊》，1937年4月），《中国艺术论丛》，滕固主编，商务印书馆1938年

专著《中华文学发展史问题解答》，云南省立昆华师范印行，1938年

1939年

随笔《异样的局戳》，署名“王孙”，《邮花杂志》1939年第一卷第9期

1940年

评论《战神笼罩下的星洲》，《半壁》1940年第一卷第2期

书评《评〈中国艺术综览〉》，《图书季刊》1940年3月新二卷第1期

书评《〈中国陶瓷史〉介绍》，署名“逊”，《图书季刊》1940年3月新二卷第1期

书评《介绍〈东方陶瓷学会会志（1938年英伦Shenval Press发行）〉》，署名“逊”，《图书季刊》1940年3月新二卷第1期

书评 *Chinese Calligraphy*（八法南鍼），署名“逊”，《图

书季刊》1940年6月新二卷第2期

1941年

翻译《日本南进战略的蠡测》，署名“王孙”，《扫荡报》1941年4月1日

翻译《日本南进战略的蠡测》（原刊《扫荡报》1941年4月1日），署名“王孙”，《西南实业通讯》1941年第三卷第5期

译述《太平洋上美国的海陆空军根据地》，署名“王孙”，《世界政治》1941年第六卷第11期

评论《苏彝士以东以南英国各属邦之资源及生产力》，署名“王孙”，《世界政治》1941年第六卷第12、13期

翻译《战后的经济建设原则》，署名“王孙”，《世界政治》1941年第6卷第14、15期

1942年

论文《六朝画论与人物鉴识之关系》，《云南大学学报》1942年7月第一类第2号“国立云南大学廿周年纪念特刊”

1943年

散文《春之寓言》，署名“黎舒里”，《自由论坛》1943年3月15日第一卷第2期

论文《美与丑》，重庆《世界学生》1943年4月25日第二卷第4期

小说《秋日》，署名“黎舒里”，《民族文学》1943年8月7日第一卷第2期

随笔《旅行》，署名“王孙”，《沙磁文化》1943年第二卷第9期

书评《评〈王羲之评传〉》，重庆《出版界》1943年“创刊号”

1944年

论文《云南北方天王石刻记》，《文史杂志》1944年2月第三卷第3/4期“美术专号”

随笔《幻觉之一》，署名“黎舒里”，《华声》半月刊1944年第一卷第4期

小说《印印》，署名“黎舒里”，《文史杂志》1944年第四卷第5、6期

小说《印印（续）》，署名“黎舒里”，《文史杂志》1944年第四卷第7、8期

翻译《帽子和柱子》，《自由论坛》周刊1944年第12期

1945年

翻译《回声之屋》，《自由论坛》周刊1945年1月21日第16期

散文《叔父的蜜蜂——寄逸妹》，《自由导报》1945年第3期

评论《由赛先生想起的》，《自由论坛》周刊1945年5月4日第25期“五四纪念专号”

1946年

论文《表现与表达》，重庆《世界文艺季刊》1946年4月第一卷第3期

1948年

论文《红楼梦与清初工艺美术》，天津《益世报·文学副刊》第一一四期，1948年10月11日

论文《几个古代的美感观念》，天津《益世报·文学副刊》第一一六期，1948年10月25日

1949年

设计说明《拟制国徽图案说明》，1949年10月23日，现存中央档案馆、全国政协档案馆

1950年

论文《保护古迹文物工作与经济建设联系起来》，《文物参考资料》1950年第一卷第1期

报告《清华文物馆筹备工作报告》，1950年5月，“清华大学档案”宗号1目录号4—2，卷号83，1—28。包括——

①《本校原有各文物部门现状报告、文物陈列室现状报告》

②《文物馆筹委会成立经过及工作报告》

③《文物馆筹备委员会提呈校务委员会之关于成立文物馆的建议》

论文《保护古迹文物工作与经济建设联系起来》（原刊《文物参考资料》1950年第1期），《光明日报》1950年6月16日

论文《王羲之父兄考》，《周叔弢先生六十生日纪念文集》，香港龙门书店1950年7月

论文《工艺美术的提高和普及》，《人民美术》1950年10月第5期

论文《朝鲜古艺术和中国的关系》，《进步日报》1950年12月

1951年

论文《云冈一带勘察记》，《雁北文物勘查团报告》，中央人民政府文化部文物局出版，1951年1月28日

论文《朝鲜古艺术和中国的关系》（原刊《进步日报》1950年12月），《文物参考资料》1951年第二卷第1期

述评《美帝盗窃中国古美术品》，《光明日报》1951年1月

述评《美帝盗窃中国古美术品》（原刊《光明日报》1951年1月），《文物参考资料》1951年第二卷第1期

论文《敦煌壁画中表现的中古绘画》，《文物参考资料》1951年第二卷第4期“敦煌专辑”

论文《美国艺术的商品化》（与邓以蛰合著），《从堕落到反动的美国文化》，金岳霖等著，平明出版社1951年4月

报告《景泰蓝新图样设计工作一年总结》，北京特种工艺专业会议，1951年5月19日

报告《景泰蓝新图样设计工作一年总结》，署名“清华大学营建系”，《光明日报》1951年8月13日

论文《云冈一带勘察记》，《雁北文物勘察报告》，大众书店1951年

1952年

言论《建国瓷座谈会发言》，轻工部建国瓷设计座谈会，1952年2月

1953年

论文《工艺美术的基本问题》，《文艺报》1953年2月28日第4号

评论《〈展子虔游春图〉》，《人民文学》1953年第3期

论文《工艺美术的基本问题》（原刊《文艺报》1953年第4号），《新建设》1953年第4期

评论《介绍楚文物展览》，《文艺报》1953年7月第13期

评论《介绍北京的国画展览》，《文艺报》1953年8月第15号

评论《国画为人民服务》，《新观察》1953年9月16日第18期

论文《古代绘画的现实主义》，《文艺报》1953年11月第22号

论文《敦煌藻井图案》（为《敦煌藻井图案》所作序言），《现代佛学》1953年第12期

论文《明正统藏经经面锦缎图案》（为《中国锦缎图案》所作序言），《现代佛学》1953年第12期

序言《敦煌藻井图案》，中央美术学院实用美术系编，人民美术出版社1953年

序言《中国锦缎图案》，中央美术学院实用美术系编，人民美术出版社1953年

序言《北京皮影》，中央美术学院实用美术系编，人民美术出版社1953年

校订《面向生活》，王朝闻著，艺术出版社1954年

校订《中国画论类编》，俞剑华著，中国古典艺术出版社1957年

1954年

论文《美术工艺的制作问题——参观全国民间美术工艺品展览会笔记》，《美术》1954年第1期

述评《景泰蓝工艺》，《新观察》1954年第1期

论文《古代绘画的现实主义》（原刊《文艺报》1953年11月第22号），《文物参考资料》1954年第1期

论文《古代绘画的现实主义》（原刊《文艺报》1953年11月第22号），《新建设》1954年第1期

论文《夏珪〈长江万里图〉》，《美术》1954年第2期

论文《古代绘画的现实主义》（原刊《文艺报》1953年11月第22号），《新华月报》1954年第3期

论文《唐代人物画家——周昉》，《美术》1954年第4期

论文《出土古文物与美术史的研究》，《美术》1954年第7期

论文《对目前国画创作的几点意见——北京中国画研究会第二届展览会观后》，《美术》1954年第8期

校订《苏联大百科全书·中国》“造型艺术与建筑”部分，1954年8月

编辑彩色纪录片《敦煌壁画》，中央新闻电影制片厂1954年，《中央新闻纪录电影制片厂纪录片目录大全》编号31954

1955年

言论《在中国美术家协会第一届理事会第二次会议上的发言》，《中国美术家协会第一届理事会第二次会议集刊》1955年6月

论文《关于概括与具体描写——兼论中国绘画的现实主义传统》，《美术》1955年第10期

论文《敦煌壁画和宗教艺术反映生活的问题》，《美术》1955年第11期

校订《中南少数民族染织图案选集》，喻侠夫、陈少平编，湖北人民出版社1955年

1956年

论文《谈民间年画》，《美术》1956年第3期“发扬民间年画的优良传统笔谈专辑”

论文《鲁迅和美术遗产的研究》，《美术》1956年第10期“纪念鲁迅先生诞生七十五周年逝世二十周年纪念特辑”

主编《艺术科学研究工作美术部分十二年远景规划草案（初稿）》，“国务院科学规划委员会文件”，哲学社会科学长远规划办公室印，1956年4月

专著《中国美术史讲义》，中央美术学院1956年

专著《中国美术史讲稿》，故宫博物院1956年4月

专著《中国美术史讲义》，龙门文物保管所翻印（此书各地翻印本众多，不一一列出）

1958年

主编《艺术图书分类法》，中央美术学院图书馆1958年

1960年

述评《美帝盗窃中国古美术品》（原刊《光明日报》1951年1月），《抗议美帝掠夺我国文物》，文物出版社1960年

1961年

专著《中国美术史》，“文化部中国美术史教材审查会议送审

本”，1961年

1963年

论文《永乐宫三清殿壁画题材试探》，《文物》1963年第8期

1976年

论文《谈民间年画》（原刊《美术》1956年第3期），《中国传统民间年画研究（文物考古专刊第十九种.民间工艺第三号）》，金儒杰编,香港神州图书公司1976年

1979年

论文《苏轼与宋代文人画》，《美术研究》1979年第1期

论文《鲁迅和美术遗产的研究》（原刊《美术》1956年第10期），《学习鲁迅的美术思想》，人民美术出版社1979年

1981年

论文《郭熙的〈林泉高致〉》，张蔷整理，《美术》1981年第5期

论文《郭熙的〈林泉高致〉》（续），张蔷整理，《美术》1981年第6期

专著《中国书画理论》，陈少丰整理，阜阳师范学院艺术系，1981年

1982年

论文《石涛的〈画语录〉及其绘画理论》，张蔷整理，李松校阅，《美术史论》1982年第4期

1984年

《美术史论家王逊的生平和他对古代画论的一些见解》，李松，《美术史论》1984年第2期

《王逊的生平和他对古代画论的一些见解（续）》，李松，《美术史论》1984年第3期

1985年

论文《荆浩〈笔记法〉》，张蔷整理，李松校阅，《美术史论》1985年第3期

专著《中国美术史》，薄松年、陈少丰整理，上海人民美术出版社1985年

1986年

论文《对目前国画创作的几点意见——北京中国画研究会第二届展览会观后》（原刊《美术》1954年第8期），《美术论集·中国画讨论专辑》，沈鹏、陈履生编，人民美术出版社1986年

1987年

翻译《伦理学方法》，《西方伦理学名著选辑》（下卷），周辅成主编，商务印书馆1987年9月

1989年

论文《玉在中国文化上的价值》（原刊《教育部第二次全国美术展览会专刊》，1937年4月），《民国丛书：美学·艺术》，上海书店1989年

专著《中国美术史》，薄松年、陈少丰整理，上海人民美术出版社1989年

1991年

论文《美的理想性——美的性质的孤立的考察》（原刊《清华周刊》第四十四卷第7期），署名“黎舒里”，《中国现代美学丛编1919—1949》，胡经之编，北京大学出版社1991年

1993年

言论《对于建国瓷设计的两点意见》，《高庄与陶瓷设计》，李津勋，《美术》1993年第10期

1996年

论文《石涛的〈画语录〉及其绘画理论》（原刊《美术史论》

1982年第4期），《我读石涛画语录》，吴冠中著，荣宝斋出版社1996年

1997年

论文《永乐宫三清殿壁画题材试探》（原刊《文物》1963年第8期），《筚路蓝缕四十年》，薛永年、王宏建主编，人民美术出版社1997年

1999年

论文《对目前国画创作的几点意见——北京中国画研究会第二届展览会观后》（原刊《美术》1954年第8期），《二十世纪中国美术文选》，郎绍君、水天中主编，上海书画出版社1999年

2001年

散文《十年流水》（原刊（《清华副刊》1936年第四十四卷第10期），署名“王孙”，《清华文学寻踪（1911～1949）》，张玲霞编，清华大学出版社2001年

散文《我的故乡》（原刊《清华副刊》1936年第四十四卷第11期），署名“王孙”，《清华文学寻踪（1911～1949）》，张玲霞编，清华大学出版社2001年

2006年

专著《王逊学术文集》，王涵编，海南出版社2006年5月

2007年

论文《表现与表达》（原刊重庆《世界文艺季刊》1946年第一卷第3期），《清华艺术学堂》，杭间、张丽娉编，中央编译出版社2007年

2008年

书信《致常任侠》（二通），《冰庐锦笺：常任侠珍藏友朋书信选》，沈宁编，北京图书馆出版社2008年

2009年

论文《玉在中国文化上的价值》（原刊《教育部第二次全国美术展览会专刊》，1937年4月），《艺术》2009年第12期“纪念王逊先生逝世四十周年”

专著《王逊美术史论集》，李松、张蔷编，河北教育出版社2009年5月

2012年

论文《永乐宫三清殿壁画题材试探》（原刊《文物》1963年第8期），《瑞应永乐——永乐宫三清殿〈朝元图〉》，杨晓阳主编，安徽美术出版社2012年8月

佚文存目

评论《评里尔克〈给一个青年诗人的十封信〉》

论文《王羲之与天师道》

书评《〈烛虚〉颂》

散文《河上的图》

论文《大学中的形象教学》

专著《中国古代书画理论》

（王涵　辑）

王逊研究资料辑目①

1. [德] A.Michaelis著，郭沫若译：《美术考古学发现史》，上海乐群书店1929年

2.《北京师范大学附属中学庚午班毕业纪念册》，1930年

3.朱自清：《高中毕业生国文程度的一斑》，《独立评论》1933年第65号

4.胡适：《建国问题引论》，《独立评论》第77号，1933年11月19日

5.王丕煦：《莱阳县志》，山东莱阳昌阳书局1935年；[台] 成文出版社1968年

6.《平津十校学生自治会为抗日救国争自由宣言》，1935年11月1日，《中国现代史料丛刊·一二九运动》，人民出版社1954年

7.《清华大学救国会告全国民众书》，《怒吼吧》第1期，1935年12月10日

8.玲君：《火星之诞生》，《火星》“创刊号”，1936年4月1日

9.冯友兰：《清华哲学系》，《清华周刊》“向导专号”，1936年6月27日

① 以最初写作或发表时间为序。

10.赵德尊：《清华文学会》，《清华周刊》“向导专号”，1936年6月27日

11.蔡一木：《著名歌诗绍介：青年诗人王逊的诗集——〈谢了的紫丁香〉》，《黄流》第三卷第1期，1936年10月

12.《清华大学教授会为张学良叛变事宣言》，《清华大学校刊》第799号，1936年12月16日

13.《教育部第二次全国美术展览会专刊》，全国美展筹备委员会印行，1937年

14.《北平文艺青年协会成立宣言》，上海《诗歌杂志》1937年5月第3期

15.毛泽东：《为争取千百万群众进入抗日民族统一战线而奋斗》，1937年5月8日，《毛泽东选集》第一卷

16.滕固主编：《中国艺术丛编》，商务印书馆1938年

17.［奥地利］里尔克著，冯至译：《给一个青年的十封信》，商务印书馆1938年

18.滕固：《中国艺术史学会缘起》，《民族诗坛》第三卷第3辑，1939年7月

19.闻一多：《致赵俪生》，1940年，闻一多：《闻一多书信选集》，人民文学出版社1986年

20.沈从文：《烛虚》，文化生活出版社1941年

21.查良铮：《抗战以来的西南联大》，《教育杂志》第三十一卷第1号，1941年1月

22.《资源委员会公报》第二卷第2期，1942年；《资源委员会档案·平桂矿务局任命案》，［台］国史馆典藏003—010102—0186

23.黄宾虹致顾飞夫妇书信，1943年

24.顾颉刚：《〈文史杂志〉编后记》，《文史杂志》第三卷第3、4期合刊“美术专号”，1944年2月

25.《国立云南大学一览》，云南大学，1947年

26.汪曾祺：《致沈从文》，1947年7月15日，转自李辉：《传奇黄永玉》，人民日报出版社2010年

27.《敦煌艺展目录》，国立敦煌艺术研究所1948年

28.林徽因（署名“林涓”）：《〈红楼梦与清初工艺美术〉读后记》，《益世报》“文学周刊”（天津）第114期，1948年10月11日

29.《本校成立文物馆建议书和筹委会工作报告》，“清华大学档案”，宗号1目录号4—2，卷号83，1—28，1949年

30.梁思成：《清华大学营建学系学制与学程草案》，《文汇报》1949年7月10日—12日

31.《清华学习》第1期，1949年10月17日

32.周珏良编：《周叔弢先生六十生日纪念文集》，香港龙门书店1950年

33.《我局组织“雁北文物勘察团”调查山阴故驿古城遗址及京绥线古文物建筑》，《文物参考资料》1950年第一卷第2期

34.徐悲鸿：《致高庄、宗江、王逊》，1950年2月13日，王震编：《徐悲鸿文集》，上海画报出版社2005年

35.《清华大学教职员工拥护各民主党派联合宣言》，《人民日报》1950年11月7日

36.《中国民主同盟北京市盟员联合发表抗美援朝保家卫国宣言》，《人民日报》1950年11月12日

37.金岳霖等：《从堕落到反动的美国文化》，平明出版社1951年

38.中央人民政府文化部文物局：《雁北文物勘察团报告》，1951年2月28日

39.《邀请专家座谈敦煌文物筹备工作》，《文物参考资料》1951年第二卷第2期

40.郑振铎：《〈雁北文物勘察团报告〉序》，《文物参考资料》1951年第二卷第3期

41.《雁北文物勘察团报告出版》，《文物参考资料》1951年第二卷第7期

42.清华大学营建系：《景泰蓝新图样设计工作一年总结》，《光明日报》1951年8月13日

43.易军：《清华大学教师批判资产阶级思想的经验》，《人民教育》1952年第8期

44.田自秉：《关于工艺美术教学的一些问题》，《文艺报》1952年第24期

45.《纪念我国伟大爱国诗人屈原北京历史博物馆举行楚文物展览》，《文物参考资料》1953年第5、6期

46.艾青：《谈中国画》，《文艺报》1953年8月15日第15期

47.郑振铎：《中国古代绘画概述》，《光明日报》1953年11月10日

48.启功：《在故宫绘画馆中学习》，《光明日报》1953年11月10日

49.王朝闻：《面向生活》，艺术出版社1954年

50.《中国现代史资料丛刊·一二九运动》，人民出版社1954年

51.江丰：《四年来美术工作的状况和全国美协今后的任务》，《美术》1954年第1期

52.莫朴：《谈中国绘画传统的问题》，《美术》1954年第7期

53.启功：《山水画"南北宗"问题的批判》，《美术》1954年第10期

54.鲁丁：《关于写生》，《美术》1954年第10期

55.蒋兆和：《新国画发展的一点意见》，《文艺报》1954年第24期

56.《全国基本建设工程中出土文物展览图录》，中国古典艺术出版社1955年

57.邱石冥：《关于国画创作接受遗产的意见》，《美术》1955年第1期

58.线天长、潘绍棠：《对〈关于国画创作接受遗产的意见〉的商榷》，《美术》1955年第2期

59.徐燕荪：《对讨论国画创作接受遗产的问题的我见》，《美术》1955年第2期

60.秦仲文：《国画创作问题的商讨》，《美术》1955年第3期

61.方既：《论对待民族绘画遗产的保守观点》，《美术》1955年第4期

62.中国美术家协会办公室编：《中国美术家协会第一届理事会第二次会议集刊》，1955年6月

63.蔡若虹：《关于“国画”创作的发展问题》，《美术》1955年第6期

64.张仃：《关于国画创作继承优良传统问题》，《美术》1955年第6期

65.周扬：《关于美术工作的一些意见》，《美术》1955年第7期

66.黄均：《从创作实践谈接受遗产问题》，《美术》1955年第8期

67.西北艺专美术系理论教研组：《关于国画创作接受遗产问题的讨论》，《美术》1955年第8期

68.南京师范学院美术系四年级全体同学：《对继承民族绘画优秀传统的意见》，《美术》1955年第9期

69.《对国画创作和接受遗产问题的意见》（来稿摘录），《美术》1955年第9期

70.《艺术科学研究工作美术部分十二年远景规划草案（初稿）》，哲学社会科学长远规划办公室印，1956年4月

71.于非闇：《从艾青同志“谈中国画”说起》，《文艺报》1956年6月第11期

72.杨仁恺：《对王逊先生有关民族绘画问题若干观点之我见》，《美术》1956年第6期，收入杨仁恺：《中国书画研究》，上海古籍出版社2006年

73.《发展国画艺术》，《人民日报》1956年6月30日

74.《当前国画工作中的重要问题》，《文艺报》1956年第13期

75.《关于国画界的情况问题的若干反应》，《统战工作简报》（45号），1956年7月

76.毛泽东：《同音乐工作者的谈话》，1956年8月24日，《毛泽东文艺论集》，中央文献出版社2002年

77.洪毅然：《论杨仁恺与王逊关于民族绘画问题的分歧意见》，《美术》1956年第8期

78.岳松、王忱：《关于杨仁恺一些论断的商榷》，《美术》1956年第8期

79.萌：《讨论印象主义问题——中央美术学院民盟支部举办“沙龙晚会”》，《美术》1956年第12期

80.《中国美术家与墨西哥画家西盖罗斯座谈》，《美术家通讯》1956年12月26日第3期

81.俞剑华：《中国画论类编》，中国古典艺术出版社1957年

82.《江丰反党资料汇编初辑》，中央美术学院整风办公室1957年

83.《邀请专人分工撰写我国对外介绍的美术概况资料》，《美术家通讯》1957年3月4日第6期

84.《毛主席在吕志先同志汇报浙江思想工作时的插话》，浙江省委档案1957年春，现存中国美院档案室

85.潘天寿：《谁说“中国画必然淘汰”》，《美术研究》1957年第4期

86.方增先：《斥右派分子的“中国画不科学论”》，《美术研究》1957年第4期

87.《北京中国画画家的意见》，《美术》1957年第6期

88.《北京美术家集会批评文化部及美协领导》，《美术》1957年第6期

89.易：《绘画界的大喜讯：北京中国画院成立》，《美术》1957年第6期

90.刘海粟：《谈中国画的特征》，《美术》1957年第6期

91.迟轲：《一个印象主义讨论会的纪要》，《美术》1957年第6期

92.王孔诚：《北京国画家举行座谈会认为中央美术学院领导上是排斥国画的》，《人民日报》1957年6月4日

93.吴幻荪：《发展国画的几点建议》，《人民日报》1957年6月29日

94.杨仁恺：《关于民族绘画问题讨论中几个主要观点的再认识——对洪毅然诸先生的若干论点的商榷》，《美术》1957年第7期

95.《藏在党内竟想煽起反党火焰美术界找着了“纵火头目”——江丰》，《人民日报》1957年7月29日

96.《江丰是美术界的纵火头目》，《美术》1957年第8期

97.《他们高呼“江丰万岁”他们辱骂党是“严嵩”美术界反党小集团面目狰狞》，《人民日报》1957年8月3日

98.《江丰破坏党对国画的政策到处纵火，几条线分头进攻自封为王，一贯抗拒领导》，《人民日报》1957年8月3日

99.《文艺界反右派斗争捷报频传——江丰反党集团败露，美术界绝大多数人在斗争中站到党的方面》，《人民日报》1957年8月15日

100.《为抗拒党的政策制造群众基础和理论根据——李宗津、王逊是江丰反党集团的“军师”》，《人民日报》1957年8月28日

101.《美术界找着了“纵火头目”——江丰》，《新华半月刊》1957年第17期

102.叶浅予：《揭开江丰反党集团的学术外衣》，《美术》1957

年第9期

103.华君武：《江丰反党的法宝之一——“宗派打击”》，《美术》1957年第9期

104.蒋兆和：《江丰对中国画虚无主义的观点》，《美术》1957年第9期

105.李可染：《江丰违反党对民族传统的政策》，《美术》1957年第9期

106.王朝闻：《批评江丰在文艺上的反党思想》，《人民日报》1957年9月11日

107.《李宗津、王逊是江丰集团的“军师”》，《新华半月刊》1957年第19期

108.王琦：《江丰集团如何利用〈美术研究〉进行反党》，《美术》1957年第10期

109.蔡若虹：《论“左”右同源的江丰反党文艺思想》，《美术》1957年第10期

110.关山月：《批判江丰在中国画教学工作中的反党言行》，《美术》1957年第10期

111.夏衍：《我们与江丰的分歧在哪里？》，《美术》1957年第10期

112.蔡若虹：《论“左”右同源的江丰反党文艺思想（续）》，《美术》1957年第11期

113.蔡若虹：《从党的原则来审查江丰的言行》，《文艺报》1957年第22期

114.《北京美术界揭露江丰反党言行》，《新华社新闻稿》1957年第2604期

115.《北京美术界继续揭露江丰反党言行》，《新华社新闻稿》1957年第2609期

116.《江丰反党集团的面目开始暴露》，《新华社新闻稿》1957年第2621期

117.《北京地区文艺界整风文献资料索引》，首都图书馆1958年

118.史怡公：《王逊反动的美术理论必须清算》，《美术》1958年第1期

119.夏衍：《我们与江丰的分歧在哪里？》，《美术研究》1958年第1期

120.许幸之：《批判江丰在美术史研究上的反马克思主义观点》，《美术研究》1958年第1期

121.欧阳予倩：《争取艺术科学研究的大跃进——在文化部召开的艺术科学研究座谈会上的报告》，《音乐研究》1958年第2期

122.石鲁：《中国画到底科不科学》，《美术研究》1958年第4期

123.石鲁：《为什么要继承与发展民族优秀传统——批判江丰反党反社会主义的文艺路线》，《美术研究》1958年第4期

124.沈从文：《致程应镠》，1958年，收入《沈从文文集》第二十一卷，北岳文艺出版社2009年

125.原魁英、孙美兰、佟景韩：《回顾美术战线上的思想斗争》，《美术研究》1959年第2期

126.文物出版社编：《抗议美帝掠夺我国文物》，文物出版社1960年

127.宿白：《敦煌七讲》，1962年10月于敦煌文物研究所，“敦煌学术讲座丛刊”第一集（打印稿）

128.金维诺：《“步辇图”与“凌烟阁功臣图”》，《文物》1962年第10期

129.黄永玉：《致黄裳》，1963年8月9日

130.黄永玉：《致黄裳》，1963年9月24日

131.《中国文物图说——国立故宫中央博物院手册》，［台］故

宫博物院，民国五十四年（1965年）

132.穆旦：《致杨苡》，1973年10月15日，《穆旦诗文集》，人民文学出版社2007年

133.辛笛：《忆王逊》，1976年，转自王圣珊、王圣思：《何止为诗痴·辛笛》，东方出版社2010年

134.金儒杰编：《中国传统民间年画研究（文物考古专刊第十九种·民间工艺第三号）》，香港神州图书公司1976年

135.《学习鲁迅的美术思想》，人民美术出版社1979年

136.《文物》编辑委员会：《文物考古工作三十年（1949—1979）》，文物出版社1979年

137.沈鹏、陈履生编：《美术论集·中国画讨论专辑》，人民美术出版社1980年

138.《闻一多纪念文集》，三联书店1980年

139.《王逊追悼会在京举行》，《美术》1980年第1期

140.《美术史学会成立》，《美术研究》1980年第1期

141.侯军：《中国画与世纪现代潮——兼论对中国传统文化的再发现》，《陕西师范大学学报》1980年第20期

142.俞剑华：《中国美术家人名辞典》，上海人民美术出版社1981年

143.金维诺：《中国美术史论集》，人民美术出版社1981年

144.江丰：《王逊〈中国美术史〉序》，《江丰美术论集》，人民美术出版社1983年；王逊：《中国美术史》，上海人民美术出版社1985年；

145.如雷：《回顾在清华大学历史系学习生活片段》，《学林漫录》（第七集），中华书局1983年

146.徐书城：《也谈抽象美》，《美术》1983年第1期

147.赵俪生：《记清华园“左联”小组和“清华文学会”》，

《新文学史料》1983年第3期

148.李御：《北平文艺青年救国会的建立及其前后》，《新文学史料》1983年第3期

149.冯友兰：《三松堂自序》，三联书店1984年

150.李松：《美术史论家王逊和他对中国古代画论的一些见解》，《美术史论》1984年第2、3期

151.徐书城：《再谈抽象美和中国画》，《美术》1984年第5期

152.姚求实：《一个不好的倾向》，《美术》1984年第8期

153.薄松年、陈少丰：《中国美术史》后记，王逊：《中国美术史》，上海人民美术出版社1985年

154.中国美术家协会主编：《中国现代美术家名鉴》（第一集），［日］天明堂株式会社1985年

155.清华大学校史编研组编：《战斗在一二·九运动的前列》，清华大学出版社1985年

156.赵荣声、周游编：《一二·九在未名湖畔》，北京出版社1985年

157.薛永年：《在第一个美术史系学习》，《美术研究》1985年第1期

158.杜运燮：《忆冬青文艺社》，《云南师范大学学报》1985年第1期

159.张寄谦：《国立西南联合大学校史资料》，北京大学出版社1986年

160.西南联大北京校友会编：《国立西南联合大学教职员名录》，北京大学出版社、云南人民出版社1986年

161.冯至：《昆明往事》，《新文学史料》1986年第1期

162.［美］钟开莱：《〈沈从文笔下的中国〉中译本代序》，《上海师范大学学报》（哲学社会科学版）1986年第2期

163.蔡若虹：《蔡若虹美术文集》，四川美术出版社1987年

164.胡经之主编：《中国现代美学丛编（1919～1949）》，北京大学出版社1987年

165.周辅成主编：《西方伦理学名著选辑》，商务印书馆1987年

166.徐书城：《论中国画中的程式化因素》，《河北大学学报（哲学社会科学版）》1987年第3期

167.夏雨：《忆西南联大》，《云南文史资料选辑》第三十四辑，云南人民出版社1988年

168.庞薰琹：《就是这样走过来的——庞薰琹的艺术之路》，三联书店1988年

169.徐迺翔、钦鸿编：《王逊》，《中国现代文学作者笔名录》，湖南文艺出版社1988年

170.《清华大学十级毕业50周年纪念特刊》，［台］台北1988年

171.中央美术学院美术史系：《美术史论研究与人材培养》，《美术研究》1988年第3期

172.薛永年：《奠立发展开拓——美术史系三十年》，《美术研究》1988年第3期

173.薄松年：《中国美术史的教学与研究》，《美术研究》1988年第3期

174.李德伦：《地下读书会》，《北京党史》1988年第4期

175.徐书城：《中国画之美》，中国社会科学出版社1989年

176.徐迺翔：《王逊》，《中国现代文学词典》，广西人民出版社1989年

177.南开大学校史编写组：《南开大学校史（1919～1949）》，南开大学出版社1989年

178.《师大附中1933级同学录》，北京1989年

179.于良华：《第一个中国哲学会》，《哲学研究》1989年第3期

180.水天中：《中国现代绘画评论》，山西人民出版社1990年

181.《蒋南翔纪念文集》，清华大学出版社1990年

182.薄松年：《王逊传》，《中国大百科全书·美术卷》，中国大百科全书出版社1990年

183.郎绍君：《邓以蛰传》，《中国大百科全书·美术卷》，中国大百科全书出版社1990年

184.于洋：《回读新中国六十年中国画主题递变》，《“当代中国画之我见”讨论集》，江苏美术出版社1990年

185.迟轲：《人和艺术——学习文艺理论和美术史的片断回忆》，《广州美术研究》1990年4月总第4期

186.王伯敏：《艺术创造与慧悟价值——中国美术史研究答问》，《新美术》1990年第4期

187.清华大学校史研究室编：《清华大学史料选编》第一卷、第二卷，清华大学出版社1991年

188.谢泳：《大学旧踪》，江西教育出版社1991年

189.罗心：《疏而不漏俭而无阙——喜读〈中国美术简史〉》，《美术》1991年第10期

190.林家平、宁强：《中国敦煌学史》，北京语言学院出版社1992年

191.叶浅予：《细叙沧桑记流年》，群言出版社1992年

192.沈从文：《沈从文全集》，花城出版社、三联书店香港分店1992年

193.王涵：《王逊美学思想初探》，《北京师范学院学报》1992年第4期

194.陈伟：《中国现代美学思想史纲》，上海人民出版社1993年

195.林杉：《一代才女林徽因》，作家出版社1993年

196.周琇环：《中英庚款史料汇编》，［台］国史馆1993年

197.中国美术馆编：《中国美术年鉴（1949—1989）》，广西美术出版社1993年

198.刘纲纪编：《邓以蛰美术文集》，人民美术出版社1993年

199.刘波主编：《王逊传》，《中国当代文化艺术名人大辞典》，国际文化出版公司1993年

200.李公明、李伟铭：《陈少丰的治学和为人》，《美术》1993年第8期

201.李津勋：《高庄与陶瓷设计》，《美术》1993年第10期

202.清华大学校史研究室编：《清华大学史料选编》第三卷、第四卷，清华大学出版社1994年

203.［奥地利］里尔克著，冯至译：《给一个青年诗人的十封信》，三联书店1994年

204.姚可昆：《我与冯至》，广西教育出版社1994年

205.常书鸿：《九十年春秋——敦煌五十年》，浙江大学出版社1994年

206.蒙自师范高等专科学校编：《西南联大在蒙自》，云南民族出版社1994年

207.陈少丰、薄松年：《辛勤耕耘风雨不辍——怀念著名美术史论家王逊先生》，《美术》1994年第12期

208.薄松年：《中国艺术史》，[台]联经事业出版有限公司1995年

209.金铁宽主编：《中华人民共和国教育大事记》，山东教育出版社1995年

210.郑珉中：《论鉴定古琴的两种方法——我是怎么认识唐琴的》，《故宫博物院院刊》1995年第1期

211.马鸿增：《俞剑华的历史地位》，《艺苑》美术版1995年第4期

212.张清常：《忆清华中文系考试事例》，《清华大学学报（哲

学社会科学版）》1995年第4期

213.西南联合大学北京校友会编：《国立西南联合大学校史——1937至1946年的北大、清华、南开》，北京大学出版社1996年

214.《清华大学建筑学院成立五十周年纪念文集》，中国建筑工业出版社1996年

215.林洙：《建筑师梁思成》，天津科学技术出版社1996年

216.沈从文、张兆和：《从文家书》，上海远东出版社1996年

217.陶宗震：《纪念梁思成、林徽因先生——及清华建筑系创办五十周年》，《南方建筑》1996年第3期

218.鲲西：《三月书窗》，上海远东出版社1997年

219.傅振伦：《蒲梢沧桑——九十忆往》，华东师范大学出版社1997年

220.《清华（1937—1997）九级校友毕业六十周年纪念专刊》，1997年

221.中央美术学院美术史系编：《筚路蓝缕四十年》，人民美术出版社1997年

222.尚辉：《民国时期第二次全国美展之盛况》，《民国春秋》1997年第1期

223.陈亚平：《叶恭绰院长与北京中国画院》，1997年2月

224.涂小琼：《寻找精神的家园——试析中国山水画的成因》，《荆州师专学报》1997年第4期

225.郁振华：《逻辑分析法及其限度——清华学派的哲学方法论》，《学术月刊》1997年第11期

226.金维诺：《筚路蓝缕四十年——中央美术学院美术史系建系40周年》，《美术》1997年第11期

227.王琦：《艺海风云——王琦回忆录》，人民美术出版社1998年

228.邓以蛰：《邓以蛰全集》，安徽教育出版社1998年

229.钱穆：《八十忆双亲/师友杂忆》，三联书店1998年

230.赵德尊：《赵德尊回忆录》，中央文献出版社1998年

231.韦君宜：《思痛录》，十月文艺出版社1998年

232.《国立西南联合大学史料》，云南教育出版社1998年

233.顾森、李树生主编：《百年中国美术经典》，海天出版社1998年

234.李伯谦：《〈北京大学百年国学文粹·考古卷〉前言》，北京大学中国传统文化研究中心编：《北京大学百年国学文粹·考古卷》，北京大学出版社1998年

235.方长江：《阮璞中国美术史论思想初探》，《湖北美术学院学报》1998年第1期

236.周锡山：《论石涛画论的美学思想》，《东方丛刊》1998年第1辑

237.张新颖：《论沈从文：从一九四九年起》，《上海文学》1998年第2期

238.《大师荟萃，名家辈出——记1941至1945年8月的西南联大》，《中华读书报》1998年4月22日

239.吴学昭整理：《吴宓日记》，三联书店1998—1999年

240.国家文物局：《中华人民共和国文物博物馆事业纪事》，文物出版社1999年

241.潘耀昌：《20世纪中国美术教育》，上海书画出版社1999年

242.赵俪生：《篱槿堂自叙》，上海古籍出版社1999年

243.郎绍君、水天中主编：《二十世纪中国美术文选》，上海书画出版社1999年

244.齐家莹主编、徐葆耕著：《清华人文学科年谱》，清华大学出版社1999年

245.薛永年：《美术史研究与中国画发展》，《新美术》1999年第1期

246.薛富兴：《自治与他治：中国现代美学的现实道路》，《文艺研究》1999年第2期

247.王楫、张源潜、王景山：《西南联大文学社忆旧》，《新文学史料》1999年第4期

248.薛永年：《二十世纪中国美术史研究的回顾与展望》，1999年11月主讲于香港中文大学，《文艺研究》2001年第2期

249.陈履生：《新中国美术图史1949—1966》，中国青年出版社2000年

250.薛永年：《蓦然回首——薛永年美术论评》，广西美术出版社2000年

251.栗宪庭：《重要的不是艺术》，江苏美术出版社2000年

252.程应镠：《世纪学人自述——程应镠自述》，北京十月文艺出版社2000年

253.姚丹：《西南联大历史情境中的文学活动》，广西师范大学出版社2000年

254.昆明市政协文史委编：《抗战时期文化名人在昆明》，云南美术出版社2000年

255.黄延复：《二三十年代清华校园文化》，广西师范大学出版社2000年

256.季羡林主编：《没有情节的故事——1957年反右运动专集》，北京十月文艺出版社2000年

257.王伯敏：《百年来敦煌美术载入中国美术史册的回顾》，《敦煌研究》2000年第2期

258.郑阿财：《二十世纪敦煌学的回顾与展望——中国大陆篇》，［台］《汉学研究通讯》第十九卷第2期，2000年5月（民国

八十九年五月）

259.郎绍君：《笔墨问题答客问——兼评“笔墨等于零”诸论》，《美术观察》2000年第7、8期

260.方惠坚、张思敬：《清华大学志》，清华大学出版社2001年

261.马全洲、周凯军：《国旗·国徽·国歌的故事》，解放军出版社2001年

262.水天中：《中国画论争五十年（1900—1950）》，《历史、艺术与人》，广西美术出版社2001年

263.郑岩、李清泉：《金维诺教授访谈录》，《艺术史研究》第三辑，中山大学出版社2001年

264.丹妤编：《清华九十年美文》，清华大学出版社2001年

265.张玲霞编：《清华文学寻踪》，清华大学出版社2001年

266.北京师大附中编：《在附中的日子》，2001年

267.清华大学校史研究室编：《清华大学九十年》，清华大学出版社2001年

268.李松：《徜徉今古》，《美术观察》2001年第1期

269.阎国忠：《人与自然的统一——关于美学基本问题》，《浙江师大学报》2001年第3期

270.杨伯达：《关于玉学的理论框架及其观点的探讨》，《中原文物》2001年第4期

271.林通雁：《薪火相传著史篇——薄松年〈中国美术史教程〉述评》，《美术》2001年第4期

272.葛维墨：《往事拾遗》（一——七），《美术研究》2001年第4期——2003年第4期

273.黄小峰：《后浪·前浪——中央美院美术史系三代美术史家综述》，《美术研究》2001年6月

274.林木：《在科学主义笼罩下的百年中国画》，《美术》2001

年第11期

275.邹跃进：《新中国美术史（1949—2000）》，湖南美术出版社2002年

276.邵洛羊：《中国美术大辞典》，上海辞书出版社2002年

277.李赋宁：《〈三言两语诗文集〉序》，李鲸石：《三言两语诗文集》，2002年

278.张晓凌：《学术人生艺术人生——王朝闻先生访谈》，《美术观察》2002年第1期

279.薛晔：《身即山川而取之——郭熙自然审美观照思想抉微》，《新美术》2002年第1期

280.故宫博物院党委办公室：《新中国故宫文博事业的开拓者——纪念吴仲超同志诞辰100周年》，《故宫博物院院刊》2002年第3期

281.吕文浩：《日军空袭威胁下的西南联大日常生活》，《抗日战争研究》2002年第4期

282.张白露：《试论中国画的“程式化”美学特征》，《安阳师范学院》2002年第6期

283.叶坚、石丹主编：《石鲁艺术文集》，山西人民美术出版社2003年

284.戴美政：《抗战中的昆明广播电台和西南联大》，2003年“纪念西南联大在昆建校65周年学术研讨会”交流资料

285.江建新：《中国早期釉上彩之研究》，《南方文物》2003年第4期

286.钟志金：《当代中国少数民族美术综论》，《西北民族大学学报》2003年第6期

287.刘庭风：《中日园林人物及著作比较》，《中国园林》2003年第9期

288.王辛：《坚守“自珍”真名士——王世襄先生访谈录》，《中国评论》2003年12月号

289.清华大学建筑学院编：《建筑师林徽因》，清华大学出版社2004年

290.林洙：《梁思成、林徽因与我》，清华大学出版社2004年

291.常沙娜：《中国敦煌历代装饰图案》，清华大学出版社2004年

292.刘北汜：《故宫沧桑》，紫禁城出版社2004年

293.刘福春：《新诗纪事》，学苑出版社2004年

294.张郎郎：《大雅宝旧事》，文汇出版社2004年

295.《百年中国绘画史学史著述年表》，浙江大学中国艺术研究所2004年

296.《宋韧生平年表》，《岁月履痕——肖峰·宋韧作品集》，中国美术学院出版社2004年

297.郑工：《人间正道是沧桑——访美术研究所四位学术老人陈志农、王树村、华夏、毕克官》，《美术观察》2004年第1期

298.李清泉：《粉本——从宣化辽墓壁画看古代画工的工作模式》，《南京艺术学院学报》（美术与设计版）2004年第1期

299.吉爱明：《著作等身笃艺求精——美术史论家俞剑华先生传略》，《南京艺术学院学报》（美术与设计版）2004年第2期

300.李其琼：《回眸敦煌美术工作》，《敦煌研究》2004年第3期

301.刘星：《学院精神与地域作风的摩荡——读刘永杰、乔宜男、李阳的画》，《国画家》2004年第3期

302.李学勤：《回归清华》，“清华校友网”2004年4月

303.萨莫秀克、谢继胜：《西夏王国的星宿崇拜——圣彼得堡艾尔米塔什博物馆黑水城藏品分析》，《敦煌研究》2004年第4期

304.钱耕森：《张岱年先生五进清华园的情愫——为纪念张岱年

先生95周年诞辰而写》，《人民日报》（海外版）2004年5月17日

305.吴良镛：《林徽因的最后十年追忆》，《建筑创作》2004年第5期

306.何炳棣：《被忽视的“雷海宗的年代”——忆雷海宗师》，《历史教学》2004年第5期

307.郭慕岳：《1952年在清华》，《粤海风》2004年第6期

308.程怡：《父亲、叔叔和那个时代的人》，《书城》2004年第8期

309.丁明超：《梁任生：做设计即做人》，《中华室内设计》2004年9月

310.袁宝林、陈继春：《拥抱中国的艺术和文化——纪念费慰梅》，《美术观察》2004年第10期

311.马鸿增：《观古察今的美术旅程》，《美术观察》2004年第12期

312.何炳棣：《读史阅世六十年》，广西师范大学出版社2005年

313.杨仁恺：《中国书画研究》，上海古籍出版社2005年

314.钱穆：《八十忆双亲·师友杂忆》，三联书店2005年

315.涂光群：《五十年文坛亲历记》，辽宁教育出版社2005年

316.姚钟华：《艺术·生活·往事》，云南美术出版社2005年

317.清华大学校史研究室编：《清华大学史料选编》第五卷，清华大学出版社2005年

318.中国文物研究所编：《中国文物研究所七十年（1935—2005）》，文物出版社2005年

319.潘可佳、张元智：《与清华结缘五十载——访历史系教授李学勤》，《新清华》2005年

320.霍然：《论北朝西部审美观与初唐审美兴趣的复归》，《西域研究》2005年第1期

321. [新加坡] 张松建：《里尔克在中国：传播与影响初探，1917—1949》，香港《现代中文文学学报》2005年1月第六卷第1期

322. 傅祎男、刘瑗：《国徽创作的岁月——记著名建筑学家、清华大学营建系国徽设计小组成员汪国瑜教授》，《三月风》2005年第2期

323. 张曼华：《花鸟画独立成科断代问题的几点疑问——与刘星先生商榷》，《西北美术》2005年第3期

324. 孙秀丽：《考古的“黄埔四期”——记1950年代考古工作人员训练班》，《中国文化遗产》2005年第3期

325. 王伯敏：《近代画史分期的一个焦点——评海派绘画》，《中国花鸟画》2005年第4期

326. 王克芬：《欧阳予倩与中国当代舞蹈——忆恩师欧阳予倩的谆谆教诲》，《北京舞蹈学院学报》2005年第4期

327. 鲍昌宝：《编年体史料性的新诗史著作——读刘福春的〈新诗纪事〉》，《首都师范大学学报》2005年第4期

328. 王中旭：《批判地继承民族遗产——国画传统在新中国政权下的阐释及国画的转换》，毛泽东时代美术研讨会及文献展学术研讨会，2005年5月

329. 刘超：《“清华学派”及其终结——谱系、脉络再梳理》，《二十一世纪》2005年7月

330. 姚玳玫、王璜生：《面对“月份牌”的新年画》，《读书》2005年第8期

331. 林木：《历史认知与历史真实的严重错位——20世纪进化论史观在中国美术史研究中的干扰与失误》，《美术观察》2005年第12期

332. 吕澎：《20世纪中国艺术史》，北京大学出版社2006年

333. 杨仁恺：《中国书画研究》，上海古籍出版社2006年

334.董占军：《艺术文献学论纲》，清华大学出版社2006年

335.何兆武口述，文靖执笔：《上学记》，三联书店2006年

336.西南联合大学北京校友会编：《国立西南联合大学校史》（修订版），北京大学出版社2006年

337.葛玉君：《建国十七年中国画论争探析》，中央美术学院2006年

338.吴良镛：《〈王逊学术文集〉序》，王逊著、王涵编：《王逊学术文集》，海南出版社2006年

339.常沙娜：《〈王逊学术文集〉序》，王逊著、王涵编：《王逊学术文集》，海南出版社2006年；高瞻、崔岩编：《常沙娜文集》，山东美术出版社2011年

340.王涵：《王逊学术年谱》，王逊著、王涵编：《王逊学术文集》，海南出版社2006年

341.张亦农、景昆俊、齐海平、刘丰仓、赵伟兵、杨占虎、肖军：《永乐宫创建迁建功臣：王逊》，《永乐宫志·卷十四人物》，山西人民出版社2006年

342.姚雅欣：《为新中国创造新建筑——创建时期的清华大学建筑系》，《新清华》2006年

343.阮旭东：《〈往事如烟〉感悟》，中国艺术研究院、艺术评论杂志社编选：《文艺年志》2006年第1期

344.曲立氏：《景德镇“建国瓷”轶事》，《陶瓷研究》2006年第1期

345.李小汾：《略论王伯敏之美术史学建构》，《浙江艺术职业学院学报》2006年第2期

346.吴彦勤：《〈日机袭滇后之昆华师范学校〉照片笺注》，《昆明师范高等专科学校学报》2006年第3期

347.郑文：《近现代中国美术史研究评述》，《齐齐哈尔师范高

等专科学校学报》2006年第3期

348.胡维佳：《“十二年科技规划”的制定、作用及其启示》，《中国科学院院刊》2006年第3期

349.范文南：《论“比德”到“畅神”的审美嬗变与唐代典型画风的演化》，《南京艺术学院学报》2006年第3期

350.《〈王逊学术文集〉简介》，《美术研究》2006年第4期

351.蔡青：《“民族形象社会主义中国画”的构建——“十七年中国画的发展和演进”》，《贵州大学学报》2006年第4期

352.姚雅欣、田芊：《清华大学艺术史研究探源——从筹设艺术系到组建文物馆》，《哈尔滨工业大学学报（社科版）》2006年第4期

353.李国文：《大俗大雅王世襄》，《今日中国》2006年第5期

354.耿纪朋：《永乐宫三清殿〈朝元图〉人物冠弁浅考》，《中国道教》2006年第6期

355.散木：《何炳棣先生追忆“一二·九”运动中之旧人旧事》，《社会科学论坛（学术评论卷）》2006年第6期

356.何中华：《“治学”和“处世”》，《中国教育报》2006年7月18日

357.王涵：《此情可待成追忆——写在〈王逊学术文集〉出版之际》，《中国教育报》2006年7月20日

358.孙世昌：《治学思路自述》，《美术观察》2006年第9期

359.邵大箴、李松：《20世纪北京绘画史》，人民美术出版社2007年

360.窦忠如：《梁思成传》，百花文艺出版社2007年

361.王琦：《王琦美术文集》，中国文联出版社2007年

362.赵禄祥主编：《中国美术家大辞典》（上、下卷），北京出版社2007年

363.杭间主编：《清华艺术讲堂》，中央编译出版社2007年

364.张清平：《林徽因传》，百花文艺出版社2007年

365.徐彬：《1956年一级教授评定之研究》，南京师范大学2007年

366.陈池瑜：《〈清华艺术学丛书〉总序》，《清华艺术学丛书》，清华大学出版社2007年

367.林涛：《王逊：美术史教育的奠基人》，《中国邮政报》2007年2月3日

368.邵亮：《第一届全国高等艺术院校美术史学教育年会综述》，《天津美术学院学报》2007年第2期

369.史轩：《满园春色话故居》，《新清华》2007年3月16日第1676期

370.张鹏：《中国古代寺观庙堂绘塑与建筑的真实图景管窥》，《荣宝斋》2007年第4期

371.时凤玲：《不下堂筵，坐穷泉壑——郭熙山水画审美功能论刍议》，《开封大学学报》2007年6月第二十一卷第2期

372.张维：《熊庆来：中国近代数学的创始者》，《传记文学》2007年第6期

373.张尚元、许仲钧、陈为汉：《笳吹弦诵情弥切》，《文史》2007年第6期

374.吴文佳：《当代中国传统民间年画研究述评》，《山东艺术学院学报》2007年第6期

375.杭间：《大学、艺术和艺术史》，《读书》2007年第6期；《清华艺术学堂·序》，中央编译出版社2007年

376.陈剑：《飞天的美学意蕴》，《中国书画》2007年第9期

377.任继愈：《我心中的西南联大》，《光明日报》2007年11月3日

378.李永强：《米芾在〈宣和画谱〉中的缺位考》，《当代中国

画》2007年第11期

379.葛玉君：《20世纪50年代初期中国画论争解析》，《美术》2007年第12期

380.郑天挺：《我在联大的八年》，《中华读书报》2007年12月5日

381.薄松年：《中国年画艺术史》，湖南美术出版社2008年

382.薛永年：《名家鉴画探要》，中国青年出版社2008年

383.蒋梦麟：《西潮》，天津教育出版社2008年

384.杨弘、郑岩：《中国美术考古学概论》，中国社会科学出版社2008年

385.《中国美术史学研究》（《朵云》第六十七集），上海书画出版社2008年

386.西南联大北京校友会编：《我心中的西南联大：西南联大建校70周年纪念文集》，清华大学出版社2008年

387.沈宁编：《冰庐锦笺：常任侠珍藏友朋书信选》，北京图书馆出版社2008年

388.李凇编：《道教美术新论：第一届道教美术史国际研讨会论文集》，山东美术出版社2008年

389.尹继东、周本贞主编：《西南联大与现代中国研究》，人民出版社2008年

390.蒋英：《困境与出路：中国美术史课程研究》，南京艺术学院2008年

391.张春宇：《建国十七年（1949年—1966年）国画革新论争独特性研究》，南京艺术学院2008年

392.辛立娥：《世变与创化——从郭若虚〈图画见闻志〉看宋代画学的时代特色》，南京艺术学院2008年

393.何卫平：《理论的缺憾——作为学术链的近三十年美术理论评议》，《中国当代美术二十讲》，东南大学出版社2008年

394.祝帅：《迟到的译后记——〈流派·艺术卷〉译后记》，［德］斯蒂芬·利特尔著，祝帅译：《流派·艺术》，三联书店2008年

395.鲲西：《清华故知》，陈朝华主编：《最后的文化贵族（第二辑）》，南方日报出版社2008年

396.舒文：《建国初期清华大学政治课研究》，《长春工业大学学报》2008年1月第二十卷第1期

397.李化吉：《壁画的复苏归功于敦煌》，《中国美术馆》2008年第1期

398.吴羽：《传北宋武宗元〈朝元仙仗图〉主神组合考释——兼论其与唐宋道观殿堂壁画的关联》，《故宫博物院院刊》2008年第1期

399.赵伟：《吴道子与北岳庙壁画》，《南京艺术学院学报》2008年第1期

400.薛永年：《反思中国美术史的研究与写作》，《美术研究》2008年第2期

401.赵伟：《永乐宫三清殿壁画主要神祇位业研究》，《美术研究》2008年第3期

402.杭春晓：《认知眼光与20世纪中国画“传统派”之命运》，《美术研究》2008年第3期

403.张鹏：《美术史研究中的寺观庙堂绘塑与建筑》，《美术观察》2008年第3期

404.孙少博：《第二届全国高等艺术院校美术史学教育年会综述》，《天津美术学院学报》2008年第3期

405.杨雅琲：《二十八星宿在中国绘画中的形象转变——以元代永乐宫壁画与明代宝宁寺水陆画为例》，[台]《议艺份子》2008年3月第10期

406.孔令伟：《“新史学”与近代中国美术史研究的兴起》，《新美术》2008年第4期

407.崔广晓：《民国时期第一、二次全国美术展览会不同结果之缘由考》，《文艺百家》2008年第4期

408.姜鹏：《中央美术学院人文学院——半世纪里发现美创造美》，《中国文化报》2008年4月15日

409.李松：《画家·学人郭味蕖——读〈郭味蕖艺术文集〉》，《美术》2008年第5期

410.黄永玉：《屈辱中的潇洒——缅怀作人先生》，《新民晚报》2008年5月31日

411.侯小春：《博古通今笔酣墨饱——王崇人先生的艺术人生》，《美术观察》2008年第11期

412.王泽庆：《我记忆中的张伯驹先生》，《收藏·拍卖》2008年第11期

413.赵建中：《谈北宋郭熙“四法”释析之正误》，《美术大观》2008年第12期

414.薛扬、黄治成：《开放与传播——改革开放30年中国美术批评论坛学术研讨活动综述》，《画刊》2008年第12期

415.殷双喜：《〈美术研究〉和〈世界美术〉在历史中》，《画刊》2008年第12期

416.《向祖国汇报——新中国美术60年》，人民美术出版社2009年

417.吕澎：《20世纪中国艺术史》（增订本），北京大学出版社2009年

418.俞剑华：《俞剑华美术史论集》，东南大学出版社2009年

419.张兆和编：《沈从文全集》（二十七卷），北岳文艺出版社2009年

420.南开大学新闻中心编：《永续的学脉——南开大学学科发展

历程》，南开大学出版社2009年

421.吴燕武：《二十八宿图像考源与衍变——从大阪本〈五星及廿八宿神形图〉到永乐宫壁画》，北京大学2009年

422.马颖：《论秦征的艺术及其艺术观》，天津美术学院2009年

423.杨修红：《高等师范院校美术教育专业美术史课程教学研究》，南京艺术学院2009年

424.李松：《美术史论家王逊》，《王逊美术史论集》，河北教育出版社2009年；《中国现代美术理论批评文丛——李松卷》，人民美术出版社2011年

425.温玉清：《雁北文物勘察团溯往》，《建筑中国60年》，天津大学出版社2009年

426.杨冬、林木：《建国60年中国美术史论教育的格局与脉络》，中国美术家协会理论委员会、中国美术馆编：《成就与开拓——新中国美术60年学术研讨会文集》，文化艺术出版社2009年

427.黄戈：《俞剑华与傅抱石画学研究之比较》，刘伟东主编：《俞剑华先生学术研讨论文集》，东南大学出版社2009年

428.李光明：《试析巩县石窟北魏造像风格和变化》，《中原文物》2009年第1期

429.高竣、朱勉：《林徽因在国徽和人民英雄纪念碑设计中对民族形式的探索与追求》，《当代中国史研究》2009年第1期

430.王先岳：《新中国初期国画改造运动及国画论争》，《新疆艺术学院学报》2009年第1期

431.李永强：《理论与实践的严重错位——浅析钱选的绘画艺术风格与“士气”“隶家”画论之悖》，《南京艺术学院学报》2009年第1期

432.《名城专家——朱自煊》，“中国名城”2009年2月

433.温玉清：《雁北文物勘查团溯往》，《建筑创作》2009年

第2期

434.马鸿增：《俞剑华和俞剑华学派》，《南京艺术学院学报》2009年第2期

435.李朝霞：《新中国美术话语的“生产”和“传播”——以〈美术〉杂志（1950—1966年）的编辑及策划选题为中心》，《美术馆》2009年第2期

436.陈履生：《20世纪水墨画的时代流向（1950—1970）》，《中国美术馆》2009年第3期

437.张玉能：《中国的艺术学发展》，《云南艺术学院学报》2009年第3期

438.姜伯勤：《宿白先生论敦煌遗书研究开始于中国——读〈敦煌七讲〉》，《中国史研究》2009年第3期

439.王恒：《对云冈石窟深入调查研究的思考》，《大同日报》2009年4月5日

440.黄小峰：《人民的图画——〈清明上河图〉的重新发现与“宋代风俗画”概念的产生》，《艺术设计研究》2009年第4期

441.姜彦文：《我的研究才刚刚开始——对话王树村先生》，《天津美术学院学报》2009年第4期

442.蔡青：《国画发展踯躅前行——50年代国画创作接受遗产问题的论辩》，《云南艺术学院学报》2009年第4期

443.张泰中：《为申遗证明——濒危文化“竹雕浅刻”记事》，《苏州工艺美术职业技术学院学报》2009年第4期

444.崔广晓：《民国时期第一、第二次全国美术展览会规模与形制及其相关问题的探讨》，《美术学报》2009年第4期

445.纪学艳：《追记王逊先生》，《美术观察》2009年第5期

446.万新华：《俞剑华的中国画学文献研究》，《美术观察》2009年第5期

447.朱京生：《大家看看——李苦禅〈鹭鸶荷花〉的创作及相关个人与画史背景》，《中国书画》2009年第6期

448.李树声：《新的人民文艺：60年不变的宗旨——建国60年美术发展的回顾》，“雅昌艺术网”2009年9月

449.祝勇：《谁设计了国徽》，《检察日报》2009年9月18日

450.田芊、刘惠莉：《“红色客厅”的红色记忆》，《解放军报》2009年10月23日

451.金富军：《1937年卢沟桥事变前后的清华大学》，《文史春秋》2009年第11期

452.王圣思：《巴金先生给父亲辛笛的信——兼记父亲与沈从文先生的交往》，《文汇读书周报》2009年11月13日

453.杨伯达：《读〈玉在中国文化上的价值〉有感》，《艺术》2009年第12期“纪念王逊先生逝世四十周年专辑”

454.薄松年：《王逊先生二三事》，《艺术》2009年第12期“纪念王逊先生逝世四十周年专辑”

455.余辉：《怀念一位新中国美术史界的拓荒者》，《艺术》2009年第12期“纪念王逊先生逝世四十周年专辑”

456.王涵：《王逊学术年表》，《艺术》2009年第12期“纪念王逊先生逝世四十周年专辑”

457.赵晋华：《新中国美术60年：为历史留影》，《中华读书报》2009年12月21日

458.范曾：《范曾自述》，文化艺术出版社2010年

459.《赵俪生高昭一夫妇回忆录》，山西人民出版社2010年

460.李松：《宋公行止考补》，郑工编：《宋步云诞辰100周年纪念文集》，文化艺术出版社2010年

461.范美俊：《民国时期的“全国美展”及其启示》，中国美术家协会主编：《第十一届全国美展·当代美术创作论坛论文集》，大

众文艺出版社2010年

462.郑岩：《论“美术考古学”一词的由来》，《美术研究》2010年第1期

463.《骋骛书林翱翔艺苑——王伯敏先生访谈录》，《美术教育研究》2010年第1期

464.李崇峰：《王逊〈中国美术史〉》，《北京大学“佛教考古导论”课程提纲》，2010年2月

465.李兆忠：《玉璧与天安门——关于国徽设计的回顾与思考》，《书屋》2010年第2期

466.蒋英：《守正与创新：论美术史教材编写中的几个关系》，《南京艺术学院学报》（美术与设计版）2010年第2期

467.吴士新：《对20世纪以来中国美术史编写及其运用的史学方法之思考》，《云南艺术学院学报》2010年第2期

468.倪进：《中国书画鉴定学研究对象和范围》，《东南大学学报》2010年第2期

469.沈治钧：《平生爱读〈石头记〉——吴宓恋石情结摭谭》，《红楼梦学刊》2010年第2辑

470.韦庆媛：《盈满书香的校园生活》，《新清华》2010年3月5日第1789期

471.李小汾：《“苏联模式”与1950年代的中国美术通史写作》，《美术研究》2010年第4期

472.梁任生、田君：《师者张仃》，《装饰》2010年第4期

473.高远：《赵孟頫仕元对元代文人画影响略论》，《天津美术学院学报》2010年第4期

474.钱耕森：《我在清华一年间》，《中华读书报》2010年5月26日

475.余辉：《徐邦达的意义——从顾颉刚“古史辨派”谈起》，

《故宫博物院院刊》2010年第6期

476.范文：《新中国画院成立背景及其意义初探》，《数位时尚（新视觉艺术）》2010年第6期

477.杭春晓：《新国画——20世纪40至50年代中国画的困境及其应对》，《中国画画刊》2010年第6期

478.任继愈：《抗战时期西南联大散记》，《江淮文史》2010年第6期

479.张立：《评罗森〈中国古代的艺术和文化〉》，《艺海》2010年第8期

480.邵大箴：《写实主义和二十世纪中国画》，《中国书画》2010年第9期

481.宗璞：《肄业南开，毕业清华》，《视野》2010年第22期

482.王作文：《近代中国美术史的撰述模式》，《文艺争鸣》2010年第24期

483.汤一介、赵建永：《汤用彤学记》，三联书店2011年

484.展梦夏编：《尚爱松文集》，山东美术出版社2011年

485.李松：《中国现代美术理论批评文丛——李松卷》，人民美术出版社2011年

486.李凇：《山西寺观壁画新证》，北京大学出版社2011年

487.刘兴育编：《云南大学史料丛书：教学卷（1922年—1949年）》，云南大学出版社2011年

488.张新颖：《矮纸斜行》，大象出版社2011年

489.邓福星：《从古代到现代：20世纪中国美术散论》，山东教育出版社2011年

490.滕固著，沈宁编：《滕固美术史论著三种》，商务印书馆2011年

491.常沙娜著，高瞻、崔岩编：《常沙娜文集》，山东美术出版

社2011年

492.院史编写组编：《清华大学美术学院（原中央工艺美术学院）简史》，清华大学出版社2011年

493.李光荣编选：《中国文库：西南联大文学作品选》，人民文学出版社2011年

494.毕建勋、赵力主编：《学问与传承：薛永年教授70寿诞从学50载执教30年祝贺文集》，河北美术出版社2011年

495.王工编：《重审记忆：中国当代若干美术现象思考》，河北教育出版社2011年

496.纪灵灵：《披沙沥金、剖石取玉——论周积寅关于文人画派的研究》，扬州大学2011年

497.郭怀宇：《新中国十七年中国古代美术史写作的价值立场》，中央美术学院2011年

498.杨伯达：《简述中国玉文化——玉学的界定和玉文化的基因论与序列论》，《玉石学国际学术研讨会论文集》，地质出版社2011年

499.钟涵：《谈中央美术学院的艺术教育》，《钟涵艺术文稿选》2011年

500.周辅成：《忆金岳霖先生》，《周辅成文集》，北京大学出版社2011年

501.葛玉君：《“中国画”命运转机——“双百”及“双百”后中国画论争研究》，《美术研究》2011年第1期

502.朱其：《中国画的现代改造及其未完成的现代性》，《库艺术》2011年2月总第18期

503.李凇：《关于“道教”“美术”“史”的思考——〈道教美术史〉前言》，《南京艺术学院学报》（美术与设计版）2011年第2期

504.沈平子：《中国艺术史学会——一个不应被遗忘的学术研究团体》，《中华儿女》2011年第2期

505.王向田：《大师云集硕果累累的清华大学哲学系》，“清华大学百年校庆网”2011年3月

506.邱忠鸣：《金维诺教授访谈录》，《北京服装学院学报》（艺术设计研究版）2011年第3期

507.李纪贤：《百年来中国美术史学史的分期——专访美术史家王伯敏先生》，《艺术》2011年第3期

508.马俊江：《泡沫社与北方左联——兼谈北方革命文艺青年的群体构成与社团流变》，《东岳论丛》2011年第3期

509.邓昭：《永乐宫三清殿壁画廿八宿图像特征探源》，《美苑》2011年第3期

510.王向田：《百年清华记忆：战斗在“一二·九”运动的前列》，“清华大学百年校庆网”2011年4月

511.《纪念清华百年“水木清华”篇·大师故居》，《新京报》2011年4月16日

512.魏敬群：《张鹤云与玉函山石窟造像》，《济南时报》2011年4月25日

513.陈池瑜：《理论创新：艺术学理论学科的根本任务》，《艺术百家》2011年第4期

514.杨小彦：《窒息的热情——以20世纪50年代为线索的李宗津的前半生与后半生之艺术实践》，《美术研究》2011年第4期

515.李倍雷：《图像、文献与史境：中国美术史学方法研究》，《新疆艺术学院学报》2011年第4期

516.张敢：《艺术清华——清华大学美术学院的造型艺术》，《美术》2011年第6期

517.梁江：《文人画的艺术理念》，《中国美术》2011年第6期

518.林木：《民族美术的失语症》，《美术报》2011年7月30日

519.阿贝尔：《孤枕难眠的沈从文》，《广西文学》2011年第8期

520.李之清：《历尽坎坷见真情——我的父亲和母亲》，“艺术中国”2011年8月19日

521.杨小彦、李萍：《葛维墨：李宗津往事忆念》，“雅昌艺术专访”2011年8月24日

522.刘淳：《现代中国艺术史研究方法论之我见》，《社会科学家》2011年第10期

523.苏峰：《从救亡走向革命——记郑天翔与几位一二九时期的清华同学》，《百年潮》2011年第10期

524.陈小梅：《向现代科学进军——1956年知识分子问题会议回顾》，《中国档案》2011年第11期

525.陈明：《历史的选择与艺术的错位——美术革命、新文艺政策与新中国初期的国画改造思潮》，“中国国家画院”学者文库2011年12月

526.沈坚：《西南联大在蒙自》，《文汇报》2011年12月8日

527.杨修红、郑宪恒：《新中国高等师范院校美术史课程发展历程研究》，《文教资料》2011年12月号中旬刊

528.易彬：《穆旦评传》，南京大学出版社2012年

529.刘曦林：《20世纪中国画史》，上海人民美术出版社2012年

530.水天中：《20世纪中国美术纪年》，人民出版社2012年

531.杨晓阳：《瑞应永乐——永乐宫三清殿〈朝元图〉》，安徽美术出版社2012年

532.蔡美彪：《学林旧事》，中华书局2012年

533.沈从文：《沈从文家书1966—1976》，新星出版社2012年

534.［美］易社强著，饶佳荣译：《战争与革命中的西南联大》，九州出版社2012年

535.［美］叶文心著，冯夏根、胡少诚、田嵩燕译：《民国时期大学校园文化1919—1937》，“海外中国研究文库”，中国人民大学

出版社2012年

536.张儒：《二十世纪后半期“笔墨”论争的相关问题的研究》，西北师范大学2012年

537.纪学艳：《追记王逊先生》，董立军主编：《美术观察》“学术文丛：学人档案卷”，中国长安出版社2012年

538.蔡青：《新中国50年代“油画民族化”讨论的两次会议》，《美术大观》2012年第1期

539.祝帅：《美术史论研究的“边缘化”》，《美术观察》2012年第2期

540.易斌：《北平，长沙，昆明——迁徙中的穆旦》，《汉语言文学研究》2012年第2期

541.郭兴旺：《当代中国画艺术创作：如何面对现代性的尴尬》，《艺术百家》2012年第3期

542.邢莉莉：《〈送子天王图〉的鉴定与美术史观念》，《中国美术馆》2012年第3期

543.郑敏：《回望我的西南联大》，《中国教育报》2012年3月16日

544.潘公凯：《薛永年——承前启后的学术中坚》，《人民日报》2012年3月25日

545.饶翔：《绝不让中国传统文化之河断流——张孝友访谈》，《文艺报》2012年3月30日

546.于洋：《革命理想与时代印迹——诸家谈江丰的艺术思想与教育理念》，《美术观察》2012年第4期

547.张友宪、顾伟玺：《中国画法刍论——吕凤子〈中国画法研究〉引发的思考》，《中国书画》2012年第4期

548.陈若茜：《迟轲》，《东方早报》2012年4月11日

549.王乃壮：《自序》，2012年5月

550.李伯重：《中国学术史上一个时代的结束——追忆何炳棣先生》，《中华读书报》2012年6月20日

551.郑可、秦金根：《画册出版与文物的保护和推广——以〈瑞应永乐——永乐宫三清殿朝元图〉为例》，《中国美术》2012年第6期

552.谷正月：《山西永乐宫三清殿壁画中运动形式探微》，《艺海》2012年第6期

553.李之檀：《沈从文在历史博物馆》，2012年7月21日在商务印书馆主讲“整理千年衣柜/沈从文先生的《中国古代服饰研究》是如何写成的”

554.董睿：《中原美术考古学科的奠基人——著名美术史论家宫大中》，《美术观察》2012年第8期

555.张凤梧：《文物建筑保护的基础——建国初期文物保护单位制度的建立及其意义》，《学术论文专刊》2012年第8期

556.陈宇：《回眸国徽设计的若干细节》，《北京日报》2012年9月24日

557.魏庆春：《论董其昌“南北宗论”的思想根源》，《美术界》2012年第9期

558.和洲天籁：《试论社会主义计划经济时期的景德镇陶瓷艺术》，“中国瓷网”2012年10月

559.刘军平：《一封信与一个世纪的争论》，《读书》2012年第10期

560.丘濂：《古老的图案：常沙娜与敦煌》，《三联生活周刊》2012年10月第39期

561.马庆洲：《清华文学院的前世今生——1952年清华文学院素描》，《中华读书报》2012年10月17日

562.杭春晓：《新国画——中国画不得不进行的改造》，《文艺研究》2012年第11期

563.朱文松：《论二十世纪中国美术史观的嬗变》，《美与时代》2012年第11期

564.侯刚、章景怀：《启功年谱》，北京师范大学出版社2013年

565.薄松年：《中国绘画史》，上海人民美术出版社2013年

566.王伯敏：《王伯敏美术史研究文汇》，中国美术学院出版社2013年

567.西南联大《除夕副刊》主编：《联大八年》，新星出版社2013年

568.宗璞、熊秉明主编：《永远的清华园》，北京大学出版社2013年

569.范迪安主编：《20世纪中国美术之旅——留学到苏联》，中国美术馆2013年

570.傅以新、黄文昆主编：《中央美术学院678》，天津人民出版社2013年

571.梁思成、林洙：《梁思成心灵之旅》，人民文学出版社2013年

572.赵建伟：《首届“全国民间美术工艺品展览会”研究》，山东工艺美术学院2013年

573.郑克晟：《怀念何炳棣先生和先父郑天挺先生》，常建华主编：《中国社会历史评论》第十四卷，天津古籍出版社2013年

574.娄贵品：《论云南大学西南文化研究室的创立》，《文山学院学报》2013年2月第二十六卷第1期

575.陈池瑜：《刘纲纪书画美学思想研究》，《艺术百家》2013年第2期

576.贺晓舟：《中国美术考古学的根本问题》，《浙江艺术职业学院学报》2013年第2期

577.乔志强：《关于中国美术史学史学科建构的思考》，《美

术研究》2013年第2期

578.王伟成：《〈朝元图〉图像学浅考》，《书画世界》2013年第2期

579.马明：《中国美术史的观念与方法探讨》，《艺术探索》2013年第3期

580.《卷首语》，广州美术学院《美术学报》2013年第3期

581.李伟铭：《我的老师陈少丰》，广州美术学院《美术学报》2013年第3期

582.《涅瓦河畔的青春岁月一代学子的艺术求索》，《中国美术馆》2013年第3期

583.邵大箴：《难忘的岁月，珍贵的记忆——我们在苏联的学习和生活》，2013年4月“20世纪中国美术之旅——留学到苏联”大型美术作品展前言

584.木子：《20世纪中国美术之旅——留学到苏联》，《中华儿女（海外版）》2013年第4期

585.何宝民：《〈书人月刊〉与蒋弗华》，《文化学刊》2013年5月第3期

586.田静：《浅谈中国传统皮影戏的继承与传播》，《青年文学家》2013年第5期

587.李宗刚、李静：《1942、1943年〈世界学生〉目录辑校》，《齐鲁师范学院学报》2013年第5期

588.韩红、谢长英：《从档案记载看国立敦煌艺术研究所早期聘任人员》，《档案》2013年第6期

589.尚小明：《民国时期大学哲学科系的“热”与“冷”》，《北京大学教育评论》2013年7月第八卷第3期

590.庞涛：《五十年代初的北京中央美院》，《中华儿女（海外版）》2013年第7期

591.殷晴：《王迺：乱世之中觅书桌》，《北大工学院电子报》2013年7月9日

592.刘存有、林禄盛：《传承转折突变》，《美术大观》2013年第8期

593.邱孟瑜：《贺天健创作生涯研究》，《东方早报》2013年8月19日，上海美术家协会主编：《海派百年代表画家系列作品集·贺天健》，上海书画出版社2013年

594.《现代自觉与文化重构——〈弥散与生成〉国际研讨会发言辑要》，《诗书画》2013年第9期

595.张宝生：《读〈火星〉半月刊与〈期青年作家〉》（一、二、三），《北京大学校报》2013年9月10日第1325期至2013年10月8日第1327期

596.《尚刚教授访谈》，“艺术中国”2013年10月

597.饶中亮：《新中国日用陶瓷设计的开拓者——张守智》，《陶瓷科学与艺术》2013年10月号

598.曹鹏：《冠盖满京华，斯人独憔悴——画家与美术史学者秦仲文琐谈》，《江阴日报》2013年11月24日

599.刘明：《关于高等艺术院校中外美术史课程的教学探讨》，《美术教育研究》2013年第23期

600.耿纪明、郑小红：《永乐宫〈朝元图〉的神仙体系及其关系详解》，《天津市经理学院学报》2013年12月第6期

601.张新颖：《沈从文的后半生：1948—1988》，广西师范大学出版社2014年

602.沈从文：《古人的文化》，中华书局2014年

603.何炳棣：《读史阅世六十年》，中华书局2014年

604.张伯驹：《烟云过眼》，中华书局2014年

605.康乐编：《胡蛮记新中国美术活动》，中国书店出版社

2014年

606.吴学昭：《吴宓与陈寅恪》（增补本），三联书店2014年

607.颜超：《童年追忆——旧日的天津南开大学》，2014年

608.陈维楹：《陈维楹记忆》，2014年

609.韩众城：《徐、林系列之一百三零“通才教育”》，2014年

610.余辉：《师德者寿——浅析薄松年先生的美术史教研成就》，《艺术》2014年第1期

611.林通雁：《凝聚了60年心血的史著——薄松年先生〈中国美术史教程〉、〈中国绘画史〉述评》，《艺术》2014年第1期

612.赵伟：《永乐宫三清殿壁画北极四圣考》，《美术研究》2014年第1期

613.赵丹：《时代思潮下的创获——胡蛮学术贡献概述》，《美术观察》2014年第1期

614.水天中等：《二十世纪中国油画回望》，“中华意蕴——中国当代油画巡展暨中国油画百年回望”展，广东美术馆2014年2月

615.张瑞田：《为什么低调：傅雷策划黄宾虹上海展览轶事》，《东方早报》2014年3月26日

616.魏宏运：《沈从文——1937年北平沦陷的一天》，《历史教学（高校版）》2014年第4期

617.李树声：《史海无涯苦作舟——王伯敏与〈中国美术通史〉的编纂》，《人民日报》2014年4月27日

618.魏彩杰：《问题式教学法在〈中外美术史〉课程中的运用》，《艺术科技》2014年第5期

619.张昌山：《方国瑜先生与西南文化研究室》，《云南大学报》2014年5月8日总第1151期

620.刘迎、冉芬丽：《二十世纪两次美术论争》，《魅力中国》2014年第7期

621.朱彦：《梁任公写给梁思成的信——关于近代中国艺术史学科建设的一段因缘》，《美术教育研究》2014年7月第13期

622.段兼善：《七十载壁画临摹：跨越千年的敦煌艺术传承》，《甘肃日报》2014年7月30日

623.胡彬、胡志德：《“建国瓷”及“展览瓷”制作对景德镇陶瓷产业的作用和影响》，清华大学美术学院《装饰》2014年第8期

624.刘宜庆：《邓以蛰：美学宗师松风水月》，《安徽商报》2014年8月28日

625.孙欣：《原生态农业——沽河莱西之旅》，《青岛日报》2014年9月17日

626.孙燕明：《博观约取，厚积薄发——记中国书画鉴定大家杨臣彬》，《中国消费者报》2014年11月21日

627.朱其著，续小强编：《中国当代艺术批评文库：朱其自选集》，北岳文艺出版社2015年

628.赵建永：《中国新哲学研究会创建始末》，《中国社会科学报》2015年3月9日

629.颜亮：《李公明：广东美术不只有某家某派》，《南方都市报》2015年5月28日

630.李庚：《怀念我的母亲邹佩珠》，“东方书画网”2015年6月5日

631.刘新：《沉静的拓荒者——中国近现代美术史研究与学科建设中的李树声》，《人民日报》2015年7月12日

632.陈鑫龙等：《用青春热血捍卫国家尊严——记投身抗战前线的西南联大学子》，《云南日报》2015年8月17日

633.张弘：《人文学术无用之学的价值》，“作家网”2015年9月12日

634.《中央美术学院图书馆建馆历史》，“中央美术学院网”

635.宫大中、宫万琳：《洛阳马君祥画派及其永乐宫三清殿壁画》（未刊）

636.杭间：《王逊与中国美术史研究体系的建立》，《清华艺术史》讲义（未刊）

（王涵　辑）